CHRISTIAN BOURGOIS ÉDITEUR
12, avenue d'Italie — Paris XIIIe

Du même auteur
dans la collection 10/18

PORTRAIT DE L'ARTISTE EN JEUNE FOU, n° 1492
LE PÈRE TRUQUÉ, n° 2012
LES DÉFENSEURS, n° 1905

TOTAL RECALL

PAR

PHILIP K. DICK

10|18

Série « Grands Détectives »
dirigée par Jean-Claude Zylberstein

Philip K. Dick (1928-1982) n'est pas simplement l'auteur de romans de science-fiction préféré du public français. Il est aussi l'écrivain contemporain qui a poussé le plus loin l'interrogation sur la réalité et, d'une façon toute personnelle, la lutte contre l'entropie. Du *Dieu venu du Centaure* à *Simulacres* et d'*Ubik* à *Blade Runner*.

ISBN 2-264-01686-8

PRÉCIEUSE RELIQUE

Le sol redevenu fertile s'étendait sous l'hélicoptère. Milt Biskle avait obtenu d'excellents résultats dans la zone où il opérait. Désormais, la région des anciens canaux martiens était verdoyante. Le printemps avait fait son apparition sur ce monde sépulcral, qui n'était auparavant qu'un désert de sable craquelé, recouvert d'une antique poussière, sans une goutte d'eau, victime du récent conflit entre Prox et la Terre.

Bientôt arriveraient les premiers émigrants terriens; ils prendraient possession des terrains qui leur seraient attribués. Milt Biskle pouvait quitter les lieux. Peut-être aurait-il la possibilité de regagner la Terre ou de faire venir sa famille et de bénéficier d'une priorité pour acquérir des sols : en tant qu'ingénieur, il y avait droit. L'état de la Zone Jaune s'était amélioré plus vite que celui des régions confiées à ses collègues. L'heure de la récompense était venue.

Milt Biskle actionna la touche de son émetteur longue distance.

— Ici l'ingénieur responsable de la reconstitution de la Zone Jaune, déclara-t-il. Je voudrais un rendez-vous avec un psychiatre qui puisse me recevoir immédiatement.

A l'entrée de Milt Biskle, le docteur DeWinter se leva en lui tendant la main.

— A ma connaissance, entama-t-il, vous avez été le plus compétent des quarante ingénieurs chargés de la reconstitution. Normal que vous soyez fatigué. Dieu s'est reposé le septième jour, et vous êtes resté des années à la tâche. Avant votre arrivée, je venais de recevoir de Terre des nouvelles qui vous intéresseront.

Il prit un papier sur son bureau.

— Le premier convoi de colons va s'installer dans votre secteur. Félicitations, Mr. Biskle.

Biskle s'extirpa de ses réflexions.

— Pourrais-je retourner sur Terre ?

— Mais il vous est possible d'obtenir une concession ici pour votre famille...

— Je voudrais vous demander une faveur. Je suis trop fatigué. (L'ingénieur fit un geste vague.) Peut-être déprimé. En tout cas, j'aimerais qu'on puisse embarquer toutes mes affaires, y compris mon wug, à bord d'un vaisseau en partance pour la Terre.

— Six ans de travail, murmura DeWinter. Et vous renoncez à votre récompense... Je suis allé récemment sur la Terre. Elle est telle que dans votre souvenir...

— Comment savez-vous quel souvenir j'en garde ?

— Je voulais dire telle qu'elle était, rectifia le psychiatre d'une voix douce. Surpeuplée. Des familles entières s'entassent dans une pièce minuscule. Des autoroutes si encombrées qu'il n'est plus question d'y rouler sauf aux heures creuses.

— Pour moi, après six ans d'automation, la surpopulation sera une détente.

Milt Biskle avait pris sa décision. Il avait l'intention de rentrer en dépit des arguments du psychiatre.

— Et si votre femme et vos enfants se trouvent parmi les premiers arrivants, Milt ? fit le docteur DeWinter d'une voix onctueuse. (Il prit une feuille sur son bureau :) Mrs. Fay Biskle et deux petites filles, lut-il à haute voix. C'est votre famille ?

— Oui, répondit Biskle d'une voix sans timbre, les yeux fixes.

— Vous voyez bien que vous ne pouvez pas revenir sur Terre. Mettez votre perruque et allez les accueillir au terrain 3. Il vous faudra aussi changer de denture. Vous avez en ce moment des dents en acier inoxydable.

Biskle secoua la tête avec dégoût. Comme tous les Terriens, il n'avait plus ni cheveux ni dents ; c'était la conséquence des retombées radioactives. Dans la longue solitude de Mars, consacrant son temps à la reconstitution de la Zone Jaune, il s'était abstenu de porter la coûteuse perruque apportée avec lui ; d'autre part, il préférait les dents d'acier aux dentiers de plastique couleur naturelle. Il se sentait plus ou moins coupable. Le docteur DeWinter avait raison.

Mais il éprouvait ce sentiment de culpabilité depuis la défaite des Proxiens. Cette guerre l'avait plongé dans l'amertume. Il avait trouvé injuste que l'une des deux civilisations rivales ait dû en subir les conséquences, car leurs aspirations communes étaient légitimes.

Mars avait été l'objet du conflit. La Terre et Prox voulaient toutes deux la coloniser pour y implanter leur excédent de population. La Terre avait finalement démontré sa supériorité pendant la dernière année des hostilités. Voilà pourquoi c'étaient des Terriens et non des Proxiens qui reconstruisaient Mars.

— Au fait, poursuivit le docteur DeWinter, je suis au courant de vos intentions vis-à-vis de vos collègues.

Milt Biskle lui lança un regard.

— D'après les renseignements que nous possédons, ils s'apprêtent à se réunir dans la Zone Rouge pour entendre votre exposé.

Le psychiatre ouvrit un tiroir et en sortit un yo-yo avec lequel il se mit à jouer avec une grande dextérité.

— Je parle de ce discours alarmiste laissant entendre qu'il se passe quelque chose d'anormal, même si vous semblez incapable de définir exactement l'objet de vos inquiétudes.

Les yeux fixés sur le yo-yo, Biskle murmura :

— Ce jeu est très populaire dans le système de Prox. Je l'ai lu dans un homéojournal.

— Je crois savoir qu'il est originaire des Philippines.

Se concentrant, le docteur DeWinter exécuta une figure compliquée.

— Je me suis permis d'envoyer à la conférence des ingénieurs un rapport à propos de votre état mental. Il sera lu à la tribune. Je suis navré.

— Je n'en suis pas moins décidé à prendre la parole.

— Nous pourrions peut-être trouver un compromis. Je vous suggère d'accueillir votre famille à son arrivée sur Mars. Ensuite, nous nous arrangerons pour vous laisser partir pour la Terre. A vos frais. En échange, vous vous abstiendrez de prononcer votre discours à cette réunion et de faire état de vos sombres et douteux pressentiments. (DeWinter dévisagea son interlocuteur.) Après tout, l'heure est grave. Les premiers colons vont arriver. Nous ne voulons pas de complications. Il ne faut pas les inquiéter.

— Faites-moi un plaisir. Je voudrais avoir la certitude que vous avez une perruque et des fausses dents pour être sûr que vous êtes bien un Terrien.

Le docteur DeWinter souleva sa perruque et sortit son dentier de sa bouche.

— J'accepte votre proposition, reprit Biskle, si vous me donnez l'assurance que ma femme disposera du terrain que je lui ai réservé.

DeWinter acquiesça et lui tendit une enveloppe blanche.

— Voici votre billet. Un aller et retour, bien entendu, puisque vous reviendrez.

« J'espère que oui, songea Biskle en glissant le billet dans sa poche. Tout dépendra de ce que je verrai sur Terre. Ou plutôt de ce qu'on me laissera voir. »

Il avait le sentiment qu'on lui en laisserait voir le moins possible.

Quand l'astronef se posa sur Terre, une hôtesse vêtue d'un uniforme seyant l'attendait. « Mr. Biskle ? » s'enquit-elle. Elle était séduisante et pleine de charme.

— Je m'appelle Mary Ableseth. Je serai votre guide. Je vous ferai visiter la planète pendant votre bref séjour. (Elle lui adressa un éblouissant sourire professionnel. Milt était ébahi.) Je ne vous quitterai ni jour ni nuit.

— La nuit non plus ? parvint-il à balbutier.

— Non, Mr. Biskle. Cela rentre dans mes attributions. Vous devez être désorienté après toutes ces années de travail sur Mars — un travail auquel la Terre rend un hommage mérité. (Elle le conduisit vers un aérocar à l'arrêt :) Par où voulez-vous commencer? New York? Broadway? Cabarets, théâtres, restaurants...

— Non. Je voudrais aller m'asseoir sur un banc de Central Park.

— Mais Central Park n'existe plus, Mr. Biskle. Durant votre séjour sur Mars, on l'a transformé en parking.

— Je vois. Dans ce cas, allons à San Francisco. Portsmouth Square fera l'affaire.

Milt ouvrit la portière de l'aérocar.

Miss Ableseth hocha la tête; ses longs cheveux roux ondoyèrent :

— Portsmouth Square a également été converti en parking. Il y a une telle surpopulation! Voyons... il reste quand même quelques parcs publics. Je crois qu'il y en a un dans le Kansas et deux dans le sud de l'Utah.

— Tristes nouvelles. Puis-je utiliser ce distributeur d'amphétamines? J'aurais besoin d'un stimulant.

— Mais certainement, répondit Miss Ableseth.

Milt Biskle s'approcha du distributeur et sortit de sa poche une pièce de monnaie qu'il glissa dans la fente. La pièce retomba et rebondit sur le sol.

— Bizarre, fit Milt.

— Je crois avoir une explication. Il s'agit là d'une pièce martienne. Elle est prévue pour une faible gravité.

Milt Biskle récupéra la pièce sans rien dire.

Miss Ableseth avait raison : il était plus que désorienté. Elle sortit une autre pièce et actionna l'appareil qui éjecta un tube d'amphétamines. Certes, l'explication était logique. Pourtant…

— Il est huit heures, dit la jeune femme. Bien entendu, vous avez mangé à bord mais moi, je n'ai pas dîné. Si vous m'invitiez ? Nous pourrions bavarder devant une bonne bouteille. Vous me parlerez de ces sinistres pressentiments qui vous ont fait venir sur Terre. Il paraît que vous devinez vaguement qu'un désastre aurait eu lieu, que ce merveilleux travail de reconstitution que vous avez accompli serait sans objet. Si vous me racontiez tout cela ?

Ils s'installèrent sur les sièges de l'aérocar. Le corps de Miss Ableseth était chaud et attirant, indiscutablement terrien. Le cœur de Milt battit plus fort. Il y avait longtemps qu'il ne s'était pas trouvé aussi près d'une femme.

— Écoutez-moi, fit-il tandis que l'engin à pilotage automatique décollait. Je suis marié, j'ai deux enfants et je suis sur Terre pour des raisons importantes. J'ai l'intention de démontrer que ce sont les Proxiens qui en fait ont gagné la guerre et que nous, les rares Terriens survivants, sommes des esclaves à leur service…

Il se tut. Il n'y avait rien à faire. Miss Ableseth se pressait contre lui.

— Pensez-vous vraiment que je sois un agent de Prox ? demanda-t-elle pendant que l'aérocar survolait New York.

— Euh… non, je ne le pense pas.

Dans les circonstances présentes, la chose lui paraissait peu probable.

— Pendant votre séjour, pourquoi descendre dans un hôtel bruyant et surpeuplé ? Je vous invite chez moi, dans le New Jersey. Il y a toute la place voulue et vous serez le bienvenu.

— Pourquoi pas ? répondit Biskle.

A quoi bon tenter de discuter ?

— Parfait ! (Miss Ableseth régla le pilote automatique et l'aérocar prit la direction du nord.) Nous dînerons là-bas. Ce sera moins coûteux. D'ailleurs, à cette heure-là, il faut faire la queue deux heures avant de pouvoir entrer dans un restaurant correct. Il est pratiquement impossible d'obtenir une table. Vous avez dû oublier. Quand la moitié de la population aura pu émigrer, ce sera le rêve.

— Oui, fit Biskle d'une voix un peu crispée. Et les émigrants se plairont sur Mars. Nous y avons fait du bon travail.

Il éprouva à nouveau de la fierté en songeant à l'entreprise que ses collègues et lui avaient menée à bien.

— Attendez d'avoir vu ça, Miss Ableseth.

— Appelez-moi Mary.

Elle arrangea sa lourde perruque rouge vif qui était légèrement de travers.

— D'accord, acquiesça Biskle.

Il se sentait plus à l'aise, mais il avait l'impression pénible d'être infidèle envers Fay.

— Les choses évoluent vite sur Terre, reprit Mary Ableseth. A cause de cet épouvantable problème démographique.

Elle remit en place son dentier qui, lui aussi, avait bougé.

— Je vois.

A son tour, Milt Biskle vérifia que sa perruque et ses fausses dents étaient d'aplomb. « Je me suis peut-être trompé », se dit-il. Sous lui, il voyait les lumières de New York. En vérité, la

Terre n'était pas un désert abandonné et sa civilisation était intacte.

Mais si ce n'était qu'une illusion engendrée par des techniques psychiatriques proxiennes inconnues de lui ? La pièce mise dans le distributeur était retombée. Était-ce le signe qu'il y avait quelque chose de subtilement, d'atrocement faux ?

Peut-être le distributeur n'avait-il pas d'existence réelle…

Le lendemain, Mary Ableseth et Milt visitèrent l'un des derniers parcs qui subsistaient. Il était petit mais verdoyant et agréable. Allongé sur l'herbe, Biskle observait un écureuil qui sautillait en direction d'un arbre, suivi par le panache de sa queue grise.

— Il n'y a pas d'écureuils sur Mars, murmura-t-il d'une voix somnolente.

Mary Ableseth, qui portait un mini-deux-pièces, s'étira en fermant les yeux.

— C'est beau, Milt. J'imagine que c'est ainsi sur Mars.

Là-bas, sur la route, la circulation était continue et son bruit rappelait à Milt la rumeur du ressac du Pacifique. C'était un bruit berceur. Tout semblait normal. Il jeta une cacahuète à l'écureuil qui se précipita sur elle. L'animal plissait son petit museau futé.

Milt lui lança une autre cacahuète. Elle tomba sur sa droite, en faisant un bruissement de feuilles. L'écureuil dressa les oreilles, ce qui rappela à Milt un chat avec lequel il jouait jadis, un vieux matou qui leur avait appartenu, à son frère et à lui, à l'époque où la Terre était moins surpeuplée et où l'on avait le droit de posséder des animaux domestiques. Il attendait que Potiron — c'était le nom du chat — soit presque endormi. Alors, il jetait un objet quelconque dans un coin de la pièce. Potiron se réveillait, les yeux grands ouverts, les oreilles pointées, et il restait assis un bon moment à se demander d'où avait pu provenir ce bruit. Ainsi le taquinait-il sans méchanceté. Un accès subit de tristesse frappa Milt. Il y avait si longtemps que Potiron était mort. Maintenant, il était interdit de posséder une bête. Mais, sur Mars, on aurait à nouveau le droit d'avoir un chat. Cette pensée le réconforta.

D'ailleurs, il avait eu l'équivalent d'un petit compagnon sur Mars. Mais il s'agissait d'une plante. Il l'avait apportée sur la Terre. Elle se trouvait en ce moment dans le salon de Mary Ableseth. Ses feuilles pendaient tristement. Le climat terrien ne lui réussissait pas.

— C'est bizarre que mon wug dépérisse. J'aurais cru qu'avec cette atmosphère humide…

— C'est à cause de la gravité, fit Mary.

Ses yeux étaient toujours clos. Sa poitrine se soulevait régulièrement. Elle était à demi endormie.

— Elle est trop forte.

Milt contempla la jeune femme étendue et repensa à Potiron. Le moment hypnagogique juste avant le sommeil, quand la frontière qui sépare le conscient et l'inconscient s'efface… Milt saisit un caillou.

Il le lança parmi les feuilles à côté de Mary.

Elle se redressa en sursaut et ouvrit les yeux. Son soutien-gorge glissa.

Ses oreilles se dressèrent.

— Les Terriens ont perdu le contrôle musculaire de leurs oreilles, Mary. Même sous forme réflexe.

— Comment? murmura-t-elle avec gêne en battant des paupières.

— Notre faculté de remuer les oreilles s'est atrophiée, à la différence de ce qu'on observe chez le chien et le chat, expliqua Milt. Vous ne pouviez le deviner, même après une étude morphologique, puisque les muscles sont toujours à leur place. Vous avez commis une erreur.

— Je ne vois pas de quoi vous parlez, fit Mary.

Une ombre de mauvaise humeur perçait dans sa voix. Elle s'appliqua à rajuster son soutien-gorge en feignant d'ignorer la présence de Milt.

Ce dernier se leva.

— Rentrons.

Il n'avait plus envie de s'attarder dans le parc, car il ne croyait plus à son existence. L'écureuil était faux, l'herbe était fausse... Lui feraient-ils voir un jour la réalité dissimulée derrière l'illusion? Il en doutait.

Tous deux se dirigèrent vers l'aérocar. L'écureuil marcha derrière eux un moment, puis se tourna vers une famille de Terriens, un couple et deux enfants; ces deux derniers jetèrent des noisettes à l'animal qui détala aussitôt.

— Convaincant, laissa tomber Milt.

Et c'était l'expression de la vérité.

— Dommage que vous n'ayez pu consulter davantage le docteur DeWinter, Milt. Il vous aurait aidé.

Le ton de Mary était bizarrement tranchant.

— Je n'en doute pas, répondit Milt en remontant dans l'aérocar.

Le wug martien était mort. Mort de déshydratation, visiblement.

— Inutile de chercher une explication, Mary, dit-il en considérant la plante parcheminée et recroquevillée. Vous savez parfaitement ce qu'il en est. En principe, l'atmosphère de la Terre est plus humide que celle de Mars, même dans les zones où la reconstitution a été le mieux effectuée. Or, cette plante est totalement desséchée. Il n'y a plus de trace d'humidité sur Terre. Sans doute parce que les Proxiens ont fait s'évaporer les océans avec leurs bombes. Je me trompe?

Mary garda le silence.

— Mais dans quel but maintenir l'illusion? J'ai accompli ma tâche.

— Il existe peut-être d'autres planètes à reconstruire, Milt, fit Mary après une pause.

— Votre population est-elle donc si nombreuse?

— C'est à la Terre que je pensais. Ici, la remise en état durera des générations. Tout le talent et toute l'habileté des ingénieurs seront nécessaires. (Elle se tut, avant d'ajouter :) Bien sûr, je ne faisais que suivre la logique de votre hypothèse.

— Ainsi, ce sera la reconstitution de la Terre notre prochaine mission. C'est pour cette raison que vous m'avez laissé venir. En fait, je dois rester.

En un éclair, il avait compris la situation et il en était accablé.

— Je ne retournerai pas sur Mars. Je ne reverrai plus Fay. C'est vous qui la remplacez.

Chaque chose prenait son sens.

— Disons que je m'y efforce, répliqua Mary avec un sourire contraint.

Elle posa la main sur le bras de Milt et s'approcha de lui. Elle était toujours pieds nus et ne portait que son deux-pièces.

Milt recula avec effroi. Hébété, il prit le wug et le lâcha dans le vide-ordures qui engloutit les restes desséchés et friables de la plante martienne.

— Maintenant, nous allons visiter le musée d'Art moderne de New York et ensuite, si nous avons le temps, le Smithsonian Institute de Washington, dit Mary d'un air absorbé. J'ai ordre de m'occuper de vous pour que vous n'ayez pas d'idées noires.

— Mais j'ai des idées noires, insista Milt tandis que Mary changeait son deux-pièces contre une robe de lainage gris.

« Et rien ne peut les chasser, songea-t-il. D'ailleurs, maintenant, vous le savez. Cela se reproduira chaque fois qu'un ingénieur chargé de la reconstitution aura terminé son travail. Je suis le premier, c'est tout. Enfin, je ne serai pas le seul... C'est déjà une consolation. »

Cette pensée le réconforta.

— Je vous plais? demanda Mary qui se mettait du rouge à lèvres devant la glace.

— Vous êtes ravissante, répondit Milt avec indifférence.

Mary coucherait-elle successivement avec chacun de ses collègues? Non seulement elle n'était pas conforme à l'apparence qu'elle offrait, pensa-t-il, mais en outre il ne pourrait même pas la posséder en exclusivité.

Il se rendit compte qu'il commençait à

éprouver un sentiment envers elle. Mary était vivante : ce fait, au moins, était réel, qu'elle fût terrienne ou non. Ce n'étaient pas des fantômes, après tout, qui avaient gagné la guerre mais d'authentiques êtres vivants. En un sens, c'était rassurant.

Mary lui sourit et s'exclama avec vivacité :

— En route pour le musée d'Art moderne !

Plus tard, au Smithsonian, après avoir contemplé le *Spirit of St. Louis*, avion de Lindbergh, puis celui, incroyablement ancien, des frères Wright, Milt aperçut ce qu'il avait espéré trouver.

Sans rien dire à Mary, plongée dans l'examen d'un coffret de pierres fines non taillées, il s'éloigna discrètement vers la vitrine qui l'intéressait, désignée par l'écriteau :

SOLDATS PROXIENS, 2014

Les trois soldats étaient debout, menaçants, l'arme brandie, à l'intérieur d'un abri de fortune constitué par l'un de leurs engins de transport. Derrière eux se dressait un drapeau proxien maculé de sang. C'étaient des vaincus : trois combattants voués à se rendre ou à se faire exterminer.

Un groupe de visiteurs terriens observait la vitrine.

Milt Biskle se tourna vers l'homme le plus proche de lui, un individu entre deux âges, portant lunettes.

— Convaincant, hein ?

— Et comment ! acquiesça l'autre. Vous étiez où pendant la guerre ?

— Je suis ingénieur. J'ai travaillé à la remise en état de Mars.

— Oh ! dit l'autre, impressionné. Dites, ils font peur, ces Proxiens. On croirait presque qu'ils vont nous massacrer. (Il sourit.) Il faut admettre qu'ils se sont bien battus avant de capituler.

— Leurs fusils sont effrayants, s'écria la femme du visiteur. C'est trop réaliste.

Elle s'éloigna, l'air désapprobateur.

— Elle a raison, reconnut Milt. Il est normal que ces armes paraissent vraies. Puisqu'elles le sont.

A quoi bon, en effet, se donner la peine de créer une illusion quand le matériel était à portée de la main ? Milt passa sous la rampe de protection et brisa la vitrine d'un coup de talon. Le verre vola en éclats avec fracas.

Milt arracha un fusil et le braqua sur Mary qui se précipitait vers lui.

Elle s'immobilisa, le regard fixe, sans rien dire.

— Je suis prêt à me mettre à votre service, fit Milt. Après tout, si ma race n'existe plus, il m'est difficile de reconstruire un monde à son intention. Tout ce que je veux, c'est la vérité. Montrez-la-moi et je continuerai mon travail.

— Non, Milt. Si vous la saviez, vous refuseriez. C'est contre vous que vous retourneriez cette arme.

Elle parlait d'une voix calme, presque compatissante, mais une lueur de méfiance brillait dans ses yeux.

— En ce cas, je vous tuerai, répliqua Milt. « Et je me tuerai ensuite », se dit-il.

— Attendez. (Mary réfléchissait.) C'est

difficile, Milt. Vous ignorez tout, et voyez pourtant comme vous êtes perturbé. Que ressentiriez-vous en voyant votre planète sous son véritable aspect ? C'est déjà insupportable pour moi, et je ne suis pourtant...

Elle hésita.

— Je vous écoute.

— Je ne suis... qu'une visiteuse, acheva-t-elle d'une voix entrecoupée.

— Mais je ne me trompe pas ? Avouez-le !

Elle soupira.

— Non, Milt. Vous ne vous trompez pas.

Deux gardes en uniforme surgirent, pistolet au poing.

— Tout va bien, Miss Ableseth ?

— Pour le moment, oui.

Elle gardait les yeux sur Milt et le fusil dont il la menaçait.

— Ne bougez pas, ordonna-t-elle aux gardes.

Milt reprit la parole.

— Parmi les Terriens, y a-t-il une femme qui ait survécu ?

Mary garda le silence quelques secondes.

— Non, Milt. Mais, comme vous le savez, les Proxiens et les Terriens sont des espèces voisines. Des croisements sont possibles entre les deux races. C'est une compensation.

— Bien sûr... Une énorme compensation.

Ainsi, il avait eu raison. Ce n'était pas Fay, cette créature qui avait débarqué sur le terrain 3.

— Mary, je veux rentrer sur Mars. J'étais venu ici pour apprendre quelque chose. Maintenant que je sais, je veux repatir. Je retournerai voir le docteur DeWinter, il pourra peut-être m'aider. Vous n'y voyez pas d'inconvénient ?

— Non.

Elle semblait comprendre ce qu'il ressentait.

— Après tout, vous avez le droit de revenir sur Mars. Mais il vous faudra quand même reprendre votre tâche sur Terre. Nous pouvons attendre un an, deux ans peut-être. Mais quand Mars sera entièrement peuplée, nous aurons besoin d'espace vital. Et ce sera beaucoup plus difficile ici... vous vous en rendrez compte.

Elle fit un effort pour sourire.

— Je suis navrée, Milt.

— Moi aussi. Que j'étais triste quand cette plante est morte ! C'est à ce moment que j'ai compris la vérité. Ce n'était pas une simple hypothèse.

— Je vais vous apprendre une nouvelle susceptible de vous intéresser. Votre collègue, l'ingénieur Cleveland, a pris la parole à votre place à la réunion et a mentionné vos pressentiments en même temps que les siens. Les participants ont décidé d'envoyer un délégué sur Terre pour enquêter. Il est en route à l'heure actuelle.

— Intéressant, en effet, mais c'est sans véritable importance. (Il abaissa le fusil.) Est-ce que je peux rentrer sur Mars ? (Il se sentait épuisé.) Prévenez le docteur DeWinter que j'arrive.

« Et dites-lui aussi, songea-t-il, de rassembler tout son arsenal psychiatrique : j'en aurai besoin. »

— Et les animaux terriens ? Ils ont tous disparu ? Les chiens et les chats ?

Mary se détourna vers les deux gardes. Sans qu'elle ait prononcé un mot, ils eurent l'air de comprendre.

— Au fond, c'est peut-être préférable, déclara-t-elle.

— Quoi donc ?

— Que vous puissiez voir ce qu'il en est. Nous ne pensions pas que vous réagiriez aussi bien. Vous avez le droit de savoir. (Elle ajouta :) Oui, Milt, les chiens et les chats ont survécu. Ils ont trouvé refuge dans les ruines. Venez avec moi.

Il la suivit, le cerveau en déroute. N'avait-elle pas tort ? Avait-il vraiment le désir de savoir ? Pourrait-il supporter la vision réelle de ce qu'on avait cru bon de lui épargner ?

En arrivant devant la sortie, Mary s'arrêta.

— Allez-y, Milt. Je vous attends ici.

Milt sortit d'un pas hésitant.

Et il vit.

Des ruines, comme Mary le lui avait annoncé. La ville était nivelée, réduite à un amas de décombres. Des carcasses d'édifices se dressaient, cavernes creuses, semblables à un dédale illimité. Il ne parvenait pas à admettre que c'était là un état nouveau : il avait l'impression que ces ruines avaient toujours existé, semblables à elles-mêmes. Et combien de temps resteraient-elles ainsi ?

A sa droite, une petite machine s'était introduite dans une rue obstruée de gravats. Sous ses yeux, de multiples prolongements en émergèrent et s'enfoncèrent dans les fondations de ciment. Brusquement, celles-ci furent réduites en poussière. A leur place s'étendait maintenant le sol nu et noir, carbonisé par les émanations radioactives que dégageait l'engin — un appareil peu différent de ceux que Milt Biskle avait lui-même utilisés sur Mars. Son rôle consistait à faire place nette. D'après son expérience d'ingénieur, Milt savait que, peu après, une autre machine viendrait préparer le terrain pour y construire de futurs édifices.

Plus loin, il discerna deux silhouettes grises

dans la rue déserte. Deux Proxiens au nez busqué, aux cheveux clairs coiffés en lourds chignons, aux oreilles chargées de pesantes breloques, qui surveillaient les opérations.

Les vainqueurs, songea Milt. Occupés à jouir du spectacle, à savourer l'anéantissement des derniers vestiges de la race vaincue. Un jour, une cité proxienne se dresserait en ces lieux, peuplée d'individus semblables à ceux-là. Et les chiens et les chats qui hantaient les ruines, à en croire Mary ? Disparaîtraient-ils eux aussi ? Pas totalement, sans doute. On leur réserverait peut-être une place dans les musées ou dans les zoos, à titre de curiosité. Ils seraient des spécimens d'espèces en voie d'extinction.

Pourtant, Mary disait vrai. Les Proxiens et les Terriens appartenaient à des races voisines. Il pourrait y avoir des croisements. Ses relations avec Mary en étaient la promesse. Les Proxiens n'étaient pas si différents des humains. Et le résultat serait peut-être même remarquable.

Sans doute, songea-t-il en retournant vers le musée, en naîtrait-il une race mi-proxienne, mi-terrienne. De l'amalgame pourrait naître quelque chose d'entièrement neuf. C'était du moins un espoir.

La Terre serait reconstruite. Il avait vu que le travail avait déjà bien commencé, bien qu'au ralenti. Peut-être les Proxiens n'avaient-ils pas autant d'habileté que les ingénieurs de Mars. Mais le problème de Mars était maintenant pratiquement réglé et les ingénieurs pourraient se consacrer à la Terre. La situation n'était pas tout à fait sans issue. Pas tout à fait...

Il rejoignit Mary et lui dit d'une voix rauque :

— Rendez-moi service. Trouvez-moi un chat que je puisse apporter sur Mars. J'ai toujours aimé les chats. Notamment les chats tigrés.

L'un des gardes du musée, après un coup d'œil à son camarade, déclara :

— On peut arranger ça, Mr. Biskle. On pourrait vous trouver un… un lionceau — c'est ce qu'on dit ?

— Un chaton, je crois, rectifia Mary.

Dans le vaisseau qui l'emmenait vers Mars, le carton renfermant le chat sur ses genoux, Milt Biskle passait en revue son plan. Dans un quart d'heure, l'astronef se poserait sur le terrain 3 et le docteur DeWinter — ou, tout au moins, la créature qui se donnait l'apparence du docteur DeWinter — serait là pour l'accueillir. Mais à ce moment, ce serait trop tard. De son siège, Milt voyait la trappe de la sortie de secours surmontée d'un voyant rouge. Son plan reposait sur cette trappe. Ce n'était pas la solution idéale. Mais c'était réalisable.

Le petit chat tigré allongea une patte qu'il posa sur la main de Milt. Celui-ci sentit la piqûre des griffes minuscules et retira sa main machinalement. « De toute façon, pensa-t-il, Mars ne te plairait pas. » Il se leva.

Le carton à la main, il se dirigea vers la sortie de secours. Avant que l'hôtesse ait eu le temps d'intervenir, il avait ouvert la trappe. Il avança et elle se referma derrière lui. Il traversa l'habitacle et manœuvra le volant commandant l'ouverture de la porte extérieure.

— Mr. Biskle ! s'écria lointainement la voix de l'hôtesse.

Il l'entendit manœuvrer frénétiquement l'ouverture de la trappe.

Dans son carton, le chaton cracha.

« Toi aussi ? » se dit Milt. Il s'immobilisa. De l'autre côté, c'était la mort, le vide, le froid de l'espace. Quelque chose en lui, comme chez le chaton, reculait instinctivement. Il lâcha le volant, renonçant à ouvrir la porte. Au même moment, l'hôtesse se jetait sur lui.

— Vous perdez la raison ? (Elle sanglotait presque.) Qu'est-ce que vous faites ?

— Vous le savez très bien, répondit Milt en se laissant ramener vers son siège.

« N'allez pas croire que vous m'avez empêché, songea-t-il. J'aurais pu exécuter mon projet. Mais c'est moi qui ai décidé d'y renoncer. »

« Pourquoi ? » se demanda-t-il.

Comme prévu, le docteur DeWinter l'attendait.

Tandis que tous deux se dirigeaient vers l'hélicoptère, le psychiatre dit d'une voix contrariée :

— Je viens d'apprendre qu'au cours du trajet...

— Exact. J'ai tenté de me suicider. Mais j'ai changé d'avis. Vous savez peut-être pourquoi. C'est vous le spécialiste, c'est vous qui sondez ce qui se passe dans notre tête.

Milt prit place dans l'hélicoptère avec précaution pour ne pas cogner le carton du chat.

L'engin décolla. Au-dessous de lui se déroulaient les champs de blé à haute teneur protéique.

— Vous allez cultiver votre terrain avec Fay ? demanda soudain DeWinter. Vous voulez continuer... même en sachant la vérité ?

— Oui.

Il n'y avait pas d'autre solution.

DeWinter hocha la tête.

— Vous autres Terriens, vous êtes admirables.

Il remarqua le carton que Milt tenait sur ses genoux.

— Qu'y a-t-il là-dedans ? Une créature de la Terre ?

Il examina le chaton d'un air soupçonneux. C'était visiblement pour lui une forme de vie étrangère.

— Curieux animal.

— Il me tiendra compagnie, expliqua Milt. Quand je travaillerai mon sol ou…

« Ou quand je vous aiderai à reconstituer la Terre », acheva-t-il intérieurement.

Le docteur DeWinter s'écarta un peu.

— Ce n'est pas ce qu'on appelle un serpent à sonnettes ? Je perçois un drôle de bruit.

— C'est parce qu'il ronronne.

Milt caressa le chaton tandis que l'hélicoptère se propulsait à travers le ciel d'un rouge terne. Milt éprouva comme une illumination : « Le contact avec un animal domestique me permettra de garder mon équilibre. De tenir bon. » Un soulagement soudain l'envahissait.

« Ma race a peut-être été vaincue et détruite, mais toutes les espèces vivantes de la Terre n'ont pas péri. Quand nous reconstruirons la planète, nous pourrons peut-être convaincre les autorités d'aménager des réserves. C'est un espoir que nous pouvons entretenir. »

A nouveau, il caressa le chaton.

Le docteur DeWinter était, lui aussi, plongé dans ses pensées. Il admirait l'habileté des techniciens de la troisième planète qui avaient construit le simulacre que Milt était en train de caresser. C'était une réussite matérielle impressionnante, même pour lui. Cet objet dans lequel le Terrien voyait une créature vivante et familière serait un point focal auquel il s'ancrerait pour conserver son équilibre mental.

Mais les autres reconstructeurs ? Qu'est-ce qui les maintiendrait en état ? Quand ils sauraient la vérité, qu'est-ce qui sauvegarderait leurs facultés, bon gré mal gré, jusqu'à ce qu'ils aient accompli leur tâche ?

Cela varierait selon chacun d'eux. Pour l'un, ce serait un chien, pour l'autre un simulacre plus complexe – une jeune Terrienne nubile, par exemple. De toute façon, chacun disposerait du rêve voulu pour échapper à sa réalité. Chacun aurait la précieuse relique, l'objet capital, l'indispensable entité ayant survécu – du moins l'imaginerait-il – à un passé totalement révolu. Il faudrait pour cela fouiller dans le passé de tous les ingénieurs – ce qui avait été fait dans le cas de Biskle. Le pseudo-chat était déjà prêt depuis plusieurs semaines quand, sous le coup de la panique, il s'était embarqué vers la Terre. Pour son collègue Cleveland, par exemple, on était en train de fabriquer un moineau. Et le moineau serait prêt avant que Cleveland atteigne à son tour sa planète natale.

– Je l'appelerai Tonnerre, dit Milt.

– C'est un nom qui convient très bien, répondit l'être qui, pour le moment, se faisait appeler le docteur DeWinter.

Et il songeait : « Dommage qu'on n'ait pas pu lui montrer ce qu'est *réellement* la situation de la Terre. En fait, heureusement qu'il a accepté la vision qu'il en a eue car, subconsciemment, il doit savoir que rien ne peut survivre à une guerre pareille à celle que nous avons menée. Il est évident qu'il veut désespérément croire que certaines choses ont survécu, même sous forme de ruines. L'esprit des Terriens est ainsi : ils s'accrochent à des fantômes. C'est peut-être la cause de leur défaite. Peut-être les avons-nous battus parce qu'ils manquent de réalisme. »

– Ce chat, reprit Milt, chassera les souris martiennes.

– Certes, opina le docteur DeWinter.

« Tout au moins tant que sa batterie sera chargée », se dit-il. A son tour il caressa le chat.

Un circuit entra en action et le chaton ronronna plus fort.

Traduit par Alain Dorémieux.
Titre original : *Precious Artifact.*

SYNDROME DE RETRAIT

L'officier de police Caleb Myers repéra sur son radarscope le véhicule de surface qui se déplaçait très rapidement. Il sut aussitôt que le conducteur avait réussi à démonter le régulateur de vitesse ; à plus de deux cent cinquante kilomètres à l'heure, le véhicule dépassait largement les normes autorisées. Le conducteur devait donc être un membre de la Classe Bleue, celle des ingénieurs et techniciens capables de trafiquer leurs fusocars. Son arrestation serait par conséquent délicate.

Myers contacta par radio un patrouilleur de la police, à quinze kilomètres plus au nord sur l'autoroute.

– Neutralisez au passage son bloc propulseur, suggéra-t-il à son collègue. Il va trop vite pour qu'on essaie de l'intercepter.

A 3 h 10 du matin, le véhicule fut stoppé ; son bloc propulseur déconnecté, il était allé se ranger en roue libre sur le bas-côté de l'autoroute. L'officier Myers actionna des commandes et prit sans hâte la direction du nord, jusqu'à ce qu'il aperçoive le fusocar immobilisé, ainsi que l'engin de la police, signalé par ses feux rouges, qui se frayait un chemin vers lui, à travers la circulation dense. Il se posa à l'instant précis où son collègue arrivait sur les lieux.

Côte à côte, avec circonspection, ils s'avancèrent vers le fusocar, en faisant crisser le gravier sous leurs bottes.

Dans le véhicule était assis un homme mince, porteur d'une chemise blanche et d'une cravate. Il regardait devant lui avec un air égaré et n'eut pas un geste pour accueillir les deux policiers en uniforme gris, avec leurs fusils laser et leurs gilets pare-balles transparents. Myers ouvrit la portière tandis que son compagnon prenait position, prêt à tirer en cas de grabuge.

— Vous savez sans doute, dit Myers au conducteur silencieux, qu'un retrait de permis pour une durée de deux ans sanctionne toute manipulation du régulateur de vitesse ? Vous croyez vraiment que ça en vaut la peine ?

L'interpellé finit par tourner la tête et répondit :

— Je suis malade.

Mentalement ou physiquement ?

Myers brancha l'émetteur d'urgence disposé au niveau de sa gorge, afin d'établir le contact avec la ligne 3, l'hôpital général de San Francisco. Une ambulance arriverait sur place en cinq minutes, en cas de besoin.

— Tout me paraissait irréel, dit le conducteur d'une voix rauque. Il me semblait que, si je roulais assez vite, j'atteindrais un lieu où les choses seraient... solides.

Il avança la main vers le tableau de bord, comme s'il ne croyait pas à la réalité de son revêtement capitonné.

— Permettez-moi d'examiner votre gosier,

dit Myers en braquant sa torche vers le visage de l'homme.

Il lui ouvrit la bouche, plongea son regard au-delà des dents bien soignées.

— Tu le vois ? demanda son collègue.

— Oui.

Il avait tout de suite aperçu le reflet du dispositif anticancer installé dans la gorge ; comme la plupart des non-Terriens cet homme souffrait d'une phobie du cancer. Il avait dû vivre sur une planète colonisée, respirant l'air pur et l'atmosphère artificielle produits par des équipements automatiques. Cette phobie était donc facilement explicable.

— Je suis soigné par un médecin, fit le conducteur en sortant son portefeuille.

D'une main tremblante, il remit une carte à Myers.

— C'est un spécialiste en psychiatrie, de San José. Vous pourriez m'y emmener ?

— Vous n'êtes pas malade, répondit Myers. Simplement, vous n'êtes pas complètement adapté à la Terre, à la gravité, l'atmosphère et les autres facteurs d'environnement. Il est 3 h 15 du matin. Ce docteur… Hagopian, si je lis bien son nom… ne peut pas vous recevoir à une heure pareille.

Il examina la carte. Celle-ci indiquait :

Cet homme est sous surveillance médicale et, en cas de comportement bizarre, doit être conduit immédiatement chez le médecin.

— Les médecins terrestres, intervint le second policier, ne reçoivent pas leurs clients en dehors des heures de consultation. Il faut vous y résigner, Mr… (Il tendit la main.) Montrez-moi votre permis, je vous prie.

Le portefeuille lui fut confié aussitôt, en un geste instinctif.

— Rentrez chez vous, lui dit Myers.

Le permis était au nom de John Cupertino.

— Vous êtes marié ? Votre femme pourrait venir vous chercher. Nous allons vous déposer en ville... Il vaut mieux laisser votre fusocar ici et ne plus chercher à conduire cette nuit. Quant à votre vitesse...

— Je n'ai pas l'habitude des limitations. La circulation est sans problèmes sur Ganymède ; nous faisons du trois ou quatre cents à l'heure.

Sa voix avait un ton bizarrement monocorde. Myers pensa immédiatement aux drogues, en particulier aux stimulants thalamiques ; Cupertino semblait en proie à une impatience délirante. D'où peut-être le démontage du régulateur de vitesse, opération peu compliquée pour un homme ayant des connaissances en mécanique. Et pourtant...

Il y avait autre chose. C'était une intuition que Myers puisait dans vingt années d'expérience.

Il ouvrit la boîte à gants, sur laquelle il dirigea sa torche. Des lettres. Un répertoire des mortels conseillés par l'Association des Automobilistes Américains...

— Vous ne vous croyez pas vraiment sur Terre, n'est-ce pas, Mr. Cupertino ? demanda Myers.

Il étudia le visage totalement inexpressif de l'homme.

— Vous faites partie de ces camés qui s'imaginent prisonniers d'un fantasme de culpabilité engendré par la drogue... et vous pensez être en réalité chez vous sur Ganymède, installé dans le living de votre appartement de vingt pièces, au milieu de vos serviteurs robots, c'est bien ça?

Il eut un rire bref et se tourna vers son collègue.

— C'est la grande mode sur Ganymède, expliqua-t-il. Une drogue qu'on appelle frohédadrine. On écrase des tiges séchées, on les réduit en une poudre qu'on fait bouillir, on la filtre, on la roule et puis on la fume. Et quand on est sous son effet…

— Je n'ai jamais pris de frohédadrine, dit John Cupertino d'une voix lointaine, le regard fixe. Je sais que je me trouve sur Terre. Mais il y chez moi quelque chose d'anormal. Regardez.

Il tendit le bras et enfonça la main dans le capitonnage du tableau de bord. Myers la vit disparaître jusqu'au poignet.

— Vous voyez? Rien n'a de substance autour de moi, tout est comme des ombres. Vous êtes tous deux des fantômes que je pourrais dématérialiser en détournant de vous mon attention. Je le crois, du moins. Mais… *je ne le veux pas!*

L'angoisse rendait sa voix grinçante.

— Je veux que vous soyez réels. Je veux que tout soit réel, y compris le docteur Hagopian.

Myers connecta son émetteur de gorge sur la ligne 2 et dit :

— Passez-moi un certain docteur Hagopian à San José. C'est un appel d'urgence; ne vous occupez pas de son répondeur.

Un déclic se fit entendre quand le circuit fut établi.

— Tu l'as vu comme moi, dit Myers en se tournant vers son collègue. Sa main a traversé le tableau de bord. Rien ne prouve qu'il ne puisse pas nous faire disparaître.

Il n'avait nulle envie d'en faire l'expérience. Il se sentait désemparé et regrettait d'avoir empêché Cupertino de poursuivre sa course folle.

— Je sais ce qui se passe, dit Cupertino comme pour lui-même.

Il prit un paquet de cigarettes et en alluma une. Sa main tremblait moins, à présent.

— C'est à cause de la mort de Carol, ma femme.

Les policiers évitèrent de le contredire ; calmes et muets, ils attendaient que le docteur Hagopian soit contacté.

Ayant passé un pantalon par-dessus son pyjama et enfilé une veste pour lui tenir chaud dans la fraîcheur de la nuit, Gottlieb Hagopian reçut son patient, John Cupertino, dans son cabinet de San José normalement fermé à cette heure. Le docteur Hagopian alluma la lumière, brancha le chauffage, puis disposa un siège en se demandant quelle image il donnait à son client, avec ses cheveux ébouriffés.

— Je suis navré de vous avoir fait lever, dit Cupertino, d'un ton qui démentait ses paroles.

Il semblait parfaitement éveillé à 4 heures du matin. Il fumait, les jambes croisées, et le docteur Hagopian, pestant intérieurement, se dirigea vers l'arrière-salle pour mettre en route la cafetière électrique. Il pouvait au moins s'offrir cette compensation.

— Les policiers, déclara le médecin, pensaient que vous aviez dû absorber un stimulant, à en juger par votre conduite. Mais nous savons qu'il n'en est rien.

Cupertino, à sa connaissance, se comportait

toujours ainsi ; l'homme était légèrement maniaco-dépressif.

— Jamais je n'aurais dû tuer Carol, dit Cupertino. Tout a changé depuis sa mort.

— Vous manque-t-elle en ce moment ? Hier, en me voyant, vous m'avez dit...

— C'était en plein jour. Je me sens toujours plus en confiance quand le soleil est levé. A propos... j'ai retenu les services d'un avocat. Il s'appelle Phil Wolfson.

— Pourquoi ?

Aucune poursuite n'était engagée contre Cupertino, ils le savaient l'un et l'autre.

— J'ai besoin de conseils autorisés. En plus des vôtres ; ne voyez pas là une critique de ma part, docteur ; ne vous sentez pas visé. Mais, sous certains aspects, mon cas relève davantage du droit que de la médecine. La conscience est un phénomène intéressant. Elle se situe en partie dans le domaine psychologique et en partie...

— Du café ?

— Sûrement pas. Je resterais énervé des heures.

— Avez-vous parlé de Carol aux policiers ? Leur avez-vous raconté que vous l'aviez tuée ?

— Je leur ai simplement dit qu'elle était morte. Je me contrôlais.

— Vous ne vous contrôliez pas en conduisant à deux cent cinquante à l'heure. Le *Chronicle* raconte un fait divers qui s'est produit sur l'autoroute de Bayshore. La police routière a désintégré une voiture qui roulait à deux cent quarante. Et elle était dans son droit. La sécurité publique, la vie de...

— Les policiers avaient fait les sommations d'usage, dit Cupertino sans se troubler. Le conducteur a refusé de s'arrêter. Il était ivre.

— Vous admettez, bien entendu, dit le docteur Hagopian, que Carol est toujours vivante. Qu'elle habite ici sur Terre, à Los Angeles.

— Naturellement, acquiesça Cupertino avec irritation.

Pourquoi Hagopian cherchait-il à démontrer l'évidence ? Ils en avaient discuté indéfiniment, et sans doute le psychiatre allait-il lui poser une fois de plus la vieille question : comment auriez-vous pu la tuer, alors que vous savez qu'elle est vivante ? Il se sentait las et irascible ; cette séance avec Hagopian n'allait rien donner.

Le médecin griffonna quelques mots sur un bloc, arracha la feuille et la tendit à Cupertino.

— Une ordonnance ?

Cupertino s'en saisit avec méfiance.

— Non. Une adresse.

Cupertino lut le nom de South Pasadena. Il s'agissait sans doute de l'adresse de Carol. Il contempla la feuille avec mauvaise humeur.

— Nous allons tenter l'expérience, dit le docteur Hagopian. Je veux que vous y alliez et que vous la regardiez en face. Ensuite nous...

— Dites au comité directeur des Entreprises Éducatives des Six Planètes d'aller la voir, mais pas à moi ! protesta Cupertino en lui rendant la feuille. Ce sont eux les responsables de toute la tragédie. C'est par leur faute que j'ai dû agir ainsi, et vous le savez, alors cessez de me regarder comme ça. C'était leur plan qui devait être tenu secret, n'est-ce pas ?

Le docteur Hagopian soupira.

— A 4 heures du matin, tout paraît brouillé. Le monde entier semble menaçant. Je sais que vous étiez employé à l'époque par les Six Planètes, sur Ganymède. Mais la responsabilité morale... (Il s'interrompit.) C'est difficile à dire, Mr. Cupertino. Vous avez tiré avec le pistolet laser, donc c'est sur vous que retombe la responsabilité morale finale.

— Carol s'apprêtait à révéler aux homéojournaux locaux qu'un soulèvement se préparait pour libérer Ganymède... et que les autorités de Ganymède, constituées principalement par les Six Planètes, étaient impliquées. Je lui ai dit que nous ne pouvions la laisser parler. Elle l'a fait quand même pour des motifs méprisables, par haine de moi ; rien à voir avec les événements en cause. Comme toutes les femmes, elle a cédé à la vanité personnelle et à un réflexe d'orgueil blessé.

— Allez à cette adresse de South Pasadena, insista le docteur Hagopian. Voyez Carol. Persuadez-vous que vous ne l'avez jamais tuée, que ce qui s'est passé sur Ganymède ce jour-là il y trois ans était un...

Il fit un geste en essayant de trouver l'expression adéquate.

— Oui, docteur, coupa Cupertino. C'était quoi, au fait ? Parce que ce jour-là — ou plutôt ce soir-là — j'ai atteint Carol juste au-dessus des yeux avec ce laser, en plein dans le lobe frontal. Elle était indiscutablement morte quand j'ai quitté le conapt et gagné le spatioport pour prendre un astronef à destination de la Terre.

Il attendit. Hagopian aurait du mal à formuler une bonne réponse.

— Oui, vos souvenirs sont précis, admit le médecin au bout d'un moment. Tout cela se trouve sur mes fiches et il est inutile d'en reparler. J'ignore pourquoi ces souvenirs sont gravés dans votre mémoire. Je sais pertinemment qu'ils sont faux puisque j'ai rencontré votre femme, que je lui ai parlé et que j'ai entretenu une correspondance avec elle, ultérieurement à la date où vous prétendez l'avoir tuée sur Ganymède. De cela au moins, je suis certain.

— Donnez-moi une bonne raison d'aller la voir, dit Cupertino.

Il fit le geste de déchirer la feuille en deux.

— Une ? réfléchit le docteur Hagopian. (Il avait les traits tirés.) Oui, je peux vous fournir une bonne raison, mais je suppose que vous la rejetterez.

— Voyons toujours.

— Carol était sur Ganymède, ce soir où vous vous rappelez l'avoir tuée. Peut-être pourra-t-elle vous dire comment ces faux souvenirs se sont inscrits dans votre mémoire. Elle a fait allusion, dans sa correspondance, au fait qu'elle savait quelque chose à ce sujet. (Il observa Cupertino.) Elle n'en a pas dit plus.

— J'irai, déclara Cupertino.

Il se dirigea d'un pas rapide vers la porte. Étrange, songea-t-il, d'obtenir des renseignements sur la mort d'une personne en s'adressant à la personne en question. Mais Hagopian avait raison ; Carol était seule à part lui à avoir été présente ce soir-là... il aurait dû comprendre depuis longtemps qu'il lui faudrait finir par aller la voir.

C'était là un point crucial difficile à envisager.

A 6 heures du matin, il se présentait chez Carol Holt Cupertino. Il lui fallut sonner plusieurs fois avant qu'elle ouvre la porte du petit pavillon individuel. Carol, vêtue d'un déshabillé de nylon bleu translucide et de mules fourrées blanches, le dévisagea d'un regard somnolent. Un chat lui fila entre les jambes.

— Tu te souviens de moi ? demanda Cupertino, s'écartant pour laisser passer le chat.

— Mon Dieu !

Elle repoussa la masse de cheveux blonds qui lui tombait sur les yeux et hocha la tête.

— Quelle heure est-il ?

Une lumière grise et froide baignait la rue presque déserte. Carol frissonna et se croisa les bras.

— Comment se fait-il que tu sois déjà levé ? Autrefois tu ne sortais jamais du lit avant 8 heures.

— Je ne me suis pas encore couché.

Il la devança dans la salle de séjour obscure, dont les rideaux étaient tirés.

— Tu as du café ?

— Certainement.

Elle se dirigea distraitement vers la cuisine et pressa la touche *café chaud* sur la cuisinière. Une première tasse, puis une seconde dégagèrent une vapeur odorante.

— De la crème pour moi, dit-elle, de la crème et du sucre pour toi. De nous deux, tu es le plus infantile.

Elle lui tendit sa tasse. La senteur de la jeune femme — tiédeur, douceur et sommeil — se mêlait à celle du café.

— Tu n'as pas vieilli d'un jour, dit Cupertino, malgré les trois ans écoulés.

En fait, elle était encore plus mince, plus souple.

Elle s'assit à la table de cuisine, les bras toujours croisés.

— Cela te paraît suspect ?

Ses joues étaient empourprées, ses yeux brillants.

— Non. C'est un compliment.

Il s'assit à son tour.

— C'est Hagopian qui m'envoie. Il a décidé que je devais te voir. Vous vous êtes rencontrés ?

— Oui, dit Carol. Je suis allée à plusieurs reprises en Californie du Nord, pour affaires. Je suis passée chez lui. Il me l'avait demandé par lettre. Je le trouve sympathique. A propos, tu devrais être guéri, à présent.

— Guéri ? (Il haussa les épaules.) J'en ai l'impression, sauf que…

— Sauf que tu as toujours ton idée fixe. Cette idée aberrante dont nulle psychanalyse ne peut te délivrer. Exact ?

— Je me souviens en effet toujours de t'avoir tuée, si c'est à ça que tu fais allusion. *Je sais que la chose a eu lieu*. Le docteur Hagopian a pensé que tu pourrais m'en parler ; après tout, comme il l'a fait remarquer…

— Oui, acquiesça-t-elle. Mais est-ce bien utile de remettre tout ça sur le tapis ? C'est si fastidieux, et il est à peine 6 heures du matin. Je pourrais me recoucher et on reprendrait cette conversation plus tard, disons dans la soirée ? Non ?

Elle soupira.

— Bon. Eh bien, tu as essayé de me tuer avec un pistolet laser. C'était dans notre conapt à New Detroit-G, sur Ganymède, le 12 mars 2014.

— Pourquoi ai-je voulu te tuer ?

— Tu le sais bien, dit-elle amèrement.

— Oui.

Durant ses trente-cinq années de vie, il

n'avait jamais commis une erreur aussi grave. Au cours de leur divorce, la connaissance qu'avait sa femme du projet de révolte lui avait donné l'avantage; elle avait pu dicter à sa guise les termes de la séparation. A la fin, les charges financières liées à la demande de pension alimentaire lui avaient paru insupportables, et il s'était rendu au conapt où ils avaient vécu ensemble — à cette époque, il avait déménagé et s'était installé à l'autre bout de la ville — pour dire à Carol qu'il ne pouvait satisfaire à ses exigences. D'où la menace proférée par elle de se rendre auprès des homéojournaux, les diffuseurs de nouvelles qui fonctionnaient sur Ganymède comme prolongements du *New York Times* et du *Daily News*.

— Tu avais sorti ton laser, poursuivit Carol, et tu le tripotais sans dire grand-chose. Mais tu m'avais posé ton ultimatum. J'avais le choix entre le divorce à mes torts ou...

— J'ai tiré?

— Oui.

— Je t'ai touchée?

— Tu m'as manquée, dit Carol. Je suis sortie en courant jusqu'à l'ascenseur. Je suis descendue appeler la police. Quand elle est arrivée, tu étais toujours dans le conapt. (Elle termina dans un murmure :) Tu pleurais.

— Seigneur! s'écria Cupertino.

Ils gardèrent le silence en buvant leur café. En face de lui, il voyait trembler les mains pâles de sa femme, et sa tasse tintait contre la soucoupe.

— Bien entendu, j'ai poursuivi la procédure en divorce, dit Carol d'une voix indifférente. Vu les circonstances...

— Le docteur Hagopian pense que tu dois savoir pourquoi je me rappelle t'avoir tuée ce soir-là. Il prétend que tu y as fait allusion dans une lettre.

Les yeux bleus de Carol étincelèrent.

— *Ce soir-là, tu n'avais pas encore de faux souvenirs*. Tu savais que tu avais échoué. Amboynton, le district attorney, t'a donné le choix entre accepter un traitement psychiatrique ou être poursuivi pour tentative de meurtre. Tu as choisi la première solution, naturellement, et c'est ainsi que tu as été voir le docteur Hagopian. Ces faux souvenirs, je peux te dire exactement à quel moment ils se sont installés. Tu as rendu visite à ton employeur : les Entreprises Éducatives des Six Planètes ; tu as rencontré le psychologue attaché à leur personnel, un certain docteur Edgar Green. C'était peu avant ton départ pour la Terre.

Elle se leva pour remplir sa tasse.

— Je suppose que ce docteur Green s'est arrangé pour implanter dans ta mémoire ces faux souvenirs de mon assassinat.

— Mais pourquoi ? demanda Cupertino.

— Il savait que tu m'avais informée des plans du soulèvement. Il était prévu que tu te suicides sous le coup du remords et du chagrin, mais au lieu de ça tu t'es embarqué pour la Terre, comme convenu avec Amboynton. A vrai dire, tu as bien tenté de te suicider durant le voyage… mais tu dois bien t'en souvenir ?

— Raconte toujours.

Il ne se rappelait pas avoir voulu se tuer.

— Je vais te montrer la coupure d'homéojournal. Je l'ai gardée.

Carol quitta la cuisine. Sa voix lui parvint de

la chambre : « A la suite de chagrins sentimentaux… le passager d'un vaisseau interplanétaire… » Sa voix s'interrompit et ce fut le silence.

Cupertino attendit, sirotant son café. Il savait qu'elle ne trouverait aucune coupure de presse. Puisque cette tentative n'avait jamais eu lieu.

Carol revint dans la cuisine, l'air perplexe.

— Je n'arrive pas à la retrouver. Mais je sais que je l'avais glissée dans le premier tome de *Guerre et Paix* où elle me servait de signet.

Elle avait l'air embarrassé.

— Je ne suis pas le seul à avoir de faux souvenirs, si faux souvenirs il y a, dit Cupertino.

Pour la première fois depuis trois ans, il avait enfin l'impression de progresser.

Mais le sens de cette progression demeurait obscur. Du moins pour l'instant.

— Je ne comprends pas, dit Carol. Il se passe quelque chose de bizarre.

Tandis qu'il attendait dans la cuisine, elle s'habilla dans la chambre. Elle reparut, vêtue d'un sweater vert, d'une robe, de souliers à talons. Tout en se coiffant, elle s'arrêta devant la cuisinière et pressa les touches destinées à obtenir des toasts et des œufs mollets. Il était maintenant près de 7 heures. Dans la rue, la lumière devenait légèrement dorée. La circulation était plus dense ; on entendait le bruit rassurant des véhicules commerciaux et des fusocars particuliers.

— Comment as-tu réussi à te procurer ce pavillon ? demanda-t-il. Je croyais que, dans la région de Los Angeles, il était impossible d'obtenir autre chose qu'un conapt dans une tour ?

— Grâce à mes employeurs.

— Qui sont tes employeurs ?

Il était à la fois sur ses gardes et troublé ; apparemment leur influence était grande. Sa femme avait gravi des échelons dans la société.

— Falling Star Associates.

Il n'en avait jamais entendu parler. Intrigué, il demanda :

— Opèrent-ils au-delà de la Terre ?

Sans doute, s'ils avaient un rôle interplanétaire...

— C'est une multinationale. Je suis conseillère auprès du président du comité directeur ; je m'occupe de marketing. (Elle ajouta :) Tes ex-patrons, les Entreprises Éducatives des Six Planètes, nous appartiennent. Nous contrôlons la majorité des actions. Mais c'est sans importance. Une simple coïncidence.

Elle déjeuna sans rien lui offrir. Apparemment, l'idée ne lui effleurait même pas l'esprit. Morose, il la regardait manier ses couverts avec des gestes précieux, selon le code de la bonne éducation ; elle n'avait pas changé. Elle était plus raffinée, plus féminine que jamais.

— Je crois, fit-il, que je comprends.

— Pardon ?

Elle leva la tête et le fixa de ses yeux bleus.

— Tu comprends quoi, Johnny ?

— Toi, répondit Cupertino, ta présence. Il est évident que tu es réelle — aussi réelle que tout le reste. Aussi réelle que la ville de Pasadena, que cette table.

Il assena un vigoureux coup de poing sur le meuble de cuisine.

— Aussi réelle que le docteur Hagopian ou que les deux policiers qui m'ont interpellé ce matin. (Il ajouta :) *Mais quelle est l'étendue de cette réalité?* Je crois que c'est là le nœud de la question. Cela expliquerait cette sensation que j'ai de passer les mains à travers la matière, à travers mon tableau de bord comme je l'ai fait ce matin. Cette impression désagréable que rien autour de moi n'a de substance, que j'habite un monde fantomatique.

Après l'avoir dévisagé, Carol éclata de rire, puis poursuivit son repas.

— Il est possible, poursuivit Cupertino, que je sois dans une prison de Ganymède, ou dans un hôpital psychiatrique. A la suite de mon crime. Et qu'au cours des années qui ont suivi ta mort, je me sois mis à vivre dans un monde de fantasmes.

— Grand Dieu ! s'écria Carol en secouant la tête. Dois-je rire ou m'apitoyer ? C'est vraiment trop... trop pathétique. Vraiment, Johnny, je te plains. Plutôt que de te débarrasser de ton illusion, tu préfères croire que la Terre entière n'est qu'un produit de ton imagination. Écoute, ne serait-il pas plus simple de renoncer à ton idée fixe ? D'abandonner simplement cette notion que tu m'as tuée ?

Le vidéophone sonna.

— Excuse-moi.

Carol s'essuya la bouche et se leva pour répondre. Cupertino demeura sur place, jouant mélancoliquement avec une miette de toast tombée de l'assiette de sa femme. Le beurre lui poissa le doigt ; il le lécha machinalement, puis s'aperçut qu'il mourait de faim ; c'était le moment qu'il prenne, à son tour, un petit déjeuner. Il s'approcha de la cuisinière et enfonça des touches. Il eut bientôt devant lui du bacon, des œufs brouillés, des toasts et du café chaud.

« Mais comment puis-je vivre ? se demanda-t-il. Me sustenter si ce monde n'est qu'illusion ?

« Je dois être en train de consommer un véritable repas, décida-t-il. Fourni par l'hôpital ou la prison. Le repas que je suis en train de manger existe. Une chambre existe, avec ses murs et son sol... mais pas cette pièce, ni ces murs, ni ce sol.

« Et... il y a des gens qui existent.

« Mais pas cette femme. Pas Carol Holt Cupertino. Quelqu'un d'autre. Un geôlier impersonnel ou un préposé anonyme. Et un médecin, peut-être. Le docteur Hagopian... pourquoi pas ?

« C'est ça, se dit Cupertino. Le docteur Hagopian est réellement mon psychiatre. »

Carol revint s'asseoir devant son assiette refroidie.

— Va lui parler. C'est le docteur Hagopian.

Il obtempéra immédiatement.

Sur le petit écran du vidéophone, le visage du médecin paraissait tendu et contracté.

— Je vois que vous êtes allé là-bas, John. Alors, que s'est-il passé ?

— Où sommes-nous, Hagopian ? demanda Cupertino.

— Je ne... fit le psychiatre en fronçant les sourcils.

— Nous sommes tous deux sur Ganymède, n'est-ce pas ?

— Je suis à San José et vous à Los Angeles, affirma Hagopian.

— Je crois savoir comment mettre ma théorie à l'épreuve, dit Cupertino. Je vais interrompre mon traitement avec vous. Si je suis prisonnier sur Ganymède, la chose me sera impossible, mais si je suis libre sur Terre, comme vous le prétendez...

— Vous êtes sur Terre, dit Hagopian, mais vous n'êtes pas libre. En raison de votre tentative de meurtre sur votre femme, vous êtes *tenu* de suivre avec moi une psychothérapie régulière. Vous le savez. Que vous a raconté Carol ? A-t-elle pu éclairer un peu les événements de ce soir-là ?

– On pourrait le dire, déclara Cupertino. J'ai appris qu'elle est employée par la multinationale dont les Entreprises des Six Planètes ne sont qu'une filiale. Cela suffit à justifier mon voyage ici. Je devais avoir découvert qu'elle était employée par les Six Planètes pour me surveiller.

– P... pardon ? fit Hagopian.

– Pour jouer les chiens de garde et s'assurer de ma loyauté. Ils devaient craindre que je ne divulgue des renseignements à propos du soulèvement prémédité contre les autorités terrestres. C'est pourquoi ils avaient chargé Carol de me surveiller. Le fait que je lui parle des plans leur a fait comprendre qu'on ne pouvait compter sur ma fidélité. En conséquence, elle a dû recevoir l'ordre de me supprimer. Sans doute a-t-elle essayé, mais elle a raté son coup et je l'ai abattue en état de légitime défense. A la suite de quoi le soulèvement a avorté et tous les comploteurs ont été punis par les autorités terrestres. Carol s'en est tirée parce qu'elle n'était pas employée officiellement par les Six Planètes.

– Attendez, dit le docteur Hagopian. Ça pourrait tenir debout, mais... (Il leva la main :) Mr. Cupertino, le soulèvement a réussi ; c'est un fait historique. Il y a trois ans, Ganymède, Io et Callisto ont rejeté simultanément la tutelle de la Terre pour devenir des planètes indépendantes. Tous les écoliers le savent. On a donné à l'événement le nom de Guerre Triplanétaire de 2014. Nous n'en avons jamais parlé ensemble, mais je supposais que vous étiez au courant... comme de tout autre détail historique.

— C'est vrai? demanda John Cupertino en se détournant de l'appareil pour interroger Carol.

— Naturellement, répondit la jeune femme. L'échec de ta petite révolte fait-il également partie de ton ensemble de fantasmes? (Elle sourit.) Huit ans durant, tu l'as préparée pour le compte de l'un des plus grands cartels financiers, qui en avait pris l'initiative. Ensuite, pour un motif mystérieux, tu as choisi d'en ignorer la réussite. Je te plains vraiment, Johnny.

— Il doit bien y avoir une raison pour que je l'ignore, dit Cupertino. Pourquoi a-t-on décidé de me cacher la vérité?

Abasourdi, il tendit la main en avant.

Sa main pénétra en tremblant dans l'écran du vidéophone où elle disparut. Il la retira immédiatement. Elle reparut, mais il l'avait vue s'enfoncer dans l'appareil. Il avait perçu le fait et compris sa signification.

L'illusion était bonne, mais pas tout à fait assez.

— Docteur Hagopian, dit-il à l'adresse de l'image en miniature sur l'écran, je ne pense pas que je continuerai à vous voir. Envoyez-moi la note de vos honoraires et acceptez mes remerciements.

Il s'apprêta à couper la communication.

— Vous ne pouvez vous passer de mes services, intervint Hagopian. Comme je vous l'ai déjà dit, le traitement est obligatoire. Vous devez vous y soumettre, sinon vous repasserez devant le tribunal, et je sais que vous n'en avez pas envie. Croyez-moi, je parle dans votre intérêt.

Cupertino raccrocha et l'image quitta l'écran.

– Il a raison, dit Carol de la cuisine.

– Il ment, rétorqua Cupertino.

Lentement, il se réinstalla devant la jeune femme et reprit son petit déjeuner.

Rentré chez lui à Berkeley, il lança un appel longue distance au docteur Edgar Green, des Entreprises Éducatives des Six Planètes, sur Ganymède. Une demi-heure plus tard, il obtenait la communication.

– Vous vous souvenez de moi, docteur Green? demanda-t-il quand l'image de son correspondant apparut sur l'écran.

Les traits du visage empâté ne lui étaient pas familiers. Il avait même l'impression de voir cet homme pour la première fois. Toutefois, sur ce point au moins, l'expérience confirmait l'existence d'une certaine configuration de réalité. Il existait bien un docteur Edgar Green au département du personnel des Six Planètes; à propos de ce détail, Carol avait dit la vérité.

– Je vous ai déjà vu, répondit le docteur Green, mais votre nom ne me revient pas en tête, je le regrette.

– Je suis John Cupertino. Je me trouve en ce moment sur Terre, mais j'habitais précédemment Ganymède. J'ai été mêlé à une affaire assez spectaculaire il y a plus de trois ans, peu avant le soulèvement de Ganymède. J'étais accusé d'avoir assassiné ma femme. Cela ne vous rappelle rien, docteur?

– Hmm, fit le docteur en fronçant les sourcils. On vous a acquitté, Mr. Cupertino?

— Je... suis sous contrôle psychiatrique en Californie, dit Cupertino après un moment d'hésitation. Vous ne voyez toujours pas ?

— Vous voulez dire que vous avez été déclaré légalement irresponsable et n'avez pu passer en jugement ?

Cupertino hocha la tête avec réticence.

— Il se peut que je vous aie parlé, admit le docteur Green. La chose évoque en moi un souvenir vague. Mais je vois tellement de visages... Vous aviez un emploi ici ?

— Oui, répondit Cupertino.

— Qu'attendez-vous de moi au juste ? Ce n'est pas pour rien que vous m'appelez, au prix où sont les communications longue distance. Pour raisons d'économie, je vous suggère d'en venir au fait.

— J'aimerais que vous me fassiez parvenir mon dossier, dit Cupertino. Pas à l'adresse de mon psychiatre, mais à la mienne. Est-ce possible ?

— Pour quelle raison, Mr. Cupertino ? Vous voulez obtenir un emploi ?

— Non, docteur, dit Cupertino après avoir repris son souffle. Je voudrais connaître en toute certitude les méthodes psychiatriques utilisées dans mon cas par vous ou vos assistants. J'ai des raisons de croire que j'ai été soumis à une thérapie corrective sous votre contrôle. Ai-je le droit de le savoir, docteur ? Il me semble que oui.

« J'ai à peine une chance sur mille d'obtenir de cet homme un renseignement, pensait-il en attendant la réponse. Mais cela valait la peine d'essayer. »

— Thérapie corrective ? Vous devez faire

erreur, Mr. Cupertino. Nous procédons seulement à des tests d'aptitude, à des analyses caractérielles, mais nous n'entreprenons jamais de thérapie. Notre rôle se borne à analyser les candidats qui postulent un emploi afin de…

— Docteur Green, interrompit Cupertino, avez-vous été mêlé personnellement à la révolte d'il y a trois ans ?

Le docteur haussa les épaules :

— Comme chacun. Tous les habitants de Ganymède étaient animés par le même patriotisme.

Il prononça ces mots d'une voix creuse.

— Pour protéger cette révolte, dit Cupertino, auriez-vous implanté une illusion dans mon esprit dans le but de…

— Je regrette, coupa Green. Vous êtes manifestement psychotique. Inutile de perdre votre argent à m'appeler.

— Il n'en reste pas moins qu'une illusion peut être implantée dans l'esprit de quelqu'un, insista Cupertino. Les techniques psychiatriques le permettent, admettez-le.

Le docteur Green soupira.

— Oui, Mr. Cupertino. Depuis la seconde moitié du XXe siècle. De telles méthodes ont été perfectionnées au moment des guerres dans le Sud-Est asiatique. On peut amener un homme à croire n'importe quoi.

— Alors, Carol pourrait avoir raison.

Il ne savait s'il était déçu ou soulagé. Cela pouvait signifier qu'il n'était pas un meurtrier, ce qui était l'essentiel. Carol était vivante, et dans ce cas l'expérience qu'il avait de la Terre, de sa population, de ses villes et de ses objets était authentique. Et pourtant…

— Si j'allais sur Ganymède, dit-il soudain, *pourrais-je voir mon dossier?* Il est évident que, si je suis en état d'accomplir le voyage, je ne suis pas un psychotique soumis à un traitement psychiatrique obligatoire. Je suis peut-être malade, docteur, mais pas à ce point.

Il attendit. La chance était mince mais valait d'être tentée.

— Ma foi, réfléchit le docteur Green, aucun règlement n'interdit à un ex-employé de consulter son dossier personnel. Je pourrais sans doute vous y donner accès. Mais je préférerais m'entendre d'abord avec votre psychiatre. Voudriez-vous me communiquer son nom? S'il est d'accord, cela vous évitera le voyage. Je le transmettrai par vidéo et vous l'aurez en main dès ce soir.

Il donna au docteur Green le nom du docteur Hagopian, puis raccrocha. Que dirait Hagopian? Question intéressante, mais qui pour lui restait sans réponse. Il n'avait nulle idée de l'attitude qu'adopterait Hagopian.

Dans la soirée, il saurait. Cela au moins était certain.

Il avait l'intuition que Hagopian serait d'accord, mais pas pour les bonnes raisons.

Quoi qu'il en soit, peu importaient les mobiles de Hagopian. Seul comptait le dossier. Il fallait qu'il le lise pour vérifier enfin si Carol avait raison.

Ce ne fut que deux heures plus tard — un temps incroyablement long, en vérité — qu'il songea que les Entreprises Éducatives des Six Planètes pouvaient sans difficulté truquer le dossier, en retirer l'information essentielle et transmettre à la Terre un document dénué d'intérêt.

Que ferait-il alors?

Autre bonne question, à laquelle il ne pouvait pas davantage répondre.

Le soir venu, le dossier en provenance de Ganymède lui fut délivré à domicile par un porteur. Il s'installa et l'ouvrit.

Quelques instants lui suffirent pour vérifier ses soupçons : le dossier ne contenait aucune allusion à l'implantation d'une illusion. Ou le document avait été altéré ou Carol se trompait. A moins qu'elle ne mentît. En tout cas, le dossier ne lui apprenait rien.

Il téléphona à l'université de Californie. Après avoir été reporté de service en service, il finit par tomber sur un responsable compétent.

— Je voudrais faire analyser un document écrit, expliqua Cupertino, afin de savoir s'il a été rédigé à une date récente. Il s'agit d'un duplicata transmis par vidéo, de sorte que votre travail ne pourra se fonder que sur les seuls anachronismes de langage. Je voudrais savoir si les documents ont été établis il y a trois ans ou à une date plus récente. Pensez-vous pouvoir faire une analyse à partir d'indices aussi faibles ?

— Peu de mots ont changé depuis trois ans, répondit le philologue de l'université. Mais on peut essayer. Quand désirez-vous récupérer le document ?

— Le plus tôt possible, répondit Cupertino.

Il appela un messager de l'immeuble pour qu'il porte le dossier à l'université et entreprit de réfléchir à un autre aspect de la situation.

Si son expérience de la Terre était l'effet d'une illusion, les moments où ses perceptions se rapprochaient le plus de la réalité devaient coïncider avec ses séances chez le docteur Hagopian. Par conséquent, s'il voulait percer le voile tissé autour de lui et capter la véritable réalité, c'est sans doute au cours de ces instants qu'il y parviendrait. C'est sur eux qu'il devait concentrer ses efforts. Car un seul fait semblait clairement établi : il voyait pour de bon le docteur Hagopian.

Il se rendit au vidéophone et composa le numéro de Hagopian. La nuit précédente, après son arrestation sur l'autoroute, Hagopian lui avait apporté son aide. Une autre visite chez le docteur semblait prématurée, mais il continuait de former les chiffres. Vu la situation, une telle démarche se justifiait ; il pouvait se payer une autre visite...

Puis une idée lui traversa l'esprit.

L'arrestation. Brusquement, il se rappela les paroles du policier. Ce dernier l'avait accusé de se droguer à la frohédadrine, ce stupéfiant en vogue sur Ganymède. Et cela pour une bonne raison : *il en présentait les symptômes*.

C'était peut-être là le moyen employé pour maintenir en lui l'illusion. Peut-être lui donnait-on de la frohédadrine à petites doses régulières, par exemple dans sa nourriture.

Mais n'était-ce pas là une idée de paranoïaque — autrement dit de psychotique ?

Pourtant, paranoïa ou non, le raisonnement se tenait.

Ce qu'il lui fallait, c'est une analyse sanguine. Elle révélerait forcément la présence de la drogue. Il lui suffirait de se présenter au dispensaire de la firme pour laquelle il travaillait à Oakland et de demander cette analyse sous prétexte d'une toxémie supposée. En moins d'une heure, il aurait les résultats.

Et si son sang contenait des traces de frohédadrine, cela prouverait qu'il avait raison : il se trouvait toujours sur Ganymède, non sur Terre. Et ce qu'il voyait autour de lui n'était qu'une illusion, sauf peut-être lors de ses visites obligatoires chez le psychiatre.

Cette analyse sanguine, il fallait l'effectuer sans tarder. Pourtant il reculait. Pourquoi ? Maintenant qu'il avait entre les mains le moyen d'appréhender la vérité, il se dérobait.

Préférait-il ignorer la vérité ?

Non, il fallait qu'il fasse l'analyse. Écartant pour l'instant l'idée de retourner voir le docteur Hagopian, il alla se raser dans la salle de bains, mit une chemise propre et une cravate, puis quitta le conapt pour gagner l'emplacement où était rangé son fusocar. D'ici un quart d'heure, il serait au dispensaire de son employeur.

Son employeur. Il s'immobilisa, la main sur la poignée de la portière, se sentant stupide.

Le système illusoire implanté dans son cerveau souffrait d'un défaut. En effet, il ne savait pas où il travaillait. Une faille majeure, tout simplement.

Il rentra chez lui et appela le docteur Hagopian.

— Bonsoir, John, dit le docteur Hagopian d'un ton plutôt maussade. Je vois que vous êtes de retour dans votre conapt. Vous n'êtes pas resté longtemps à Los Angeles.

— Docteur, j'ignore où je travaille, dit Cupertino d'une voix rauque. Ce n'est pas normal. Je devais pourtant bien le savoir jusqu'à maintenant. Est-ce que je n'ai pas travaillé quatre jours par semaine comme tout le monde ?

— Bien entendu, répondit Hagopian sans s'émouvoir. Vous êtes employé par une firme d'Oakland, Triplan Industries, dans l'avenue San Pablo, près de la 21e Rue. Vous trouverez l'adresse exacte dans l'annuaire. Mais je vous conseille de vous coucher et de prendre du repos. Vous n'avez pas fermé l'œil la nuit dernière, et vous souffrez visiblement d'une réaction de fatigue.

— Supposez, dit Cupertino, que des fractions de plus en plus grandes du système illusoire se mettent à s'effacer. Ce ne serait pas très agréable pour moi.

L'absence d'un seul élément le terrifiait. C'était comme si une partie de lui-même s'était désagrégée. Ne plus savoir où il travaillait ! Un instant avait suffi pour le mettre en marge des autres individus. Dans quelle mesure sa mémoire continuerait-elle à se dégrader ? Peut-être était-ce l'effet de la fatigue ; Hagopian pouvait avoir raison. Après tout, il n'avait plus l'âge de veiller la nuit entière. Dix ans auparavant, une nuit blanche ne lui aurait pas fait peur, pas plus qu'à Carol, d'ailleurs.

Au fond de lui-même, il éprouvait le besoin de se raccrocher à l'illusion. Il ne tenait pas à la voir se décomposer autour de lui. Quand on est privé de son monde personnel, on cesse d'exister.

— Docteur, dit-il, puis-je vous voir ce soir ?

— Mais vous venez de me rendre visite, objecta le docteur Hagopian. Je ne vois pas la nécessité d'un autre rendez-vous. Attendez la fin de la semaine et d'ici là...

— Je crois comprendre comment est maintenu le système illusoire, dit Cupertino. Grâce à des doses de drogue mêlées chaque jour à mes aliments. En allant à Los Angeles, j'ai peut-être manqué une dose, ce qui expliquerait la dislocation d'une partie de l'illusion. A moins que ce ne soit dû, comme vous le dites, à la fatigue. En tout cas, c'est la preuve que mon raisonnement est correct. Il s'agit bien d'une illusion, et je n'ai pas besoin d'analyse sanguine ni de l'université de Californie pour en avoir la confirmation. Carol est morte — *et vous le savez*. Vous êtes mon psychiatre sur Ganymède, où je suis maintenant en prison depuis trois ans. N'est-ce pas la vérité ?

Il attendit, mais Hagopian ne répondit pas et son visage resta impassible.

— Je ne suis jamais allé à Los Angeles, poursuivit Cupertino. En fait, j'ai sans doute très peu de liberté de mouvements. Et je n'ai pas vu Carol ce matin, n'est-ce pas ?

— Pourquoi parlez-vous d'analyse sanguine ? demanda lentement Hagopian. Qu'est-ce qui vous a donné cette idée ? (Il eut un léger sourire.) S'il s'agit d'une illusion, John, l'analyse sanguine en serait une également. Je ne vois pas à quoi cela vous mènerait.

Cette conclusion ne lui était pas venue à l'esprit. Pris de court, il demeura sans réponse.

— Et le dossier que vous avez demandé au docteur Green, reprit Hagopian, pour le transmettre à l'université de Californie afin de le faire examiner, serait tout aussi illusoire. Par conséquent, comment les résultats de cet examen pourraient-ils... ?

Cupertino l'interrompit.

— Vous n'avez aucun moyen d'être au courant de cette démarche, docteur. Que vous sachiez que j'ai réclamé mon dossier au docteur Green, passe encore : Green pouvait vous en avertir. Mais pour l'examen que j'ai demandé à l'université, vous ne pouviez pas être informé. Vous m'excuserez, docteur, mais par une contradiction de la logique interne, cette structure vient de faire la preuve de son irréalité. Vous en savez trop sur moi. Et je crois avoir trouvé le test décisif qui me permettra de confirmer ma théorie.

— Quel test?

Hagopian parlait d'un ton glacial.

— Je vais retourner à Los Angeles et tuer Carol une nouvelle fois, dit Cupertino.

— Mon Dieu, qu'est-ce que...?

— On ne peut pas tuer une femme morte depuis trois ans, ajouta Cupertino. De toute évidence, il s'avérera impossible de la tuer.

Il s'apprêta à raccrocher.

— Attendez, dit vivement Hagopian. Écoutez, Cupertino. Il faut que je prévienne la police immédiatement, c'est vous qui m'y obligez. Je ne peux pas vous laisser aller tuer cette femme pour la... (Il se reprit :) Je veux dire, tenter de la tuer une deuxième fois. C'est bon, Cupertino; j'admets qu'on vous a caché certaines choses. En un sens, vous avez vu juste. Vous êtes sur Ganymède et non sur Terre.

— Je vois, dit Cupertino.

Il ne raccrocha pas.

— Mais Carol est bien réelle, poursuivit le docteur Hagopian.

Il transpirait à présent. Craignant manifestement de voir Cupertino mettre fin à la communication, il poursuivit d'une voix entrecoupée :

— Elle est aussi réelle que vous et moi. Vous avez voulu la tuer mais vous l'avez ratée. Elle a prévenu les homéojournaux du projet de révolte et c'est pourquoi celle-ci n'a pas été un plein succès. Nous sommes sur Ganymède, entourés par un cordon de vaisseaux militaires terrestres. Nous sommes coupés du reste du système solaire. Nous vivons sur nos réserves, en battant en retraite, *mais nous tenons toujours*.

— Mais pourquoi le système illusoire ?

Il sentait des sueurs froides le gagner, la peur envahir sa poitrine, monter à l'assaut de son cœur.

— Qui me l'a imposé ?

— Personne ne vous l'a imposé. Il s'agit d'un syndrome de retrait que vous avez vous-même déclenché, en raison de votre sentiment de culpabilité. Car c'est par votre faute que la tentative de soulèvement a été découverte ; le fait d'avoir confié le secret à Carol a été le déclencheur — et vous en êtes conscient. Vous avez tenté de vous suicider, sans y parvenir, et à la place vous vous êtes réfugié psychologiquement dans ce monde de fantasmes.

— Si Carol avait averti les autorités terrestres, elle ne serait pas libre actuellement de…

— Exact. Votre femme est en prison. C'est là que vous lui avez rendu visite, à New Detroit-G, ici sur Ganymède. A dire vrai, j'ignore quel effet mes révélations vont avoir sur votre monde imaginaire. Peut-être vont-elles le désintégrer davantage, ou bien vous ramener à une claire perception de la situation critique où nous nous trouvons, face aux forces armées terrestres. Je vous ai envié, Cupertino, durant ces trois années. Vous avez ignoré les dures réalités auxquelles nous avons dû nous heurter. Maintenant… (Il haussa les épaules.) Nous allons voir.

— Merci de m'avoir mis au courant, dit Cupertino après un moment de silence.

— Ne me remerciez pas ; j'agis pour empêcher votre agitation de se transformer en violence. Vous êtes mon malade et je dois veiller à votre bien-être. Il n'a jamais été question de vous châtier, ni maintenant ni autrefois. La gravité de vos troubles mentaux, votre retrait de la réalité, ont largement démontré les remords que vous inspiraient les conséquences de votre conduite stupide. (Le visage du docteur avait pris une expression hagarde et tendue.) En tout cas, laissez Carol tranquille. Ce n'est pas votre rôle d'exercer une vengeance sur elle. Consultez la Bible si vous ne me croyez pas. Elle subit de toute façon un châtiment qui se poursuivra tant qu'elle sera en nos mains.

Cupertino raccrocha.

« Faut-il le croire ? » se demanda-t-il.

Il n'en était pas certain. « Carol, songea-t-il. Ainsi tu as sacrifié notre cause pour satisfaire une rancune insignifiante. Par dépit féminin, par colère contre ton mari, tu as précipité une planète entière dans une guerre ignoble et sans espoir, durant trois années. »

Il se dirigea vers la commode de sa chambre et en retira le pistolet laser. Celui-ci était resté là pendant ces trois ans, caché dans une boîte de Kleenex, depuis qu'il avait quitté Ganymède à destination de la Terre.

« Le moment est venu, pensa-t-il, de m'en servir. »

Il demanda un taxi par téléphone ; cette fois il irait à Los Angeles par la fusée express, au lieu de prendre son fusocar.

Il voulait atteindre Carol aussi vite que possible.

« Tu m'as échappé une fois, pensa-t-il en se dirigeant rapidement vers la porte de son conapt, mais pas cette fois-ci. Pas la deuxième fois. »

Dix minutes plus tard, il était à bord de la fusée express, en route vers Los Angeles et Carol.

Le *Los Angeles Times* était ouvert devant John Cupertino. Perplexe, il le feuilleta de nouveau, sans trouver l'article qu'il cherchait. Pourquoi n'y avait-il rien? se demanda-t-il. Un meurtre, une femme séduisante abattue froidement... Il avait pénétré dans le bureau où Carol travaillait, s'était approché d'elle, l'avait tuée en présence de tous ses collègues, puis avait fait demi-tour et quitté les lieux sans encombre. Les employés, pétrifiés par la peur et la surprise, n'avaient rien fait pour s'interposer.

Et pourtant l'homéojournal ne faisait aucune mention du crime.

— Inutile de chercher, déclara le docteur Hagopian, assis derrière son bureau.

— Il faut bien que la nouvelle y soit, s'obstina Cupertino. Un crime aussi spectaculaire... *enfin que se passe-t-il?*

Il repoussa l'homéojournal, rempli de stupeur. Cela défiait toute logique.

— En premier lieu, fit le docteur Hagopian avec lassitude, le pistolet laser n'existe pas; c'était aussi une illusion. Ensuite, nous ne vous aurions pas laissé rendre à nouveau visite à votre femme, car nous savions que vous prémeditiez un acte de violence... vous me l'aviez avoué vous-même. Vous ne l'avez jamais vue, jamais tuée, et l'homéojournal qui se trouve sous vos yeux n'est pas le *Los Angeles Times*, mais le *New Detroit-G Star*... réduit à quatre pages en raison de la pénurie de papier qui sévit sur Ganymède.

Cupertino le considéra d'un air ébahi.

— C'est la vérité, continua le docteur Hagopian en hochant la tête. Le phénomène s'est reproduit, John. Vous avez à présent le souvenir illusoire de l'avoir tuée deux fois. Et ces deux épisodes sont aussi irréels l'un que l'autre. Mon pauvre ami... il me semble bien que vous soyez condamné à recommencer sans cesse la même tentative, chaque fois suivie d'échec. Et malgré la haine de nos dirigeants envers Carol Holt Cupertino pour le mal qu'elle nous a fait... nous nous devons de la protéger. Ce n'est que justice. Sa condamnation suit son cours; elle restera en prison pendant vingt-deux ans encore, à moins que la Terre n'arrive à nous vaincre et à la libérer. Nul doute qu'alors on fera d'elle une héroïne. Son nom sera salué dans tous les homéo-journaux contrôlés par la Terre à travers le système solaire.

— Vous la leur laisserez vivante? demanda Cupertino.

— Vous pensez que nous devrions la tuer avant qu'ils la libèrent? dit Hagopian en fronçant les sourcils. Nous ne sommes pas des barbares, John. Nous ne nous abaissons pas à commettre des crimes par vengeance. Elle a déjà passé trois ans en prison; elle est suffisamment punie. (Il ajouta :) Il en est de même pour vous. Je me demande lequel de vous deux souffre le plus.

— Je sais que je l'ai tuée, insista Cupertino. J'ai pris un taxi jusqu'à la firme qui l'emploie, la Falling Star Associates, qui contrôle les Entreprises Éducatives des Six Planètes. Son bureau était au sixième étage.

Il revoyait le voyage dans l'ascenseur, et même le chapeau que portait sa voisine dans la cabine, une femme d'âge mûr. Il se rappelait la mince réceptionniste rousse qui avait prévenu Carol par interphone. Il se souvenait d'avoir traversé une succession de bureaux grouillant d'activité, avant de se retrouver face à face avec Carol. Elle s'était levée en voyant le laser qu'il sortait de sa poche. Comprenant ses intentions, elle avait tenté de fuir… mais il l'avait abattue au moment où elle atteignait la porte et agrippait la poignée.

— Je vous assure que Carol est tout ce qu'il y a de plus vivante, dit Hagopian.

Il se tourna vers son téléphone, composa un numéro :

— Tenez, je l'appelle, vous allez lui parler.

Hébété, Cupertino attendit que l'image prenne forme sur le vidécran. C'était Carol.

— Bonjour, dit-elle en l'apercevant.

— Bonjour, répondit-il d'une voix hésitante.

— Comment te sens-tu?

— Très bien, dit-il gauchement. Et toi?

— Ça va. Sauf que je suis un peu ensommeillée, après avoir été réveillée par toi si tôt ce matin.

Cupertino raccrocha.

— C'est bon, dit-il au docteur Hagopian. Je suis convaincu.

Nul doute à avoir; sa femme était vivante et indemne; elle n'avait même aucune connaissance, cette fois, de sa tentative de meurtre. Il n'était même pas allé la voir à son bureau; Hagopian disait vrai.

Son bureau? Plutôt la cellule de sa prison… s'il devait en croire Hagopian. Et il ne pouvait faire autrement.

— Puis-je partir? demanda Cupertino en se

levant. J'aimerais rentrer chez moi. Moi aussi je suis fatigué et j'aimerais dormir un peu cette nuit.

– Ce qui m'étonne, c'est que vous teniez encore debout, dit Hagopian. Il y a près de cinquante heures que vous n'avez pas fermé l'œil. Rentrez vous coucher. Nous parlerons plus tard.

Il sourit d'un air encourageant.

Écrasé de fatigue, Cupertino quitta le cabinet du docteur Hagopian. Dehors, il resta sur le trottoir, les mains dans les poches, frissonnant dans l'air froid de la nuit. Puis il prit place en titubant dans son fusocar.

– A la maison ! ordonna-t-il.

L'engin quitta doucement le bord du trottoir et s'inséra dans la circulation.

« Je pourrais essayer encore une fois, réalisa soudain Cupertino. Pourquoi pas ? Cette fois, je ne raterais peut-être pas mon coup. J'ai échoué deux fois... mais ce n'est pas une raison pour que je sois condamné à l'échec. »

– Direction Los Angeles ! indiqua-t-il au fusocar.

Le circuit automatique du véhicule cliqueta en contactant la route principale qui menait à Los Angeles : l'autoroute 99.

« Elle dormira quand j'arriverai, se dit Cupertino. Elle aura peut-être les idées assez embrouillées pour me laisser rentrer. Et à ce moment... »

Il avait l'impression que sa logique comportait une faille, mais il était trop las pour mettre le doigt dessus. Il s'adossa, s'installant confortablement sur le siège ; il laissa le circuit automatique programmer la conduite et ferma les yeux pour essayer de trouver un peu de ce sommeil dont il avait tant besoin. D'ici quelques heures, il serait à

South Pasadena, devant le pavillon de Carol. Peut-être, après l'avoir tuée, pourrait-il dormir ; il l'aurait bien mérité

Demain matin, pensa-t-il, si tout se passe bien, elle sera morte. Puis il se remémora l'homéojournal, s'étonnant une fois de plus que le crime n'ait pas été annoncé dans ses pages. « Étrange, songea-t-il. Je me demande pourquoi. »

Le fusocar, à plus de deux cent cinquante kilomètres à l'heure – après tout, il avait démonté le régulateur de vitesse –, fonçait vers ce que John Cupertino croyait être Los Angeles et sa femme endormie.

Traduit par Alain Dorémieux.
Titre original : *The Retreat Syndrome*.

DE MÉMOIRE D'HOMME

Il se réveilla et eut envie de Mars. Les vallées, songea-t-il ; quel effet cela lui ferait-il d'en fouler le sol ? Ce devait être merveilleux. Et ce qui l'était plus encore c'était que le rêve se développait au fur et à mesure qu'il reprenait conscience. Le rêve et le désir ardent. Il pouvait presque sentir la présence enveloppante de l'autre monde que seuls les représentants du gouvernement et les personnages officiels avaient pu voir. Un petit fonctionnaire comme lui ? Il y avait peu de chance.

— Tu te lèves, oui ou non ? demanda Kirsten, sa femme, d'une voix ensommeillée où pointait sa virulente et coutumière mauvaise humeur. Quand tu seras debout, appuie sur le bouton *café chaud* de cette fichue cuisinière.

— Okay, répondit Douglas Quail, et, pieds nus, il se rendit de la chambre à coucher de leur conapt à la cuisine.

Là, après s'être exécuté en appuyant sur le bouton *café chaud*, il s'assit à la table de cuisine et en sortit une petite boîte jaune d'excellent tabac à priser Dean Swift. Il renifla énergiquement et le mélange Beau Nash lui picota le nez et lui embrasa le palais. Il renifla quand même, ça le réveillait et cela permettait à ses rêves, à ses désirs nocturnes, à ses souhaits fortuits de se cristalliser en un semblant de cohérence.

« J'irai, se dit-il. Je verrai Mars avant de mourir. »

C'était impossible, bien sûr, et il le savait pertinemment alors même qu'il rêvait. Pourtant, la lumière du jour, le bruit si banal de sa femme qui à présent se brossait les cheveux devant le miroir de la chambre à coucher... tout conspirait à lui rappeler ce qu'il était. « Un minable petit congés payés », se dit-il amèrement. Kirsten le lui rappelait au moins une fois par jour et il ne lui en voulait pas ; c'était le rôle d'une femme que de remettre les pieds sur terre à son mari. « Les pieds sur terre », pensa-t-il et il se mit à rire. L'expression, en l'occurrence, était parfaitement appropriée.

— Qu'est-ce qui te fait ricaner ? demanda sa femme en pénétrant dans la cuisine, son long peignoir rose Baiser balayant le sol derrière elle. Un rêve, je parie ; tu en as toujours la tête farcie.

— Oui, admit-il, et il porta son regard par la fenêtre de la cuisine sur les hovercars, les couloirs de circulation, et toutes ces petites personnes pleines d'entrain qui se pressaient vers leur travail. Bientôt il serait parmi eux, comme toujours.

— Je parie qu'il s'agit d'une femme, lança Kirsten avec mépris.

— Non, répliqua-t-il, d'un dieu. Le dieu de la guerre. Il a des cratères magnifiques dans le fond desquels poussent toutes sortes de végétaux.

— Écoute-moi.

Kirsten s'accroupit à côté de lui et lui parla sérieusement, sa voix perdant momentanément son ton revêche :

— Le fond de l'océan — *notre* océan — est beaucoup plus, infiniment plus beau. Tu le sais bien, tout le monde sait cela. Tu n'as qu'à louer des équipements de branchies artificielles pour nous deux, prendre une semaine de congé et nous pourrons aller vivre là en bas dans une de ces stations subaquatiques ouvertes toute l'année. Et en plus... (Elle s'interrompit.) Tu ne m'écoutes pas. Tu devrais pourtant ! Je te parle de quelque chose qui vaut mille fois mieux que cette idée fixe, cette obsession que tu as pour Mars, et tu n'écoutes même pas ! (Sa voix se fit perçante.) Bonté divine ! tu files un mauvais coton, Doug ! Que va-t-il t'arriver ?

— Je vais aller travailler, répondit-il en se levant, voilà ce qui va m'arriver.

Elle le dévisagea.

— Tu empires ; chaque jour tu es un peu plus détraqué. Où cela va-t-il donc mener ?

— Sur Mars, déclara-t-il, puis il ouvrit la porte du placard afin d'y prendre une chemise pour aller travailler.

Une fois descendu du taxi, Douglas Quail traversa sans se presser trois couloirs piétonniers surchargés pour arriver devant l'entrée, moderne et élégante. Là, il fit une halte, entravant la circulation du milieu de matinée, et lut attentivement l'enseigne changeante au néon de couleur. Dans le passé il avait déjà aperçu cette enseigne... mais jamais il ne s'en était approché. Mais cela n'avait rien à voir ; ce qu'il faisait aujourd'hui c'était autre chose. Quelque chose qui tôt ou tard devait arriver.

Était-ce là la réponse ? Après tout, une illusion, aussi convaincante qu'elle fût, n'en demeurait pas moins une illusion. Du moins objectivement. Mais subjectivement, c'était tout à fait l'inverse.

De toute façon il avait rendez-vous, dans les cinq minutes qui venaient.

Inspirant à pleins poumons l'air légèrement pollué de Chicago, il pénétra dans l'éblouissant chatoiement polychrome du hall et se dirigea vers le comptoir de la réception.

La blonde du comptoir, agréablement proportionnée, la poitrine nue et bien soignée de sa personne, lui dit simplement :

— Bonjour, Mr. Quail.

— Oui, fit-il. Je viens pour un traitement Rekal ; je pense que vous êtes au courant ?

— Pas Rekal mais recall[1], corrigea la réceptionniste.

Elle décrocha le combiné du vidphone placé près de son coude lisse et annonça dans l'appareil :

— Mr. Douglas Quail est là, Mr. Mc Clane, peut-il entrer tout de suite ou est-ce trop tôt ?

— Ou oué ouet ouet tsuit tsuit, marmonna l'appareil.

— Oui, Mr. Quail, dit-elle. Vous pouvez entrer ; Mr. Mc Clane vous attend.

Alors qu'il se mettait en marche, un peu hésitant, elle lui lança :

— Bureau D, Mr. Quail, à votre droite.

Après un désagréable mais bref instant de désorientation, il trouva le bureau qu'il cher-

1. *To recall*, en anglais : se souvenir. (*N.d.T.*)

chait. La porte en était grande ouverte et, à l'intérieur, un homme entre deux âges, à l'air jovial, vêtu d'un costume gris dernier cri en peau de grenouille de Mars, était assis à un grand bureau en noyer véritable. Rien qu'à voir sa tenue, Quail aurait deviné qu'il se trouvait en présence de la bonne personne.

— Asseyez-vous, Douglas, enjoignit Mc Clane, agitant sa main potelée en direction d'une chaise qui faisait face à son bureau. Donc vous voulez être allé sur Mars. Parfait.

Quail s'assit, un peu tendu.

— Je ne suis pas très sûr que cela vaille le prix demandé, déclara-t-il. Ça coûte très cher et autant que je sache, je ne reçois rien du tout en échange.

« Ça coûte presque autant que d'y aller pour de vrai », songea-t-il.

— Vous recevez des preuves tangibles de votre voyage, protesta énergiquement Mc Clane. Toutes les preuves qu'il vous faudra. Tenez, je vais vous faire voir.

Il fouilla dans un tiroir de son impressionnant bureau. « Le talon du billet. » Ouvrant une chemise de papier bulle, il en sortit un petit carré de carton gravé en relief. « Ceci prouve que vous y êtes allé — et que vous êtes revenu. Des cartes postales. » Il étala méticuleusement sur son bureau quatre cartes affranchies, illustrées en couleurs et en trois dimensions pour les montrer à Quail. « Un film avec des prises de vues de curiosités locales que vous avez réalisé avec une caméra louée sur Mars. » Il fit voir tout cela également à Quail. « Plus les noms des gens que vous avez rencontrés, deux cents poscreds de souvenirs, qui arriveront — de Mars — dans le courant du mois suivant. Et le passeport, les certificats établissant les vaccinations qu'on vous a faites, et plus encore. »

Relevant la tête, il jeta à Quail un regard pénétrant.

– Vous saurez que vous y êtes allé, ne vous en faites pas, assura-t-il. Vous ne vous souviendrez pas de nous ni de moi, ni d'être jamais venu ici. Cela restera un vrai voyage dans votre mémoire ; nous vous le garantissons. Deux semaines complètes de souvenir, dans le moindre détail. Rappelez-vous ceci : si jamais vous doutiez d'avoir vraiment effectué un périple sur Mars, vous revenez et vous serez intégralement remboursé. Vous voyez !

– Mais je n'y suis pas allé, insista Quail. Je n'y serai pas allé quelles que soient les preuves que vous me fournissiez. (Il inspira profondément et irrégulièrement.) Et je n'ai jamais été agent secret d'Interplan.

Il lui paraissait impossible que l'implantation de souvenirs extra-factuels de Rekal Inc. puisse marcher, quoi qu'il eût entendu dire autour de lui.

– Mr. Quail, reprit patiemment Mc Clane. Comme vous nous l'avez expliqué dans votre lettre, vous n'avez aucune chance, pas la moindre petite chance d'aller vraiment un jour sur Mars ; vous n'en avez pas les moyens et, ce qui est beaucoup plus important, vous ne serez jamais sélectionné pour être agent secret d'Interplan ou de qui que ce soit. C'est là pour vous la seule manière de réaliser le, hum, rêve de votre vie. Est-ce que je me trompe, monsieur ? Vous ne pouvez pas l'être, et vous ne pouvez réellement le faire. (Il laissa échapper un petit rire.) Mais vous pouvez *avoir été* et *avoir fait.* Nous nous en chargeons. Et notre tarif est raisonnable, sans mauvaises surprises.

Il eut un sourire encourageant.

— Le souvenir extra-factuel est-il à ce point convaincant ? interrogea Quail.

— Plus qu'un vrai, monsieur. Si vous étiez vraiment allé sur Mars comme agent d'Interplan, à l'heure actuelle vous en auriez oublié une grande partie ; nos analyses du fonctionnement des vrais souvenirs — les souvenirs authentiques des grands événements de la vie de quelqu'un — démontrent qu'une grande variété de détails échappe très rapidement à la personne. Définitivement. Un des avantages du voyage que nous vous proposons est que l'implantation du souvenir est si profonde que vous n'oubliez rien. Le sachet qu'on vous fait absorber pendant votre coma artificiel est la création d'experts entraînés, d'hommes ayant passé des années sur Mars ; dans tous les cas, nous vérifions les détails jusqu'à la moindre virgule. De plus, vous avez choisi une combinaison extra-factuelle relativement facile ; si vous aviez choisi Pluton, ou si vous aviez voulu être empereur de l'Alliance des Planètes Intérieures, nous aurions eu beaucoup plus de mal... et le coût aurait été nettement plus élevé.

Plongeant la main dans sa veste pour y prendre son portefeuille, Quail concéda :

— D'accord, cela a toujours été ma grande ambition et je vois bien que je ne la réaliserai jamais vraiment. Aussi, je crois qu'il faudra que je me contente de ça.

— Ne voyez pas les choses sous cet angle, protesta sévèrement Mc Clane. Ce n'est pas un pis-aller que vous choisissez là. Le vrai souvenir et tout ce qu'il comporte d'imprécisions, d'omissions et d'ellipses pour ne pas dire de déformations — voilà le pis-aller.

Il prit l'argent et appuya sur un bouton de son bureau.

— Très bien, Mr. Quail, dit-il alors que s'ouvrait la porte de son bureau et que deux solides gaillards entraient prestement, vous voilà parti pour Mars en tant qu'agent secret.

Il se leva, fit le tour de son bureau pour serrer la main moite et nerveuse de Quail.

— Ou plutôt vous avez été parti. Cet après-midi à quatre heures et demie, vous, hum, arriverez ici sur Terra ; un taxi vous déposera à votre conapt, et comme je vous l'ai dit, vous ne vous souviendrez plus jamais de m'avoir vu ni d'être venu ici. En fait, vous ne vous rappellerez même pas avoir entendu parler de notre existence.

La bouche sèche d'appréhension, Quail sortit du bureau à la suite des deux techniciens ; ce qui viendrait ensuite dépendait d'eux.

« Croirai-je vraiment que je suis allé sur Mars ? se demanda-t-il. Et que j'ai réussi à satisfaire ma plus chère ambition ? » Une intuition bizarre et persistante lui disait que quelque chose tournerait de travers.

Mais quoi au juste ? Il ne le savait pas.

Il lui faudrait attendre pour le savoir.

L'intercom sur le bureau de Mc Clane, qui le reliait directement à la salle de travail de la société, bourdonna et une voix annonça :

— Mr. Quail est maintenant en sédation, monsieur. Voulez-vous le surveiller ou bien devons-nous continuer ?

— Pure routine, fit observer Mc Clane.

Vous pouvez continuer, Lowe ; je pense qu'il n'y a aucun risque.

La programmation de souvenirs artificiels d'un voyage sur une autre planète — avec ou sans le piquant supplémentaire qu'ajoutait le rôle d'agent secret — réapparaissait avec une régularité monotone sur l'agenda de la société. « En un mois, calcula-t-il en faisant la grimace, nous devons bien en programmer vingt de la sorte... Le voyage interplanétaire bidon est devenu notre plat de résistance. »

— Comme vous voudrez, Mr. Mc Clane, fit la voix de Lowe, et sur ce l'intercom se tut.

Se rendant dans la chambre forte de la pièce située derrière son bureau, Mc Clane se mit en quête d'une pochette numéro trois — Voyage sur Mars — et d'une pochette soixante-deux : Agent secret d'Interplan. Avant trouvé les deux pochettes il s'en retourna dans son bureau, s'installa confortablement et les vida de leur contenu — des articles qui seraient dissimulés dans le conapt de Quail pendant que les techniciens du laboratoire s'occupaient de lui implanter le faux souvenir.

« Une dague électronique à un poscred, songea Mc Clane, c'est l'article le plus volumineux. Celui qui nous revient le plus cher. » Puis un émetteur de la taille d'une pilule qui pouvait être avalé si l'agent était capturé. Un livre de code ressemblant étonnamment à un vrai... Les accessoires de la société étaient des reproductions très fidèles, copiées autant que possible sur d'authentiques modèles réglementaires de l'armée américaine. Des morceaux épars qui n'avaient pas de sens intrinsèque mais qui trouveraient leur place dans les dédales du voyage imaginaire de Quail et qui coïncideraient avec ses souvenirs. La moitié d'une ancienne pièce de cinquante cents, plusieurs citations incorrectes de sermons de John Donne écrites séparément sur des morceaux de papier de soie, plusieurs pochettes d'allumettes provenant de bars de Mars; une cuiller en acier inoxydable où était gravée l'inscription : PROPRIÉTÉ DU KIBBOUTZ NATIONAL DE DOMEMARS, une bobine de dérivation qui...

L'intercom bourdonna.

— Mr. Mc Clane, je suis désolé de vous déranger mais il se passe quelque chose d'assez inquiétant. Il vaudrait peut-être mieux que vous soyez là malgré tout. Quail est déjà en sédation, il a bien réagi à la narkidrine, il est totalement inconscient et réceptif. Mais...

— J'arrive tout de suite.

Pressentant des ennuis, Mc Clane quitta son bureau; un instant plus tard il réapparaissait dans la salle de travail.

Allongé sur une table d'auscultation, Douglas Quail respirait lentement et régulièrement, les yeux pratiquement clos. Il semblait vaguement, mais très vaguement, conscient des deux techniciens et à présent de Mc Clane.

— Il n'y a pas de créneau où introduire les faux souvenirs? (Mc Clane se montrait agacé.) Vous n'avez qu'à faire sauter deux semaines de travail, il est fonctionnaire à l'Office d'Émigration de la Côte Ouest, c'est une agence gouvernementale; il a donc eu forcément deux semaines de vacances dans le courant de l'année dernière. Ça devrait faire l'affaire.

Les petits détails l'énervaient et l'énerveraient toujours.

— Notre problème, rétorqua Lowe d'un ton

sec, est d'un tout autre ordre (Il se pencha sur le lit et glissa à Quail :) Répétez à Mr. Mc Clane ce que vous nous avez dit. (Il recommanda à Mc Clane :) Écoutez bien !

Les yeux gris-vert de l'homme étendu sur le lit étaient braqués sur le visage de Mc Clane. Avec appréhension, il remarqua que ces yeux étaient devenus durs ; ils avaient l'aspect glacé et inorganique des pierres semi-précieuses polies. Ce qu'il y voyait ne lui disait rien de bon ; ils brillaient d'un éclat trop froid.

– Qu'est-ce que vous voulez maintenant ? fit Quail d'une voix rauque. Vous avez foutu ma couverture en l'air. Tirez-vous, avant que je vous démolisse tous. (Il observait Mc Clane :) Vous spécialement, poursuivit-il ; c'est vous le chef de cette contre-opération.

Lowe interrogea :

– Combien de temps êtes-vous resté sur Mars ?

– Un mois, grinça Quail.

– Et le but de votre séjour là-bas ? demanda Lowe.

Les lèvres minces se tordirent ; Quail le fixa et ne dit rien. Finalement, faisant traîner les mots, il laissa tomber hostilement :

– Agent d'Interplan, comme je vous l'ai déjà dit. Vous n'enregistrez donc pas tout ce qui se dit ? Repassez donc votre bande vid-aud à votre patron et foutez-moi la paix.

Et il ferma les yeux ; l'éclat dur cessa. Mc Clane sentit aussitôt une vague de soulagement déferler en lui.

Lowe commenta calmement :

– C'est un rude gaillard, Mr. Mc Clane.

– Il ne le sera plus, assura Mc Clane, aussitôt que nous lui aurons fait reperdre le fil de ses souvenirs. Il sera aussi doux qu'avant.

Puis il s'adressa à Quail :

— Voilà donc pourquoi vous mouriez tellement d'envie d'aller sur Mars.

Sans ouvrir les yeux, Quail affirma :

— Je n'ai jamais eu envie d'aller sur Mars. On m'a donné cette mission — ils me l'ont collée dans les pattes et voilà : j'étais coincé. Je reconnais que j'étais curieux d'y aller mais qui ne le serait pas ?

Il ouvrit de nouveau les yeux et promena son regard sur eux trois, en particulier sur Mc Clane.

— C'est un fameux sérum de vérité que vous avez là ; cela m'a fait revenir en mémoire des choses dont je n'avais absolument aucun souvenir. (Il resta songeur.) Je me demande pour Kirsten, dit-il à moitié pour lui-même. Serait-elle dans le coup ? Comme relais d'Interplan chargé de m'avoir à l'œil... pour être bien sûr que je ne recouvre pas la mémoire ? Ce n'est pas étonnant qu'elle se soit tant fichue de mon envie d'aller là-bas.

Un pâle sourire lui vint aux lèvres — son sourire de compréhension — qui s'envola presque aussitôt.

Mc Clane reprit :

— Croyez-moi, Mr. Quail; nous sommes tombés là-dessus tout à fait accidentellement. Dans le travail que nous faisons...

— Je vous crois, admit Quail.

Il paraissait fatigué maintenant. La drogue continuait à le faire descendre de plus en plus profond.

— Où est-ce que j'ai dit que j'avais été ? murmura-t-il. Mars ? Difficile de se rappeler... Je sais que j'aimerais bien y aller; comme tout le monde. Mais moi... (Sa voix s'effilochait.) N'suis rien qu'un employé, un petit employé de rien du tout.

Se redressant, Lowe déclara à son supérieur :

— Il veut qu'on lui implante un faux souvenir qui corresponde à un voyage qu'il a effectivement fait. Et un faux motif qui *est* le vrai motif. Il dit vrai; il est profondément sous l'action de la narkidrine. Le voyage est très net dans sa mémoire... du moins sous sédatifs. Mais apparemment il ne s'en souvient pas autrement. Quelqu'un, dans un laboratoire militaire probablement, a dû effacer ses souvenirs conscients; tout ce qu'il savait, c'était que d'aller sur Mars représentait quelque chose d'important pour lui, tout comme d'être agent secret. Ils n'ont pu effacer cela; ce n'est pas un souvenir mais un désir, sans doute le même qui à l'origine l'a poussé à se porter volontaire pour cette mission.

L'autre technicien, Keeler, demanda à Mc Clane :

— Que faisons-nous? Greffer un faux modèle de souvenir sur le souvenir véritable? On ne peut pas savoir ce qui en résulterait; il se pourrait qu'il se rappelle partiellement son vrai voyage, et la confusion risquerait de provoquer un accident psychotique. Il se retrouverait avec deux données différentes dans sa mémoire : qu'il est allé sur Mars et qu'il n'y est pas allé; qu'il est vraiment agent d'Interplan et qu'il ne l'est pas, que c'est un leurre. Je pense que nous devrions le ranimer sans lui implanter de faux souvenir et nous en débarrasser; cette histoire sent mauvais.

— D'accord, fit Mc Clane.

Une idée lui vint à l'esprit.

— Pouvez-vous prévoir ce dont il se souviendra quand il se réveillera ?

— Impossible à dire, répondit Lowe, il est probable qu'il aura désormais un vague souvenir très confus de son vrai voyage. Et il doutera très fort, vraisemblablement, de son authenticité ; il conclura probablement que notre programmation a foiré quelque part. Et il se rappellera être venu ici car cela ne sera pas effacé à moins que vous ne vouliez qu'on l'efface.

— Moins nous ferons joujou avec ce bonhomme, fit Mc Clane, mieux je me porterai. Nous n'allons pas faire joujou avec cette histoire ; nous avons déjà été bien assez stupides — ou assez malchanceux — pour découvrir un authentique espion d'Interplan qui a une couverture si parfaite que jusqu'à aujourd'hui, même lui ne savait pas ce qu'il était — ou plus ce qu'il est.

Plus vite ils se laveraient les mains de l'homme qui se faisait appeler Douglas Quail, mieux cela vaudrait.

— Est-ce que vous allez installer les pochettes trois et soixante-deux dans son conapt ? demanda Lowe.

— Non, fit Mc Clane. Et nous allons lui rembourser la moitié du tarif.

— La moitié ! Pourquoi la moitié ?

— Cela me paraît être un bon compromis, expliqua Mc Clane sans grande conviction.

Dans le taxi qui le ramenait à son conapt des faubourgs résidentiels de Chicago, Douglas Quail se disait : « C'est vraiment bon d'être de retour sur Terra. »

Déjà, la période d'un mois passée sur Mars avait commencé à s'estomper dans sa mémoire ; il conservait seulement l'image de profonds cratères béants, d'une érosion générale des collines, de la vie, du mouvement lui-même. Un monde de poussière où presque rien ne se passait, où une bonne partie de la journée était consacrée à contrôler et à recontrôler sa réserve portative d'oxygène. Et puis les formes de vie : les humbles cactées et les ascarides.

Justement il avait ramené plusieurs exemplaires moribonds de la faune martienne ; il les avait passés en fraude à la douane. Après tout ils ne représentaient aucun danger, ne pouvant survivre dans la pesante atmosphère terrestre.

Fouillant dans la poche de sa veste, il chercha la boîte d'ascarides martiens.

Et à la place il trouva une enveloppe.

L'extirpant de sa poche, il découvrit à sa grande perplexité qu'elle contenait cinq cent soixante-dix poscreds en petites coupures.

« D'où cela me vient-il ? se demanda-t-il. N'ai-je pas dépensé tous les creds que j'avais au cours de ce voyage ? »

Accompagnant l'argent, il y avait une feuille de papier portant les mots suivants : Remboursement de la moitié du tarif, de la part de Mc Clane. Et puis une date ; la date d'aujourd'hui.

— Recall, dit-il tout haut.

— Souvenir de quoi, monsieur ou madame ? s'enquit respectueusement le robot-chauffeur.

— Avez-vous un annuaire ? demanda Quail.

— Certainement, monsieur ou madame.

Une fente s'ouvrit d'où tomba un annuaire microfilmé du comté de Cook.

— Ça s'écrit bizarrement, fit Quail en feuilletant les pages jaunes.

Il sentait la peur le gagner ; une peur tenace.

— Là, voilà ! s'exclama-t-il. Amenez-moi là-bas, à Rekal Inc. ; j'ai changé d'avis, je ne veux plus aller chez moi.

– Bien, monsieur ou madame selon le cas, acquiesça le chauffeur.

Un instant plus tard, le taxi filait dans la direction opposée.

– Est-ce que je peux me servir de votre téléphone ? demanda-t-il.

– Je vous en prie, répondit le robot-chauffeur.

Et il lui présenta un vidphone *emperor* trois dimensions et couleur, flambant neuf.

Il composa le numéro de son conapt et au bout d'un court instant il se trouva confronté à l'image miniature, mais d'un réalisme qui le glaça, de Kirsten sur le minuscule écran.

– Je suis allé sur Mars, expliqua-t-il.

– Tu es soûl, firent ses lèvres méprisantes. Ou pire.

– C'est la vérité ; j' te l' jure.

– Quand ça ? questionna-t-elle.

– Je ne sais pas. (Il se sentait l'esprit confus.) Un voyage simulé, je crois. Par une des boîtes de souvenirs artificiels ou extra-factuels ou je ne sais quoi. Ça n'a pas marché.

Kirsten reprit dédaigneusement :

– Tu es *vraiment* soûl.

Et elle interrompit la communication. Il raccrocha alors, sentant le rouge lui monter au visage. « Toujours le même ton, se dit-il échauffé. Toujours le dernier mot, comme si elle savait tout et moi rien. Quel mariage, Seigneur ! » pensa-t-il, tristement.

Un instant plus tard, le taxi s'arrêta le long du trottoir face à un petit immeuble moderne, rose et très élégant, au-dessus duquel une enseigne changeante au néon polychrome indiquait : REKAL, INCORPORATED.

La réceptionniste, très chic et nue jusqu'à la taille, sursauta d'étonnement puis reprit magistralement le contrôle d'elle-même.

— Oh ! bonjour Mr. Quail, dit-elle nerveusement. Co... comment allez-vous ? Vous avez oublié quelque chose ?

— Le reste de mon paiement, rétorqua-t-il.

S'étant complètement ressaisie, la réceptionniste s'étonna :

— Paiement ? Vous devez faire erreur, Mr. Quail. Vous êtes venu ici discuter de la possibilité de faire un voyage extra-factuel mais... (Elle haussa ses lisses et blanches épaules.) Si je comprends bien aucun voyage n'a été effectué.

Quail explosa :

— Je me souviens de tout, mademoiselle. Ma lettre à Rekal Inc. qui a mis toute cette affaire en branle. Je me souviens de mon arrivée ici, de mon entretien avec Mr. Mc Clane, et des deux techniciens qui m'ont embarqué et administré une drogue pour me mettre K.O.

Ce n'était pas étonnant que la société lui ait remboursé la moitié du paiement. Le faux souvenir de son voyage sur Mars n'avait pas pris — du moins pas entièrement comme on le lui avait assuré.

— Mr. Quail, glissa la jeune femme, bien que vous soyez un employé subalterne, vous êtes bel homme et cela nuit à votre visage que de vous mettre en colère. Si ça devait vous être agréable je pourrais, hum, vous proposer de sortir avec moi...

La rage l'envahit alors :

— Je vous reconnais, rugit-il furieusement.

Par exemple le fait que vos seins soient peints en bleu ; ça m'est resté dans la tête. Et je me souviens de la promesse que m'a faite Mr. Mc Clane comme quoi, si je me rappelais être venu à Rekal Inc., je serais intégralement remboursé. Où est Mr. Mc Clane ?

Après un moment d'attente — qu'ils firent sans doute durer autant que possible — il se trouva une nouvelle fois assis en face de l'imposant bureau en noyer, exactement comme une heure auparavant.

— Une méthode à vous ! lança Quail d'un ton sardonique.

Sa déception — et sa rancœur — avait pris des proportions énormes.

— Mon soi-disant souvenir d'un voyage sur Mars en tant qu'agent secret d'Interplan est flou, vague et criblé de contradictions. Et je me rappelle parfaitement mes tractations avec vous autres. Je devrais porter cette affaire devant l'Office de Protection du Consommateur !

Il fulminait à présent ; le sentiment d'avoir été floué le submergeait complètement, réduisant en miettes son aversion habituelle à s'engager dans une querelle publique.

L'air morose et prudent à la fois, Mc Clane déclara :

— Nous capitulons, Quail. Nous allons vous rembourser en totalité. Je reconnais pleinement que nous n'avons absolument rien fait pour vous.

Sa voix était résignée.

Quail accusa :

— Vous ne m'avez même pas fourni les divers simulacres qui d'après vous devaient me prouver que je suis bien allé sur Mars. Tout ce baratin que vous m'avez tenu... ça n'a donné que du vent, pas même un talon de billet. Ni carte postale, ni passeport, ni certificat de vaccination, ni...

— Écoutez, Quail, trancha Mc Clane. Supposez que je vous dise... (Il s'arrêta.)... Non, rien. (Il appuya sur un bouton de l'intercom :) Shirley, veuillez faire établir par la caisse un nouveau chèque de cinq cent soixante-dix creds au nom de Douglas Quail je vous prie, merci.

Il relâcha le bouton et fixa Quail d'un air maussade.

Bientôt le chèque apparut, la réceptionniste le posa devant Mc Clane et s'éclipsa à nouveau, laissant les deux hommes seuls toujours face à face par-dessus la surface du bureau massif en noyer.

— Je voudrais vous donner un petit conseil, fit Mc Clane en signant le chèque et le lui glissant. Ne racontez votre, hum, récent voyage sur Mars à personne.

— Quel voyage ?

— Euh, c'est justement le problème, poursuivit Mc Clane obstinément. Le voyage dont vous vous souvenez partiellement. Faites comme si vous ne vous rappeliez plus de rien, comme s'il n'avait jamais eu lieu. Ne me demandez pas pourquoi ; suivez mon conseil, croyez-moi : cela vaudra mieux pour tout le monde. (Il s'était mis à transpirer abondamment.) Maintenant, Mr. Quail, j'ai d'autres affaires en cours, d'autres clients à voir.

Il se leva et accompagna Quail à la porte.

En ouvrant la porte, Quail déclara :

— Une maison qui travaille aussi mal que cela ne devrait pas avoir de clients du tout.

Et il ferma la porte derrière lui.

Dans le taxi qui le ramenait chez lui, Quail rédigea mentalement la lettre de protestation qu'il adresserait à l'Office de Protection du

Consommateur, section Terra. Dès qu'il aurait sa machine à écrire sous la main, il s'y mettrait; c'était clairement son devoir que d'alerter les gens afin qu'ils évitent Rekal Inc.

Arrivé à son conapt, il s'assit devant son Hermes Rocket portative, ouvrit les tiroirs et chercha du papier carbone… et remarqua une petite boîte qui lui était familière. Une boîte qu'il avait soigneusement remplie sur Mars de spécimens de la faune martienne et que plus tard il avait passée en fraude à la douane.

Ouvrant la boîte il découvrit, incrédule, six ascarides morts et plusieurs variétés des formes de vie unicellulaire dont se nourrissaient les vers martiens. Les protozoaires étaient desséchés, poussiéreux mais il les reconnut; il lui avait fallu une journée entière de fouille parmi les énormes blocs de rochers sombres et inquiétants pour les trouver. Une merveilleuse excursion remplie de découvertes exaltantes.

« Mais je ne suis pas allé sur Mars », se dit-il.

Pourtant d'un autre côté…

Kirsten apparut dans l'entrée de la pièce, serrant contre elle un sac en papier brun clair plein d'articles d'épicerie.

— Qu'est-ce que tu fais à la maison au beau milieu de la journée?

Avec une sempiternelle monotonie, le ton était accusateur.

— *Suis-je allé sur Mars?* lui demanda-t-il. Toi, tu le sais bien.

— Évidemment que non, tu n'es pas allé sur Mars : tu devrais le savoir, *toi*, j'imagine. N'es-tu pas tout le temps en train de pleurnicher que tu veux y aller?

Il reprit :

— Bon Dieu, je crois que j'y suis allé.

Puis au bout d'un moment il ajouta :

— Et en même temps je pense que je n'y suis pas allé.

— Décide-toi.

— Comment le pourrais-je? (Il gesticula.) J'ai les deux souvenirs greffés dans la tête; l'un est vrai et l'autre ne l'est pas et je n'arrive pas à décider lequel est le bon et lequel est le faux. Pourquoi ne puis-je pas me fier à toi? Toi, ils ne t'ont pas trafiquée.

Elle pouvait bien faire ça pour lui, même si elle n'avait jamais rien fait d'autre.

Kirsten annonça d'une voix égale et posée :

— Doug, si tu ne te reprends pas en main, c'est fini entre nous. Je vais te quitter.

— Je suis dans le pétrin. (Sa voix était rauque et altérée, et tremblante.) Je suis probablement en train de plonger dans un épisode psychotique; j'espère que non, mais c'est peut-être bien ça. Ça expliquerait tout, en tout cas.

Posant son sac de provisions, Kirsten se dirigea à grandes enjambées vers le placard.

— Je ne plaisantais pas, lui dit-elle calmement.

Elle sortit un manteau, l'enfila et retourna à la porte du conapt.

— Je t'appellerai un de ces prochains jours, annonça-t-elle d'une voix sans timbre. Je te dis adieu, Doug. J'espère que tu finiras par t'en sortir. Je le souhaite de tout cœur; pour ton bien.

— Attends, implora-t-il désespérément. Dis-moi seulement une chose et que ce soit catégorique; j'y suis allé ou je n'y suis pas allé? Dis-moi.

« Mais peut-être ont-ils modifié tes souvenirs aussi », songea-t-il.

La porte se referma. Sa femme était partie. Enfin!

Une voix dans son dos lança :

– Bon, ça va ; maintenant mettez les mains en l'air, Quail. Et puis tournez-vous par ici, s'il vous plaît.

L'homme qu'il avait en face de lui portait l'uniforme couleur prune de l'Agence de police d'Interplan et son pistolet semblait être du modèle réglementaire de l'ONU. Et pour quelque étrange raison, il lui paraissait familier ; familier mais d'une façon trouble et déformée qu'il n'arrivait pas à définir. Aussi il leva les mains hâtivement.

– Vous vous rappelez, dit le policier, votre voyage sur Mars. Nous savons tout ce que vous avez fait aujourd'hui et tout ce que vous avez pensé... en particulier les pensées très importantes qui vous sont venues pendant le trajet de chez Rekal Inc. à chez vous. (Il expliqua :) Nous avons branché un télépémetteur dans votre cerveau et il nous renseigne en permanence.

Un émetteur télépathique ! Utilisant un protoplasme découvert sur Luna. Il frissonna de dégoût envers lui-même. La chose vivait en lui, à l'intérieur de son propre cerveau, se nourrissait, écoutait, se nourrissait. Mais la police d'Interplan s'en servait ; on en avait même parlé dans les homéojournaux. C'était donc sans doute vrai, aussi sinistre que ce fût.

– Pourquoi moi ? protesta Quail d'une voix blanche.

Qu'avez-il fait... ou pensé ? Et qu'est-ce que cela avait à voir avec Rekal Inc. ?

– Dans le fond, répondit le flic d'Interplan, cela n'a rien à voir avec Rekal ; c'est entre vous et nous. (Il tapota son oreille droite.) Je capte toujours votre processus mental au moyen de votre émetteur cérébral.

Dans l'oreille de l'homme, Quail aperçut un petit bouchon de plastique blanc.

— Donc, je dois vous prévenir : tout ce que vous pensez peut être retenu contre vous. (Il sourit.) Non pas que ce soit important actuellement; vos paroles et vos pensées prouvent que vous êtes retombé dans l'oubli. Ce qui est gênant, c'est le fait que sous l'effet de la narkidrine chez Rekal Inc. vous avez parlé, aux techniciens et au patron, Mc Clane, de votre voyage — où vous êtes allé, pour qui, et en partie ce que vous y avez fait. Ils ont très peur. Ils préféreraient ne jamais vous avoir rencontré. (Il ajouta d'un air réfléchi :) Et ils n'ont pas tort.

Quail assura :

— Je n'ai jamais fait de voyage du tout, ce sont les techniciens de Mc Clane qui m'ont mal implanté un faux souvenir.

Il songea alors à la boîte dans le tiroir de son bureau qui contenait les formes de vie martiennes, et au mal qu'il avait eu à les ramasser. Le souvenir avait l'air vrai. La boîte qui contenait les formes de vie, cela, c'était bien vrai. A moins que ce ne fût Mc Clane qui l'ait dissimulée chez lui. Peut-être s'agissait-il des fameuses preuves dont Mc Clane lui avait rebattu les oreilles.

« Le souvenir de mon voyage sur Mars, songea-t-il, ne me convainc pas... mais malheureusement l'Agence de police d'Interplan, elle, en est convaincue. Ils pensent que je suis vraiment allé sur Mars et que je m'en rends compte, du moins partiellement. »

— Non seulement nous savons que vous êtes allé sur Mars, confirma le flic d'Interplan, répondant à ses pensées, mais nous savons que vous vous rappelez désormais assez de choses pour nous poser un problème. Et cela ne servirait à rien d'effacer tout cela de votre mémoire consciente, car si nous le faisions vous retourneriez tout simplement chez Rekal Inc., et recommenceriez à zéro. Et nous ne pouvons rien faire contre Mc Clane et son opération, parce que notre juridiction ne s'étend qu'à nos propres hommes et à personne d'autre. De toute façon, Mc Clane n'a commis aucun délit. (Il regarda Quail.) Vous non plus, juridiquement parlant. Vous n'êtes pas allé chez Rekal Inc. dans le but de recouvrer la mémoire ; il apparaît que vous y êtes allé pour la raison habituelle qui pousse les gens là-bas... l'attrait de l'aventure qu'éprouvent les gens ordinaires et effacés. (Il ajouta :) Malheureusement vous n'êtes ni ordinaire ni effacé et vous avez déjà connu bien trop de sensations fortes ; un traitement Rekal était bien la dernière chose au monde dont vous aviez besoin. Rien n'aurait pu être plus fatal pour vous ou pour nous. Et en l'occurrence, pour Mc Clane.

Quail demanda :

– En quoi le fait de me souvenir de mon voyage – de mon soi-disant voyage – et de ce que j'ai fait là-bas peut-il vous poser un problème ?

– Parce que ce que vous avez fait, expliqua le molosse d'Interplan, ne correspond pas à notre image de marque du père irréprochable défenseur de la veuve et de l'orphelin. Vous avez accompli pour nous ce que nous ne faisons jamais ; comme vous allez bientôt vous en souvenir – grâce à la narkidrine. Cela fait six mois que cette boîte de vers morts et d'algues traîne dans votre tiroir de bureau, et ce depuis que vous êtes revenu. A aucun moment vous n'avez manifesté la moindre curiosité à son endroit. Nous ne savions même pas que vous l'aviez avant que vous ne vous en souveniez en rentrant de chez Rekal ; nous sommes alors venus ici en quatrième vitesse la chercher. (Il ajouta bien inutilement :) Sans aucune chance de réussir ; nous n'avions pas le temps.

Un deuxième flic d'Interplan vint rejoindre le premier et ils se consultèrent brièvement. Pendant ce temps, Quail pensait à toute allure. Il se rappelait mieux maintenant ; le flic avait raison pour la narkidrine. Ils — l'Interplan — s'en servaient probablement eux-mêmes. Probablement ? Il savait fichtrement bien qu'ils s'en servaient ; il les avait vus l'utiliser sur un prisonnier. Où donc était-ce que ça s'était passé ? Quelque part sur Terra ? Plus vraisemblablement sur Luna, estima-t-il, observant la scène qui émergeait de sa mémoire grandement déficiente mais qui lui revenait de plus en plus vite.

Et il se souvint d'autre chose. La raison pour laquelle ils l'avaient envoyé sur Mars, la mission qu'il avait accomplie.

Rien de surprenant à ce qu'ils eussent effacé sa mémoire.

— Oh ! bon Dieu ! s'écria le premier des deux flics d'Interplan, interrompant sa conversation avec son compagnon. (De toute évidence il avait capté les pensées de Quail.) Aïe, les choses se gâtent, c'est même ce qui pouvait arriver de pire !

Il s'approcha de Quail, braquant à nouveau son pistolet sur lui.

— Nous devons vous tuer, annonça-t-il. Et immédiatement.

Effrayé, son collègue intervint :

— Pourquoi immédiatement ? Pourquoi ne

pas le transporter tout simplement à l'Interplan de New York et le laisser…

— *Il* sait pourquoi il faut que ce soit immédiatement, répliqua le premier flic.

Lui aussi paraissait inquiet à présent, mais Quail se rendit compte que c'était pour une tout autre raison. Sa mémoire était maintenant presque entièrement revenue et il comprenait parfaitement l'angoisse de l'agent.

— Sur Mars, s'exclama Quail d'une voix rauque, j'ai tué un homme. Après avoir effacé quinze gardes du corps. Certains avaient des pistolets électroniques tout comme vous.

Interplan l'avait entraîné cinq ans durant pour en faire un assassin, un tueur professionnel. Il connaissait des coups pour mettre hors de combat des adversaires armés… comme ces deux agents, et celui à l'écouteur le savait aussi.

S'il agissait assez rapidement…

Le coup de feu partit. Mais il avait déjà fait un bond de côté et simultanément il avait assené un coup du tranchant de la main à l'agent qui tenait le pistolet. En un instant il était en possession du pistolet et tenait en respect l'autre agent, hébété.

— L'a capté mes pensées, fit Quail en reprenant son souffle. Il savait que j'allais le faire mais je l'ai fait quand même.

Essayant de se relever, l'agent blessé grinça :

— Il ne se servira pas de ce pistolet sur toi, Sam ; je capte ça aussi. Il sait qu'il est foutu, et il sait aussi que nous le savons. Allons, Quail.

Laborieusement et grognant de douleur il se remit debout en vacillant. Il tendit la main.

— Le pistolet, intima-t-il à Quail. Vous ne

pouvez pas vous en servir, et si vous le rendez je vous promets de ne pas vous tuer ; vous serez jugé et quelqu'un de plus haut placé dans Interplan statuera, pas moi. Peut-être pourront-ils effacer une nouvelle fois votre mémoire ; je ne sais pas. Mais vous savez pourquoi j'allais vous tuer ; je ne pouvais pas vous empêcher de vous en souvenir. Alors en un sens la raison que j'avais de vouloir vous tuer est dépassée maintenant.

Quail empoignant le pistolet bondit hors du conapt et fonça vers l'ascenseur. « Si vous me suivez, pensa-t-il, je vous tue, alors n'essayez pas. » Il écrasa le bouton d'appel de l'ascenseur et au bout d'un moment les portes coulissantes s'ouvrirent.

Les policiers ne l'avaient pas suivi. Ils avaient dû capter ses pensées bien arrêtées et avaient décidé de ne pas courir le risque.

L'ascenseur descendait, l'emmenant dans ses flancs. Il leur avait échappé — pour le moment — mais ensuite ? Où pouvait-il aller ?

L'ascenseur arriva au rez-de-chaussée ; un instant plus tard Quail s'était fondu dans la foule des piétons qui se pressaient dans les couloirs de circulation. Sa tête lui faisait mal et il avait envie de vomir. Mais au moins il avait échappé à la mort ; ils avaient bien failli l'abattre sur place, dans son propre conapt.

« Et ils recommenceront probablement, se dit-il, quand ils me retrouveront. Et avec cet émetteur branché dans ma tête, ça ne prendra pas longtemps. »

Ironiquement, il avait obtenu exactement ce qu'il avait demandé à Rekal Inc. : l'aventure, le risque, la police d'Interplan en action, un voyage secret et dangereux sur Mars dans lequel sa vie était en jeu — tout ce qu'il avait souhaité avoir comme faux souvenir.

Les avantages que cela comportait — de n'être qu'un souvenir et rien de plus — lui apparaissaient clairement maintenant.

Seul sur le banc d'un parc, il observait, maussade, un groupe de guillerets : un semi-oiseau importé des deux lunes de Mars, capable de vol plané en dépit de l'énorme pesanteur terrestre.

« Je pourrais peut-être me débrouiller pour retourner sur Mars », pensa-t-il. Et après ? Ce serait encore pire sur Mars ; l'organisation politique dont il avait assassiné le leader le repérerait dès sa descente de vaisseau ; il aurait Interplan et *eux* à ses trousses, là-bas.

« Vous m'entendez penser ? » se demanda-t-il. C'était la porte ouverte à la paranoïa que d'être assis là tout seul à les sentir chercher sa fréquence, le contrôler, l'enregistrer, discuter... Il frémit puis se mit debout et erra sans but, les mains profondément enfoncées dans ses poches. « Où que j'aille, constata-t-il, vous serez toujours là avec moi. Tant que j'aurai ce machin dans la tête. »

« Je vais vous faire une proposition, se dit-il — et leur dit-il. Ne pourriez-vous pas m'imprimer une nouvelle matrice de souvenirs fictifs, comme vous l'avez déjà fait, qui me fasse vivre une vie moyenne et tranquille et n'être jamais allé sur Mars ? N'avoir jamais vu de près un uniforme d'Interplan et ne m'être jamais servi d'un pistolet ? »

Une voix répondit dans son cerveau :

— Comme on vous l'a clairement expliqué : cela ne serait pas suffisant.

Stupéfait, il s'arrêta.

— Nous avons déjà communiqué avec vous de cette manière, poursuivit la voix. Quand vous opériez sur le terrain, sur Mars. Cela fait des mois que nous ne l'avons plus fait et d'ailleurs nous étions persuadés que nous n'en aurions plus jamais besoin. Où êtes-vous ?

— Je marche, répondit Quail, vers ma mort. « Exécuté par vos agents », ajouta-t-il, épiloguant mentalement. Comment pouvez-vous être sûr que cela ne sera pas suffisant ? demanda-t-il. Le procédé Rekal ne marche-t-il pas ?

— Comme nous vous l'avons dit, quand on vous dote d'un jeu de souvenirs ordinaires et moyens, cela vous rend… agité. Vous retourneriez immanquablement chez Rekal ou chez un de ses concurrents. Nous ne tenons pas à ce que cela se reproduise.

— Supposez, avança Quail, qu'après avoir effacé mes vrais souvenirs, on m'implante quelque chose de plus important que des souvenirs ordinaires. Quelque chose qui répondrait à mes désirs profonds. Cela a été démontré ; c'est sans doute pourquoi vous m'avez engagé initialement. Mais vous devriez pouvoir trouver autre chose… quelque chose d'équivalent. Que j'étais l'homme le plus riche de Terra mais qu'en fin de compte j'ai fait don de toute ma fortune à des fondations pour l'éducation. Ou bien que j'étais un célèbre explorateur de l'espace lointain. Quelque chose de ce genre ; est-ce que cela ne ferait pas l'affaire ?

— (Silence.)

— Essayez, dit-il désespérément. Réunissez

la crème de vos psychiatres militaires et explorez mon esprit. Percez à jour mon rêve le plus cher. (Il réfléchit.) Des femmes, suggéra-t-il, des milliers de femmes, comme Don Juan. Play-boy interplanétaire… une maîtresse dans chaque ville de la Terre, de Luna et de Mars. Seulement, j'aurais laissé tomber pour cause d'épuisement. Je vous en prie, supplia-t-il. Essayez !

— Vous vous rendriez de vous-même, alors ? demanda la voix dans sa tête. Si nous acceptions de chercher un tel moyen ? si cela est possible ?

Après un temps d'hésitation il répondit :

— Oui.

« Je prends le risque, pensa-t-il, de me faire tuer tout bonnement. »

— A vous de faire le premier pas, reprit la voix. Venez vous rendre et nous étudierons les possibilités qui existent. Cependant si nous échouons, si vos vrais souvenirs se mettent à réapparaître comme cette fois-ci, alors… (Il y eut un silence puis la voix acheva :) Nous devrons vous anéantir. Comme vous devez le comprendre. Alors, Quail, vous voulez toujours essayer ?

— Oui, répondit-il.

Parce que l'alternative était la mort immédiate et certaine. Au moins de cette façon, il avait une chance, si mince qu'elle fût.

— Présentez-vous à notre caserne principale à New York, indiqua la voix du flic d'Interplan. Au 580 de la 5e Avenue, douzième étage. Une fois que vous vous serez rendu, nos psychiatres se mettront au travail sur vous ; nous vous ferons passer des tests pour obtenir un profil de personnalité. Nous tenterons de découvrir votre fantasme fondamental et déterminant ; ensuite nous vous ramènerons ici, chez Rekal Inc. ; nous les mettrons dans le coup afin qu'ils réalisent ce fantasme par substitution rétroactive. Et... bonne chance. Nous vous devons bien cela ; vous avez été un précieux auxiliaire pour nous.

Il n'y avait aucune malveillance dans la voix ; ils — l'organisation — avaient plutôt de la sympathie pour lui.

— Merci, dit Quail.

Et il se mit à la recherche d'un robot-taxi.

— Mr. Quail, expliqua le psychiatre d'Interplan — un homme d'un certain âge au visage grave —, la nature de votre désir-fantasme de base est des plus intéressantes. Et elle n'a probablement rien à voir avec ce que consciemment vous pouvez imaginer ou supposer. C'est généralement le cas et j'espère que cela ne vous troublera pas trop de l'entendre.

Le haut gradé d'Interplan qui était présent commenta sèchement :

— Il n'a pas intérêt à être trop troublé s'il ne veut pas y passer.

— Contrairement au fantasme consistant à vouloir être un agent secret d'Interplan, continua le psychiatre, assez plausible dans la mesure toute relative où il était le produit d'une certaine maturité, le cas présent fait état d'un rêve saugrenu de votre enfance ; rien d'étonnant à ce que vous n'en ayez plus souvenir. Votre fantasme, donc, est le suivant : vous avez neuf ans et vous marchez tout seul sur un chemin de campagne. Un groupe de vaisseaux spatiaux d'un genre inconnu, venu d'une autre galaxie, atterrit juste devant vous. Personne sur Terre, à part vous, Mr. Quail, ne les voit. Les créatures qu'ils renferment sont minuscules et inoffensives, un peu comme des mulots, bien qu'ils soient en train d'essayer d'envahir la Terre. Des dizaines de milliers de vaisseaux identiques arriveront bientôt, quand cette équipe de reconnaissance leur aura donné le feu vert.

— Et j'imagine que je les arrête, intervint Quail, ressentant un mélange d'amusement et de dégoût. A moi seul, je les élimine. En les écrasant du pied probablement.

— Non, poursuivit patiemment le psychiatre. Vous empêchez l'invasion, mais non pas en les détruisant. Au lieu de cela, vous faites preuve de bonté et de générosité à leur égard, tout en sachant par télépathie — leur mode de communication — pourquoi ils sont venus. Ils n'ont jamais rencontré un être pensant manifestant une telle humanité à leur égard, et pour vous prouver leur gratitude, ils font un pacte avec vous.

Quail compléta :

— Ils n'envahiront pas la Terre tant que je serai vivant.

— Exactement.

Le psychiatre s'adressa à l'officier d'Interplan :

— Vous voyez, cela correspond à sa personnalité, malgré son mépris affecté.

— Donc, par le simple fait d'exister, dit Quail qui sentait monter en lui un plaisir grandissant, par le simple fait de vivre, j'empêche la Terre de tomber sous un joug étranger. Dans ce cas, je suis effectivement la personne la plus importante de Terra. Sans lever le petit doigt.

— C'est tout à fait ça, monsieur, acquiesça le psychiatre, et c'est là le pivot même de votre psyché ; c'est un fantasme d'enfance qui vous a marqué pour la vie et qui, sans thérapie des profondeurs et utilisation de drogues, ne vous serait jamais remonté à la mémoire. Pourtant il a toujours existé en vous ; il était enfoui mais n'a jamais cessé d'être.

Le haut gradé de la police demanda à Mc Clane qui écoutait attentivement, assis à côté :

— Pouvez-vous lui implanter un modèle de souvenir extra-factuel aussi poussé ?

— On nous présente tous les genres possibles et imaginables de fantasmes, répondit Mc Clane, et franchement j'ai déjà entendu bien pire. C'est tout à fait dans nos possibilités. D'ici vingt-quatre heures, il ne se contentera pas seulement de *souhaiter* avoir sauvé la Terre ; mais il croira dur comme fer qu'il l'a fait.

L'officier supérieur de la police déclara :

— Bon, vous pouvez vous y mettre. En prévision, nous avons déjà effacé une nouvelle fois le souvenir de son voyage sur Mars.

Quail intervint :

— Quel voyage sur Mars ?

Personne ne répondit et il rengaina sa question à contrecœur. De toute façon, une voiture de la police venait d'apparaître ; lui, Mc Clane et l'officier supérieur y prirent place, et bientôt, ils roulaient vers Chicago et Rekal Inc.

— Vous feriez bien de ne pas commettre d'erreur cette fois, conseilla l'officier de police au gros Mc Clane qui semblait inquiet.

— Je ne vois pas ce qui pourrait clocher, marmonna ce dernier en transpirant. Cela n'a rien à voir avec Mars ou Interplan cette fois. Empêcher à lui seul l'invasion de la Terre par une autre galaxie... (Il secoua la tête à ces mots.) Oh ! là ! là ! jusqu'où les rêves d'un gosse vont se nicher ! Et par pieuse vertu, par-dessus le marché, et non pas par la force. C'est un rien tordu.

Il tamponna son front avec un grand mouchoir d'étoffe.

Personne ne dit rien.

— Dans le fond, ajouta-t-il, c'est touchant.

— Mais présomptueux, rectifia froidement le policier. Dans la mesure où l'invasion reprendra quand il mourra. Ce n'est pas surprenant qu'il ne s'en souvienne pas ; c'est le fantasme le plus extravagant que j'aie jamais rencontré.

Il jeta un regard désapprobateur à Quail.

— Et quand je pense que ce type-là émarge à notre budget.

Arrivés à Rekal Inc., la réceptionniste, Shirley, les accueillit fiévreusement dans le hall.

— Bienvenue chez nous, Mr. Quail, gazouilla-t-elle, ses seins en forme de melons — peints aujourd'hui d'orange lumineux — tressautant d'émoi. Je suis navrée que tout se soit si mal passé la dernière fois ; je suis sûre que cela ira bien mieux cette fois-ci.

Tamponnant toujours machinalement son front luisant avec son mouchoir en lin d'Irlande soigneusement plié, Mc Clane ajouta :

— Cela vaudrait mieux.

Lestement il récupéra Lowe et Keeler et les escorta avec Douglas Quail jusqu'à la salle de travail, puis il retourna avec Shirley et l'officier supérieur dans son bureau familier pour attendre.

— Avons-nous une pochette correspondant à cela, Mr. Mc Clane ? demanda Shirley, le heurtant dans son agitation et rougissant pudiquement.

— Oui, je crois.

Il essaya de se rappeler puis abandonna et consulta le tableau de références.

— Une combinaison, décida-t-il à haute voix, des pochettes quatre-vingt-un, vingt et six.

Il retira de la chambre forte située derrière son bureau les pochettes appropriées et les apporta sur son bureau pour les vérifier.

— Dans la quatre-vingt-un, expliqua-t-il, une baguette magique de guérison lui ayant été offerte — au client en question, en l'occurrence Mr. Quail — par des êtres d'une autre galaxie en témoignage de leur gratitude.

— Est-ce qu'elle marche? demanda l'officier de police avec curiosité.

— Elle a marché, expliqua Mc Clane. Mais il l'a épuisée il y a bien longtemps en s'en servant pour guérir ici et là. Il la garde cependant en souvenir. Mais il se rappelle qu'elle fonctionnait remarquablement.

Il gloussa, puis ouvrit la pochette numéro vingt.

— Un papier du secrétaire général de l'ONU le remerciant d'avoir sauvé la Terre; ceci ne concorde pas exactement car le fantasme de Quail tient en partie au fait que personne n'est au courant de l'invasion à part lui, mais pour faire vraisemblable nous le mettrons avec.

Il examina ensuite la pochette numéro six. Qu'y avait-il donc là-dedans? Il ne se souvenait plus, et fronçant les sourcils il plongea la main dans le sachet de plastique sous l'œil attentif de Shirley et du policier d'Interplan.

— Des inscriptions, dit Shirley, dans une drôle de langue.

— Ceci explique qui ils étaient, déclara Mc Clane, et d'où ils étaient venus. Y compris une carte céleste détaillée qui retrace leur vol pour arriver ici et leur système d'origine. C'est écrit naturellement dans leur langue, donc il ne peut le lire. Mais il se souvient qu'ils le lui ont lu dans sa langue.

Il rassembla les trois simulacres au centre de son bureau.

— Il faut que ces objets soient apportés dans le conapt de Quail, dit-il au policier. Afin qu'il les trouve en rentrant chez lui. Ils le confirmeront dans son fantasme. POS — Procédure Opérationnelle Standard.

Il eut un petit rire nerveux, se demandant comment les choses se passaient du côté de Lowe et de Keeler.

L'intercom bourdonna :

— Mr. Mc Clane, je suis désolé de vous déranger.

C'était la voix de Lowe ; il se figea sur place en la reconnaissant, il se figea et resta sans voix.

— Mais il se passe quelque chose. Il vaudrait peut-être mieux que vous veniez ici jeter un coup d'œil. Comme la dernière fois, Quail a bien réagi à la narkidrine ; il est inconscient, détendu, réceptif, mais...

Mc Clane s'élança vers la salle de travail.

Allongé sur une table d'auscultation, Douglas Quail respirait lentement et régulièrement, les yeux à demi fermés, vaguement conscient de ceux qui l'entouraient.

— Nous avons commencé à l'interroger, dit Lowe, tout pâle, pour savoir où placer exactement son souvenir-fantasme d'avoir sauvé la Terre à lui tout seul. Et assez curieusement...

— Ils m'ont dit de ne rien dire, marmonna Douglas Quail d'une voix que la drogue rendait pâteuse. C'était ça notre accord. Je n'avais même pas le droit de m'en souvenir. Mais comment aurais-je pu oublier un événement pareil?

« J'imagine que ça ne doit pas être facile, se dit Mc Clane. Mais vous avez pu — jusqu'à aujourd'hui. »

— Ils m'ont même donné un parchemin de reconnaissance, murmura Quail. Il est caché dans mon conapt; je vous le montrerai.

S'adressant à l'officier d'Interplan qui l'avait suivi, Mc Clane déclara :

— Eh bien, si je puis me permettre une suggestion, il vaudrait mieux ne pas le tuer. Sinon ils reviendront.

— Ils m'ont aussi donné une baguette magique à anéantir invisible, marmonna Quail dont les yeux étaient maintenant tout à fait clos. C'est avec ça que j'ai tué ce gars sur Mars que vous m'aviez envoyé descendre. Elle est dans mon tiroir avec la boîte d'ascarides martiens et les plantes séchées.

Sans mot dire, l'officier d'Interplan tourna les talons et s'éloigna à grands pas de la salle de travail.

« Je ferais aussi bien de ranger ces pochettes de preuves simulacres », se dit Mc Clane résigné. A pas comptés, il regagna son bureau. « Y compris la citation du secrétaire général de l'ONU. Après tout. » La vraie ne tarderait sans doute pas à arriver.

Traduit par Bernard Raison.
Titre original : *We Can Remember It for You Wholesale.*

LA FOI DE NOS PÈRES

Marchant dans les rues d'Hanoï, il croisa un camelot cul-de-jatte monté sur une planche à roulettes qui apostrophait les passants d'une voix stridente. Tchien ralentit, prêtant l'oreille, sans toutefois s'arrêter. Les affaires qui l'appelaient au ministère de l'Artisanat culturel absorbaient trop son attention pour qu'elle pût se fixer ailleurs. C'était comme s'il était tout seul, comme si les bicyclettes, vélomoteurs et motos à réaction n'existaient pas. Même le camelot cul-de-jatte n'avait qu'une existence vague.

— Camarade, l'interpella néanmoins ce dernier en s'élançant à sa poursuite sur sa planche à roulettes actionnée par une batterie à hélium. Camarade, je possède un assortiment complet d'herbes médicinales éprouvées, recommandées par des milliers d'utilisateurs fidèles. Faites-moi part de vos maux et je vous viendrai en aide.

Tchien ralentit encore. « Mais je ne souffre d'aucun mal. Excepté, ajouta-t-il en son for intérieur, cette affection chronique des membres du Comité Central, cet affreux esprit d'arrivisme qui consiste à vouloir mesurer en permanence dans la hiérarchie officielle le degré de solidité de chaque carrière, la mienne y comprise. »

— Je sais guérir par exemple le mal des radiations, psalmodia derrière lui la voix du cul-de-jatte. Ou intensifier si besoin est les éléments de l'accomplissement sexuel. Je sais enrayer une évolution carcinomateuse, et même le redoutable mélanome, parfois appelé tumeur noire.

Soulevant un plateau où étaient disposés des flacons, des petites boîtes en aluminium et des pots en plastique contenant des poudres de toutes les couleurs, le camelot poursuivit de sa voix chantante :

— Si un rival s'avisait de vouloir usurper votre enviable situation bureaucratique, j'aurais ici un onguent qui, présenté sous la forme d'un inoffensif baume dermique, est en réalité une toxine dont l'action ne pardonne pas. Et mes prix, camarade, sont fort peu élevés. A titre de faveur tout à fait spéciale envers quelqu'un d'aussi distingué que vous l'êtes, j'accepterai même en paiement les dollars inflationnistes d'après-guerre, soi-disant agréés internationalement, en réalité guère plus précieux que du vulgaire papier hygiénique.

— Allez vous faire pendre, fit Tchien en hélant un taxi hovercar qui passait.

Il avait déjà trois minutes et demie de retard à son premier rendez-vous de la journée, et au ministère ses bougres d'enflés de supérieurs devaient mentalement prendre note, de même que ses subordonnés d'ailleurs.

Le camelot poursuivit tranquillement :

— Camarade, il faut que vous m'achetiez quelque chose.

— Et pourquoi ? fit Tchien avec indignation.

— Parce que, camarade, je suis un ancien combattant. J'ai fait la guerre finale de libération nationale aux côtés du Front démocratique populaire uni contre les impérialistes ; j'ai perdu mes extrémités pédestres à la bataille de San Francisco. (Sa voix était triomphante à présent, et cauteleuse.) Parce que c'est la loi. Si vous refusez d'acheter à un ancien combattant, vous êtes passible d'une amende et peut-être d'une peine de prison – sans compter la disgrâce par-dessus le marché.

D'un geste résigné, Tchien fit signe au hovertaxi de poursuivre son chemin.

– C'est bon, déclara-t-il. Je vais vous acheter quelque chose.

Il embrassa d'un rapide coup d'œil le maigre étalage d'herbes médicinales.

– Ça, décida-t-il en pointant son index au hasard sur un sachet de papier au fond du plateau.

Le camelot se mit à rire.

– Ça, camarade, c'est un spermaticide destiné aux dames qui, pour des raisons politiques, n'ont pas pu se faire attribuer la pilule. Il ne pourrait vous être que d'une médiocre utilité, en fait d'aucune, puisque vous êtes un homme.

– La loi, répliqua Tchien avec acidité, ne m'oblige aucunement à vous acheter quelque chose qui me soit utile ; il suffit que je vous prenne quelque chose. Je prends ça.

Il sortit de sa poche un porte-billets gonflé de coupures inflationnistes d'après-guerre qu'en tant que fonctionnaire du gouvernement il touchait quatre fois par semaine.

– Dites-moi quels sont vos problèmes, fit le camelot.

Tchien le dévisagea, étonné par cette intrusion dans sa vie privée, émanant de quelqu'un d'étranger au gouvernement.

— D'accord, camarade, fit le camelot en voyant son expression. Ce n'est pas pour me mêler de ce qui ne me regarde pas. Mais en tant que docteur — guérisseur herboriste — il convient que je sache le plus grand nombre de choses possible.

Il sembla méditer ; son visage décharné s'assombrit.

— Est-ce que vous regardez exagérément la télévision ? demanda-t-il abruptement.

Pris de court, Tchien répondit :

— Tous les soirs. Sauf le vendredi, où je vais à mon club pratiquer cet art ésotérique importé de l'Occident déchu qu'est la capture des bouvillons au lasso.

C'était sa seule faiblesse ; hormis cela, il se consacrait entièrement aux activités du Parti.

Le camelot avança la main, choisit un sachet de papier gris.

— Soixante dollars standard, annonça-t-il. La garantie est totale ; si l'effet escompté ne se produit pas, retournez-nous le reste du produit sous son emballage et vous serez remboursé à votre entière satisfaction.

— Et quel est, demanda Tchien d'un ton mordant, l'effet que vous garantissez ?

— La disparition de l'excès de fatigue oculaire occasionnée par la contemplation d'insipides monologues officiels, récita le camelot. Ce produit lénifiant est à absorber toutes les fois que vous vous trouverez exposé aux sempiternels et déprimants sermons dont…

Tchien donna l'argent, reçut le sachet en échange et s'éloigna rapidement. « Une honte ! fulmina-t-il en son for intérieur. Un vrai racket que cette ordonnance érigeant les anciens combattants en classe privilégiée. Ils s'abattent sur nous — nous, la jeune génération — comme des rapaces. »

Oublié, le sachet gris resta au fond de la poche de sa vareuse tandis qu'il pénétrait dans l'imposant édifice du ministère de l'Artisanat culturel, puis dans son non moins considérable bureau, pour commencer sa journée de travail.

Un Caucasien corpulent, d'âge moyen, vêtu d'un complet croisé de soie marron avec gilet, attendait Tchien dans son bureau. A côté du Caucasien, qui lui était inconnu, se tenait son supérieur hiérarchique immédiat, Ssu-Ma Tso-pin. Tso-pin fit les présentations en cantonais, dialecte qu'il malmenait quelque peu.

— Mr. Tung Tchien, voici Mr. Darius Pethel. Mr. Pethel est appelé à diriger le nouvel établissement culturel à vocation idéologico-didactique qui ouvrira bientôt ses portes à San Fernando, Californie. (Et il ajouta :) Mr. Pethel a derrière lui une longue et fructueuse carrière de serviteur du peuple dans la lutte qui vise à supplanter les pays du bloc impérialiste par le truchement des moyens pédagogiques ; d'où cette haute fonction.

Ils se serrèrent la main.

— Thé ? demanda Tchien aux deux hommes.

Il appuya sur le bouton de son réchaud à infrarouges et, en quelques instants, l'eau qui se trouvait dans un récipient de céramique japonaise richement décorée se mit à bouillonner. En s'asseyant à son bureau, il vit que la prévoyante Miss Hsi avait sorti à son intention la fiche (confidentielle) concernant le camarade Pethel. Sans faire mine de rien, il la parcourut rapidement du regard.

— Le Bienfaiteur Absolu du Peuple, déclara Tso-pin, a personnellement rencontré Mr. Pethel et lui fait entièrement confiance. C'est chose rare. Officiellement, la nouvelle école de San Fernando se propose de diffuser les traditionnels enseignements taoïstes ; en réalité, bien sûr, elle nous permettra d'entretenir une précieuse filière de communication avec la jeunesse libérale et intellectuelle des Etats-Unis de l'Ouest. Nous savons qu'il y a un grand nombre de survivants, de San Diego à Sacramento ; leur nombre peut être estimé à dix mille au moins. L'école en prendra deux mille. Pour ceux que nous sélectionnerons, l'enrôlement sera obligatoire. Vous êtes directement concerné par les projets de Mr. Pethel. Hum... Je crois que votre eau est en train de bouillir.

— Merci, murmura Tchien en laissant tomber le sachet de thé.

Tso-pin poursuivit :

— En effet, le rôle de Mr. Pethel consistera à superviser l'élaboration des programmes soumis aux étudiants de l'école ; mais à l'issue de chaque série d'épreuves, cela va vous surprendre, les copies seront acheminées vers votre propre bureau pour y être soumises à votre expert et vigilant contrôle idéologique. En d'autres termes, Mr. Tchien, vous devrez nous dire qui, parmi les deux mille étudiants, s'est montré réceptif à notre enseignement ; qui est sûr et qui ne l'est pas.

— Je verse le thé, dit Tchien tout en joignant cérémonieusement le geste à la parole.

— Nous ne devons pas oublier, intervint

Pethel dans un cantonais encore plus mauvais que celui de Tso-pin, qu'après leur défaite dans la guerre globale, les jeunes Américains sont passés maîtres dans l'art de la dissimulation.

Il avait prononcé ce dernier mot en anglais; ne saisissant pas, Tchien tourna un visage interrogatif vers son supérieur.

– Le mensonge, expliqua Tso-pin.

Pethel poursuivit :

– En surface ils savent trouver les mots d'ordre adéquats; mais en profondeur ils sont convaincus de leur fausseté. Leurs travaux ressembleront de très près à ceux du groupe dont l'authenticité...

– Vous voulez dire que les devoirs de *deux mille* étudiants vont passer par mon bureau? demanda Tchien. (Il avait du mal à y croire.) Mais cette tâche seule suffirait à occuper un homme à temps plein; et je n'ai pas le dixième du mien à lui consacrer... (Il était effaré.) Donner un avis officiel et définitif sur des questions d'une aussi grande délicatesse... (Il fit un geste éloquent.) Vous vous fourrez le doigt dans l'œil.

Cillant un peu devant cette vulgarité tout occidentale, Tso-pin déclara :

– Vous avez du personnel; de plus, vous pourrez réquisitionner quelques secrétaires supplémentaires. Le budget du ministère, augmenté cette année, le permet. Et n'oubliez pas que le Bienfaiteur Absolu du Peuple a lui-même choisi Mr. Pethel.

Un infime degré de solennité s'était à présent glissé dans sa voix. Juste assez pour enrayer la colère naissante de Tchien et le ramener, au moins provisoirement, à l'obéissance. Et pour donner plus de poids à ses arguments, Tso-pin se dirigea vers le mur opposé du bureau et s'immobilisa devant le portrait en pied en 3-D du Bienfaiteur Absolu. Au bout de quelques instants, sa présence activa le mécanisme placé derrière le portrait; le visage du Bienfaiteur Absolu s'anima et une voix bien connue de tous, aux accents plus que familiers, s'éleva. « Combattez pour la paix, mes enfants », fit la voix aux intonations rassurantes mais fermes.

— Ah ! fit Tchien, réussissant à contrôler son agitation intérieure.

Après tout, il n'était peut-être pas impossible de mettre à contribution l'un des ordinateurs du ministère; on devait pouvoir imaginer un système de réponses du type oui-non-peut-être qui permettrait de trier les copies selon des critères idéologiques préalablement programmés. Tout cela devait pouvoir être rapidement transformé en une affaire de simple routine. Très vraisemblablement.

Darius Pethel déclara :

— J'ai ici certains papiers que j'aimerais soumettre à votre examen, Mr. Tchien.

Il défit la fermeture Éclair d'un porte-documents en matière plastique hideux et démodé.

— Deux dissertations d'examen, fit-il en passant les papiers à Tchien. Ceci nous permettra de savoir si vous êtes qualifié ou non pour cette tâche.

Il se tourna vers Tso-pin; leurs regards se croisèrent.

— J'ai cru comprendre que si vous sortez victorieux de cette affaire, ajouta Pethel, vous serez promu vice-conseiller; en outre, Sa Grandeur le Bienfaiteur Absolu vous conférera en personne la médaille kistérigienne.

Tso-pin et lui arborèrent un sourire circonspect.

— La médaille kistérigienne, répéta Tchien.

Il accepta les deux documents, qu'il examina en affectant une indifférence nonchalante ; en réalité une agitation mal dissimulée faisait redoubler les battements de son cœur.

— Mais que dois-je faire de ceci ? C'est-à-dire, que faut-il que je cherche ?

— L'une de ces copies, expliqua Pethel, est l'œuvre d'un progressiste convaincu, d'un membre du Parti loyal aux idées saines et mûrement réfléchies. L'autre a été rédigée par un jeune *stilyagi* que nous soupçonnons de verser dans un crypto-déviationnisme petit-bourgeois, impérialiste et dégénéré. C'est à vous, mon cher, de nous dire qui est le bon et qui est le mauvais.

Tu parles d'un honneur, songea Tchien. Mais, tout en hochant lentement la tête, il examina le titre du premier devoir :

LA DOCTRINE DU BIENFAITEUR ABSOLU CONTENUE EN GERME DANS LA PENSÉE DE BAHA AD-DIN ZUHYAR, POÈTE ARABE DU TREIZIÈME SIÈCLE.

Parcourant la première page de la dissertation, Tchien remarqua un quatrain qui lui était familier. Il s'intitulait *La Mort* et il le connaissait presque par cœur depuis son adolescence.

Il trébuche une fois, il trébuche deux fois,
Sa vie recèle d'innombrables heures ;
Pour lui il n'est ni creux ni mont,
Mais une plaine unie dont il cueille les fleurs.

— Puissant, dit Tchien, ce poème.

— Il se sert du poème, expliqua Pethel en observant le mouvement des lèvres de Tchien tandis que ce dernier relisait le quatrain, pour démontrer la sagesse séculaire avec laquelle le Bienfaiteur Absolu a su œuvrer en faveur du peuple ; aucun d'entre nous n'est immortel, et seule survit la cause historique essentielle, supra-individuelle. C'est dans l'ordre des choses. Etes-vous d'accord avec l'interprétation de cet étudiant ? Ou bien... (Pethel marqua un temps d'arrêt.) S'agit-il au contraire d'une satire habilement déguisée dirigée contre les préceptes du Bienfaiteur Absolu ?

Sans trop s'avancer, Tchien demanda :

— Laissez-moi jeter un coup d'œil à la seconde copie.

— Vous avez suffisamment d'éléments. Décidez.

— Je... n'avais jamais envisagé le poème sous cet angle-là, hésita Tchien. (Il était de plus en plus irrité.) N'importe comment, il n'est pas de Baha ad-Din Zuhyar ; il fait partie du recueil des *Mille et Une Nuits*. C'est du XIIIe siècle, cela je vous l'accorde.

Il parcourut rapidement la dissertation qui accompagnait le poème. Elle lui apparut comme une morne et plate resucée des mots d'ordre du Parti dont on lui avait rebattu les oreilles depuis sa plus tendre enfance. Le monstre impérialiste aveugle qui foulait aux pieds tout en étouffant dans l'œuf (métaphore disparate) les plus élémentaires aspirations humaines ; la conspiration des groupes anti-Parti encore en activité dans les Etats-Unis de l'Est... Il se sentit gagné par une apathie aussi peu inspirée que ce devoir d'étudiant. Il fallait persévérer, était-il écrit. Liquider les restes du Pentagone réfugiés dans les montagnes du Catskill, mater le Tennessee et tout particulièrement ce bastion de la résistance réactionnaire que constituaient les collines rouges de l'Oklahoma. Il soupira.

– Je crois, déclara Tso-pin, que nous devrions laisser à Mr. Tchien le temps d'examiner à loisir ces documents complexes. (Il s'adressa à Tchien :) Vous avez la permission d'emporter ces matériaux chez vous et de les étudier pendant vos heures de loisir.

Il s'inclina avec une sollicitude à demi moqueuse. Quoi qu'il en soit, insulte ou pas, il avait enlevé à Tchien une sacrée épine du pied, et celui-ci lui en était reconnaissant.

– Croyez que j'apprécie à sa juste valeur, murmura-t-il, l'honneur de procéder en dehors des heures de bureau à cette tâche nouvelle et hautement stimulante. Mikoyan, s'il vivait encore, ne manquerait pas d'approuver.

« Le salaud », ajouta-t-il *in petto*. Il se référait à la fois à son supérieur et au Caucasien Pethel. « Un beau cadeau empoisonné qu'il me refile là ; et sur mes heures de loisir par-dessus le marché. Il faut croire que le PC US se porte bien mal ; ses académies d'endoctrinement doivent avoir du fil à retordre avec la jeunesse yankee. Et voilà qu'on me colle ça sur les bras maintenant. »

Ce soir-là, dans son conapt minuscule mais bien agencé, il prit connaissance du second devoir, signé Marion Culper, et constata qu'il traitait également de poésie. Sans doute s'agissait-il spécifiquement d'un cours de poésie. Brusquement il se sentit mal à l'aise. Cela l'avait toujours hérissé, l'utilisation de la poésie – de n'importe quel art — à des fins sociales. Néanmoins, confortablement installé dans son fauteuil en simili-cuir à dossier spécialement étudié pour la colonne vertébrale, il alluma un énorme Cuesta Rey Number One English Market et commença sa lecture.

L'auteur de la dissertation, Miss Culper, avait choisi comme sujet un extrait du poète anglais du XVIIe siècle, John Dryden; en l'occurrence les tout derniers vers du célèbre *Chant pour la Sainte-Cécile*.

... Et lorsque l'heure dernière et terrible
Dévorera ce spectacle croulant,
La trompette sonnera d'en haut,
Les morts vivront, les vivants mourront,
Et la musique désaccordera le ciel.

— Ça c'est un peu fort, grommela Tchien entre ses dents. Il faudrait croire que Dryden a prévu la chute du capitalisme? C'est ce qu'il aurait voulu dire par *ce spectacle croulant*? Dieu du ciel!

Il se pencha en avant pour reprendre son cigare mais s'aperçut qu'il l'avait laissé s'éteindre. Fouillant ses poches à la recherche de son briquet de fabrication japonaise, il se redressa à demi...

Tweeeeeee! fit le récepteur de télévision à l'autre bout du living.

« Ah! ah! se dit Tchien. Le Leader va parler. Le Bienfaiteur Absolu va s'adresser au peuple; de Pékin, où il réside depuis quatre-vingt-dix ans — ou cent, peut-être? Ecoutons celui que parfois nous aimons surnommer l'Enquiquineur public numéro... »

— Puissent les dix mille fleurs de la plus abjecte pauvreté volontaire s'épanouir dans votre jardin spirituel, annonça le commentateur de la TV.

En marmottant, Tchien se mit debout pour exécuter la courbette de rigueur. Chaque poste de TV était équipé d'un dispositif relié à la Secpol, la Police de Sécurité, qui vérifiait que son propriétaire faisait bien ses courbettes et, naturellement, regardait.

Sur l'écran se matérialisa un visage aux contours nettement définis, aux traits larges et sans rides : le visage du leader du PC Est, âgé de cent vingt ans, maître d'une grande partie de la planète — bien trop grande, se dit Tchien. « Tu peux causer », songea-t-il en se réinstallant dans son fauteuil en simili-cuir, face à l'écran de TV cette fois-ci.

— Mes pensées, fit la voix moelleuse et cadencée du Bienfaiteur Absolu, sont avec vous, mes enfants. Et particulièrement avec Mr. Tung Tchien, de Hanoï, qui fait face aujourd'hui à une tâche difficile, une tâche propre à enrichir les peuples de l'Est Démocratique et de la Côte Ouest américaine. Aussi serons-nous tous unis par la pensée à cet homme à l'abnégation exemplaire et courageuse que j'ai choisi d'honorer et d'encourager ce soir en lui consacrant plusieurs minutes de mon temps. Etes-vous à l'écoute, Mr. Tchien?

— Oui, Votre Grandeur, répondit Tchien, tout en supputant intérieurement les chances qu'il y avait pour que le Leader du Parti eût choisi de s'adresser ce soir particulièrement à *lui*.

Le résultat fut un accès de cynisme indigne d'un militant du Parti; la chose était peu probable. Il devait s'agir d'une émission destinée à son seul immeuble — disons à la seule ville de Hanoï. Ou encore d'une sonorisation bidon réalisée dans les studios de la TV locale. N'importe comment, il était prié d'écouter, de regarder — d'absorber. C'est ce qu'il avait fait toute sa vie. Extérieurement, il paraissait figé dans une immobilité attentive. Intérieurement, il ressassait toujours les deux devoirs, cherchant à déterminer lequel était le bon, lequel le mauvais. Où finissait la dévotion enthousiaste au Parti, où débutait la bouffonnerie sardonique ? Difficile à dire... ce qui expliquait, naturellement, pourquoi on lui avait mis toute l'affaire sur les bras.

A nouveau, il chercha son briquet dans ses poches... et trouva le sachet gris que lui avait vendu le cul-de-jatte ancien combattant. Crénom, se dit-il en se remémorant le prix exorbitant qu'il avait payé. Et pour en faire quoi ? Autant jeter son argent par la fenêtre. Il retourna le sachet et vit au dos une inscription en petits caractères. Bah, se dit-il en commençant à défaire le sachet avec soin. Les mots l'avaient appâté — comme c'était naturellement leur rôle.

Vous n'êtes pas satisfait de votre carrière en tant que membre du Parti et individu ? Vous avez peur d'être dépassé et relégué dans les poubelles de l'histoire par

Il parcourut rapidement la notice, négligeant les slogans, cherchant à découvrir en quoi consistait ce produit qu'il avait acheté.

Le Bienfaiteur Absolu continuait pendant ce temps.

De la poudre à priser. Le paquet contenait de la poudre à priser. D'innombrables petits grains de couleur noire dont l'arôme lui chatouillait agréablement les narines. Le mélange était dénommé *Princes Special* et son parfum était décidément fort séduisant. Il lui était arrivé de priser, à l'époque où le tabac à fumer avait été décrété illégal pour des raisons sanitaires. C'était à l'Université de Pékin, lorsqu'il était étudiant, et les mélanges d'amateurs préparés à Chungking avec n'importe quoi étaient la grande mode. S'agissait-il d'un produit analogue ? Pratiquement n'importe quel aromate pouvait être incorporé au tabac à priser, de l'essence d'orange au caca de bébé pulvérisé… c'est du moins l'impression qu'il avait ressentie en essayant une certaine mixture anglaise appelée *High Dry Toast*, qui avait eu le pouvoir à elle seule de mettre plus ou moins un terme à son habitude d'inhaler le tabac par le nez.

Sur l'écran du poste de télévision, le Bienfaiteur Absolu poursuivait son morne soliloque. Tchien renifla la poudre avec méfiance et relut la notice publicitaire. Cela guérissait absolument tout — jusqu'à la propension à arriver en retard au bureau ou à tomber amoureux d'une femme au dossier politique douteux. Intéressant. Mais typique des formules publicitaires habituelles…

On sonna à sa porte.

Il se leva pour ouvrir, certain de ce qu'il allait trouver derrière la porte. Et, comme de bien entendu, il se trouva nez à nez avec Mou Kuei, le concierge de l'immeuble, petit, l'œil sévère et alerte à son poste. Il avait mis son brassard et son casque de métal pour montrer qu'il ne plaisantait pas.

— Mr. Tchien, camarade travailleur du Parti, je viens de recevoir un appel des autorités de la télévision. Au lieu de regarder votre écran, vous tripotez un paquet au contenu incertain. (Il sortit de sa poche une plaquette et un stylo à bille.) Deux marques rouges, et vous êtes donc prié de vous installer dans une posture confortable et relaxante face à votre écran de télévision afin d'accorder au Leader votre entière et inaliénable attention. Ce soir, ses paroles s'adressent particulièrement à vous, Mr. Tchien ; à vous.

— J'en doute, s'entendit déclarer ce dernier.

Kuei cilla.

— Que voulez-vous dire ?

— Le Leader gouverne huit milliards de camarades. Je ne vois pas pourquoi il m'aurait choisi.

Il était furieux. La manière pointilleuse dont le concierge s'acquittait de sa réprimande commençait à lui porter véritablement sur les nerfs.

— Mais j'ai très bien entendu, de mes propres oreilles. Vous avez été cité.

Tchien se dirigea vers le récepteur et augmenta le volume sonore.

— Maintenant il parle des récoltes catastrophiques en Inde Populaire ; ça n'a rien à voir avec moi.

— Rien de ce que dit le Leader n'est hors de propos.

Mou Kuei fit une nouvelle marque sur sa plaquette et s'inclina rigidement pour prendre congé.

— L'appel qui a motivé ma visite émanait du Grand Central. Il est clair que votre négligence a été sévèrement jugée. Je dois vous ordonner de mettre en marche votre circuit enregistreur automatique et de repasser toute la première partie du discours du Leader.

Tchien claqua la porte.

Il retourna à son poste de TV en marmottant. « A quoi nous passons nos heures de loisir. Et ces deux copies pour m'accabler par-dessus le marché. Et en dehors des heures de bureau, ragea-t-il. Qu'ils aillent se faire voir. Tous. » Il marcha à grands pas vers le récepteur de TV et tourna le bouton pour l'éteindre. Aussitôt un voyant rouge clignota désespérément pour l'informer qu'il n'avait pas le droit de couper l'émission — il n'en avait d'ailleurs pas la possibilité, même en débranchant l'appareil. « Ces assommantes tirades obligatoires finiront par nous faire mourir à petit feu, se dit-il. Que ne donnerais-je pas pour échapper à tous ces discours bruyants, à la meute hurlante du Parti harcelant l'humanité... »

Cependant il n'existait à sa connaissance aucune loi qui pût l'empêcher de priser en regardant le Leader. Il ouvrit donc le sachet gris et fit tomber sur le dos de sa main gauche un petit tas de grains noirs. Puis, d'un geste professionnel, il porta la main à ses narines et aspira profondément, faisant pénétrer la prise bien à l'intérieur des sinus. Il se souvint en souriant de la vieille superstition selon laquelle, les sinus étant reliés au cerveau, toute inhalation de tabac à priser affecterait directement le cortex. Il se rassit confortablement et fixa à nouveau son regard sur l'écran de télévision où gesticulait le personnage connu entre tous.

Le visage s'étiola, disparut. Le son fut interrompu. L'écran, vide et muet, n'était plus que le reflet du néant. Seul un sifflement à peine perceptible s'échappait du haut-parleur.

« Qu'est-ce qui se passe ? » songea-t-il. Il se hâta d'aspirer le reste de la poudre qui était sur sa main, d'en imprégner ses narines, ses sinus et, du moins il en avait l'impression, son cerveau tout entier.

L'écran resta vide un moment puis, graduellement, une nouvelle image se forma et se stabilisa. Mais ce n'était pas le Leader. Pas le Bienfaiteur Absolu du Peuple. En fait, ce n'était pas une image humaine.

Il avait en face de lui un assemblage mécanique sans vie, fait de circuits, de pseudopodes articulés, de divers objectifs et d'un haut-parleur. Et le haut-parleur commença, dans un vrombissement hétéroclite, à le haranguer.

Fixant sur la chose un regard hébété, il se demanda : « Qu'est-ce que c'est que ça encore ? Réalité ? Hallucination ? Mon camelot est tombé sur un stock de drogue psychédélique comme on en utilisait pendant la Guerre de Libération... il vend ça et moi je m'en suis bourré ! »

D'un pas mal assuré, il se dirigea vers le vidphone et composa le numéro du bureau de la Secpol le plus proche de son domicile.

— Je désire signaler un trafiquant de drogues hallucinogènes, fit-il.

— Votre nom, monsieur, et l'adresse de votre conapt ? dit la voix impersonnelle, prompte et efficace, d'un bureaucrate de la police.

Il donna les renseignements et regagna lourdement son fauteuil en simili-cuir. L'apparition était toujours là sur l'écran de télévision. « Pauvre de moi, songea-t-il. Il doit s'agir d'un de ces produits fabriqués à Washington ou à Londres — encore plus fort et plus déroutant que LSD-25 dont ils ont si bien su empoisonner nos réserves d'eau. Et moi qui croyais que cela me dispenserait de subir les discours du Leader...

c'est encore bien pire, cette monstruosité électronique, articulée, de métal et de plastique, crachotant et baragouinant je ne sais quelles... C'est horrible.

« Avoir à subir *ça* pendant le restant de mes jours... »

Il fallut dix minutes aux deux hommes de la Secpol pour venir tambouriner à sa porte. A ce moment-là, selon un processus de détérioration progressive, l'image familière du Leader était venue peu à peu se superposer, puis se substituer sur l'écran à l'horrible mécanisme qui n'en finissait pas d'agiter ses tentacules artificiels tout en émettant des sons discordants. Encore tout tremblant, il fit entrer les deux policiers et les conduisit à la table où il avait laissé le reste de la poudre dans son sachet.

— Toxine psychédélique, fit-il d'une voix pâteuse. De courte durée. Directement incorporée dans le flux sanguin par l'intermédiaire des capillaires nasaux. Je vous donnerai tous les détails : où je l'ai eue, par qui...

Il prit une profonde inspiration tremblante ; la présence des policiers le rassurait.

Le stylo à bille à la main, les deux hommes attendirent. Et pendant tout ce temps, à l'arrière-plan, le Leader débitait son interminable discours. Comme il l'avait fait des centaines et des centaines de fois au cours de l'existence de Tung Tchien. « Mais plus jamais ce ne sera la même chose, se dit-il. Pas pour moi en tout cas. Pas après avoir reniflé cette drogue semi-toxique. »

Il se demanda : « Est-ce là qu'ils voulaient en venir ? »

Bizarre, la façon dont il pensait *ils*. Et pourtant... Un instant il hésita, répugnant à livrer à la police les indications qui permettraient de retrouver le cul-de-jatte. Un camelot. A quel endroit exactement, je ne me souviens pas. Mais c'était faux. Il connaissait avec précision l'emplacement du carrefour. Et, malgré une inexplicable réticence, il parla.

— Merci, camarade Tchien.

Le plus important des deux policiers ramassa soigneusement le reste de la poudre — le sachet était à peine entamé — qu'il mit dans la poche de son impeccable et seyant uniforme.

— Nous l'analyserons dès que possible. Vous serez immédiatement informé des contre-mesures médicales qu'il conviendrait éventuellement de prendre. Vous n'ignorez pas que dans certains cas les produits psychédéliques utilisés pendant la dernière guerre ont pu avoir des conséquences fatales.

— Je ne l'ignore pas, acquiesça Tchien.

En réalité, il n'avait cessé d'y penser.

— Bonne chance, et merci de nous avoir prévenus, firent les deux policiers en prenant congé.

Malgré la promptitude avec laquelle ils avaient répondu, l'affaire ne semblait pas les émouvoir outre mesure. Visiblement, ce n'était pas la première fois qu'on les dérangeait pour ce genre de chose.

La réponse du laboratoire ne se fit pas attendre, contrairement à ce à quoi la lourdeur du vaste appareil d'État bureaucratique l'avait habitué. La sonnerie du vidphone retentit avant même que le Leader eût achevé son discours.

— Il ne s'agit pas d'un hallucinogène, l'informa le technicien du labo de la Secpol.

— Non? fit-il, étonné et, paradoxalement, pas rassuré.

Pas du tout, même.

— Bien au contraire. Il s'agit de phénothiazine, aux propriétés, comme vous le savez, anti-hallucinogènes. Le dosage est peut-être un peu fort, mais inoffensif. Aucun effet à redouter si ce n'est une baisse de tension et une légère somnolence. Sans doute d'anciens stocks de fournitures médicales datant de la dernière guerre. Abandonnés par les barbares en déroute. A votre place je ne m'en ferais pas.

Tchien raccrocha lentement d'un air songeur. Puis il marcha jusqu'à la fenêtre de son conapt — d'où l'on avait une vue imprenable sur l'ensemble du quartier résidentiel d'Hanoï — pour réfléchir.

On sonna à la porte d'entrée. Comme un somnambule, il traversa le living-room pour aller ouvrir.

La jeune fille, vêtue d'un imperméable beige, aux longs cheveux d'un noir brillant enveloppés dans un châle, déclara d'une petite voix timide :

— Heu, camarade Tchien ? Tung Tchien ? Du ministère de...

Il la fit entrer, songeur, et referma la porte derrière elle.

— Vous avez fait surveiller mon vidphone, lui dit-il.

Il avait lancé cela au hasard, mais quelque chose, une certitude muette, lui disait qu'il ne se trompait pas.

— Est-ce que... est-ce qu'ils ont emporté toute la poudre ? (Son regard fit le tour de la pièce.) J'espère que non ; c'est si difficile à trouver de nos jours.

— La phénothiazine est difficile à trouver. C'est ce que vous voulez dire ?

La jeune fille releva la tête, l'étudia de ses grands yeux nappés d'ombre.

— Oui, Mr. Tchien… (Elle hésitait, visiblement aussi incertaine que les policiers de la Secpol avaient été sûrs d'eux-mêmes.) Dites-moi ce que vous avez vu. Il faut absolument que nous sachions.

— J'avais donc le choix ?

— Euh… oui. Largement même. C'est justement ce qui nous déroute. Nous n'avions rien prévu de la sorte. Personne n'est capable de fournir une théorie. (Ses prunelles parurent s'assombrir encore davantage.) Etait-ce une horrible forme aquatique ? Le monstre couvert d'écailles et de bave ? La forme de vie extraterrestre ? Je vous en supplie, dites-le-moi. Il faut que nous sachions.

Elle respirait avec effort, de façon entrecoupée ; il se surprit à observer le rythme de l'imperméable beige qui se soulevait et retombait.

— Une machine, fit-il.

— Oh ! (Elle baissa le front, hocha vigoureusement la tête.) Je vois, oui. Une structure mécanique sans aucun rapport avec un être humain. Pas du tout une réplique destinée à imiter le corps humain.

— Cela n'avait rien d'un homme, dit-il.

Et il ajouta en son for intérieur : « Et cela était incapable — cela n'essayait même pas en fait — de parler comme un homme. »

— Vous comprenez bien qu'il ne s'agissait pas d'une hallucination.

— J'ai été officiellement informé que la substance en question était une phénothiazine. Voilà tout ce que je sais.

Il préférait en dire aussi peu que possible. Il voulait surtout écouter ce que la fille avait à dire.

— Dans ce cas, Mr. Tchien... (Elle prit une profonde inspiration mal assurée :) Si ce n'était pas une hallucination, qu'est-ce que c'était, alors ? Que reste-t-il ? Ce qu'on appelle l'« extra-conscient »... est-ce que ça pourrait être ça ?

Il ne répondit pas. Tournant le dos, il prit négligemment les deux devoirs d'étudiants dans sa main et se mit à les examiner, l'ignorant délibérément, attendant qu'elle intervienne à nouveau.

A son épaule elle reparut, exhalant une odeur de pluie printanière, une odeur douce et troublée. « Belle à respirer, à regarder et, se dit-il, à écouter parler. Si différente de ces voix stéréotypées qu'on entend à la télévision — que j'entends depuis ma plus tendre enfance. »

— Certains, reprit-elle, de ceux qui prennent de la stélazine — c'est de ce produit, Mr. Tchien, que nous vous avons donné — voient une image ; d'autres une autre. Mais des catégories distinctes ont émergé ; il n'existe pas une infinité de possibilités. Certains ont vu la même chose que vous. Nous appelons ça le Cliqueteur. D'autres le monstre aquatique : le Glouton. Et il y a aussi l'Oiseau, et le Tube Grimpant... (Elle s'interrompit.) Mais certaines réactions ne nous apprennent pas grand-chose. (A nouveau elle hésita, puis se jeta à l'eau.) Maintenant que cela vous est arrivé à vous aussi, Mr. Tchien, nous serions heureux de vous accueillir parmi nous. Dans *votre* groupe. Ceux qui voient la même chose que vous. Vous comprenez, nous cherchons à découvrir ce qu'est en réalité, et... (Elle agita une main aux doigts effilés et lisses comme de la cire.) Ça ne *peut* pas être tout cela à la fois.

Elle disait cela d'une voix poignante, presque naïve. Il sentit sa garde se relâcher — d'un rien.

— Et vous, dit-il. Qu'est-ce que vous voyez?

— Moi, je fais partie du groupe Jaune. Je vois… une tempête. Un ouragan grondant et tourbillonnant qui détruit tout sur son passage, qui réduit en poussière des édifices faits pour durer des siècles. (Elle eut un sourire pâle.) Le Dévastateur. Douze en tout, Mr. Tchien. Douze expériences entièrement différentes, toutes causées par la même phénothiazine, toutes basées sur le Leader en train de parler à la télévision.

Elle leva vers lui un visage souriant, aux longs cils — probablement allongés artificiellement —, au regard engageant, confiant même. Comme si elle était persuadée qu'il savait quelque chose, ou pouvait faire quelque chose.

— Je devrais vous faire arrêter, dit-il enfin.

— Il n'y a aucune loi, pas pour ça. Nous avons soigneusement épluché tous les textes en vigueur avant de… trouver des gens à qui distribuer la stélazine. Nous n'en avons pas tellement. Nous devons choisir avec soin. Il nous a semblé que vous pouviez faire une recrue intéressante… un jeune militant d'après-guerre, consciencieux, ayant déjà fait parler de lui, promis à un brillant avenir dans le Parti… (Elle lui prit des mains les deux dissertations.) Ils vous font pol-tester? demanda-t-elle.

— Pol-tester?

Il ne connaissait pas ce terme.

— Etudier un document écrit ou parlé, afin de déterminer s'il correspond ou non à la ligne actuelle du Parti. (A nouveau, elle sourit.) Quand vous aurez grimpé d'un échelon, aux côtés de Mr. Tso-pin, vous connaîtrez bien cette expression.

Elle ajouta sombrement :

— Et aussi aux côtés de Mr. Pethel. Il est haut, très haut dans la hiérarchie. Mr. Tchien : il n'existe pas d'école idéologique à San Fernando ; ces dissertations d'examen sont des faux, destinés à leur donner un aperçu de *votre* idéologie politique. Et avez-vous pu déterminer laquelle de ces copies est orthodoxe, et laquelle hérétique ? (Son ton s'était fait persifleur, chargé de malice amusée.) Choisissez la mauvaise, et votre carrière prometteuse est stoppée dans l'œuf, compromise définitivement. Choisissez la bonne...

— Et vous connaissez la réponse ?

— Oui. (Elle hocha la tête, à nouveau sérieuse.) Nous avons des microphones dans les bureaux de Mr. Tso-pin. Nous avons pu enregistrer sa conversation avec Mr. Pethel — qui n'est pas Mr. Pethel, mais le Haut Inspecteur de la Secpol Judd Craine. Vous avez peut-être entendu parler de lui ; il siégeait en tant qu'assesseur aux côtés du juge Vorlawsky au procès des criminels de guerre à Zurich en 98.

— Je... vois, articula-t-il avec peine.

— Je m'appelle Tanya Lee, dit la jeune fille.

Il ne répondit pas ; il se contenta de hocher la tête, trop étourdi pour faire fonctionner ses méninges.

— A proprement parler, je ne suis qu'une employée subalterne, fit Miss Lee, dans votre ministère. Vous ne m'avez jamais rencontrée, cependant, tout au moins si ma mémoire est bonne. Nous essayons de détenir des postes clés partout où nous le pouvons ; aussi haut que possible dans la hiérarchie. Ainsi, mon propre chef...

— Est-il bien prudent de me dire tout ça ? (Il désigna le poste de télévision, qui était resté allumé.) Est-ce qu'ils n'enregistrent pas cette conversation ?

— Nous avons introduit un facteur de brouillage à la réception du son et des images de l'immeuble tout entier. Il leur faudra au moins une heure pour en localiser l'origine. Nous avons donc… (elle consulta le minuscule bracelet-montre qui entourait son poignet délicat) encore quinze minutes de sécurité absolue.

— Dites-moi quelle est la copie orthodoxe.

— C'est tout ce à quoi vous vous intéressez ? Vraiment ?

— Et à quoi d'autre devrais-je m'intéresser ?

— Vous ne comprenez pas, Mr. Tchien ? Vous venez d'apprendre quelque chose. Le Leader n'est pas le Leader ; il est autre chose, nous ne savons pas quoi. Pas encore. Mr. Tchien, sans vouloir vous offenser, avez-vous fait analyser l'eau que vous buvez ? Je sais que cela paraît complètement fou ; mais l'avez-vous fait ?

— Non, répondit-il. Bien sûr que non.

Il savait ce qu'elle allait dire.

Miss Lee poursuivit avec flamme :

— Nos tests ont prouvé qu'elle est saturée d'hallucinogènes. D'une espèce entièrement nouvelle, synthétique, différente de ce qui était utilisé pendant la guerre pour désorienter la population. Un dérivé semi-toxique appelé Datrox-3. Vous en buvez partout. Ici même, dans les restaurants, chez les gens à qui vous rendez visite. Vous en buvez au ministère. Toute notre eau potable en est infestée. (Sa voix était empreinte d'une froide et farouche détermination.) Mais ce problème-là, nous l'avons résolu. Nous savions dès le début que n'importe quelle phénothiazine constituerait un antidote suffisant. Ce que nous n'avions pas prévu, naturellement, c'est cette… variété d'expériences authentiques.

Rationnellement, il n'y a aucune explication possible. C'est l'hallucination qui devrait varier avec le sujet et la réalité qui devrait être constante... c'est tout à l'envers. Nous n'avons même pas pu élaborer une théorie cohérente — et Dieu sait si nous avons essayé. Douze hallucinations différentes, cela se comprendrait aisément. Mais une seule hallucination et douze réalités...

Elle cessa de parler, alors, puis parcourut les deux dissertations, le front plissé.

— Celle qui contient le poème arabe est la bonne, décréta-t-elle. Si vous leur dites cela, ils auront confiance en vous et vous aurez votre promotion. Vous serez élevé d'un cran dans la hiérarchie officielle du Parti.

Souriante — ses dents étaient d'une adorable perfection — elle conclut :

— Voyez ce que vous rapporte votre investissement de ce matin. Pour quelque temps, votre carrière est toute tracée devant vous. Et cela grâce à nous.

— Je ne vous crois pas, lâcha-t-il.

Instinctivement, la défiance s'était réveillée en lui, cette défiance acquise au cours de toute une existence parmi les manœuvriers sans scrupules de la section de Hanoï du PC Est. Ils connaissaient une infinité de méthodes pour éliminer un rival encombrant. Ces méthodes, il y avait eu recours quelquefois, ou bien il les avait vues à l'œuvre sur lui-même ou sur d'autres. C'était peut-être quelque stratagème inédit, qu'il ne connaissait pas encore. Il y avait toujours cette possibilité.

— Ce soir, fit Miss Lee, le Leader vous a mentionné dans son discours. Vous ne trouvez pas cela étrange ? Pourquoi vous plutôt qu'un autre ? Pourquoi un simple fonctionnaire subalterne dans un ministère de second ordre ?

— J'admets cela, dit-il. Cela m'a frappé, en effet.

— Ce n'est pas par hasard. Sa Grandeur est en train de constituer un cadre d'élite à partir de nouveaux venus de la génération d'après-guerre, dans l'espoir d'infuser un sang nouveau dans la hiérarchie sclérosée et moribonde des vieux conservateurs du Parti. Sa Grandeur vous a choisi pour la même raison qui nous a fait vous choisir. Poursuivie convenablement, votre carrière peut vous mener au sommet. Du moins pour un temps... Voilà l'explication.

« Ainsi, songea-t-il, à peu près tout le monde a foi en moi. Excepté moi. Et ce n'est sûrement pas maintenant, après avoir fait l'expérience de cette poudre anti-hallucinatoire... » Elle avait ébranlé des années de confiance ; à juste titre, sans aucun doute. Néanmoins, il sentit que son équilibre le regagnait peu à peu ; d'abord par petites vagues successives, puis à grands flots.

Il marcha d'un pas assuré jusqu'au vidphone, souleva l'écouteur et se mit en devoir, pour la seconde fois ce soir, de composer le numéro de la Police de Sécurité d'Hanoï.

— Me dénoncer, déclara Miss Lee, serait l'une des deux mesures rétrogrades que vous pourriez prendre. Je leur dirai que vous m'avez amenée ici pour essayer de me soudoyer ; qu'à cause de la position que j'occupe au ministère, vous pensiez que je pourrais vous dire quelle copie il fallait choisir.

— Et quelle serait l'autre mesure rétrograde ?

— Ne pas prendre une nouvelle dose de phénothiazine, répondit tranquillement Miss Lee.

Tung Tchien raccrocha en songeant : « Je ne comprends pas ce qui m'arrive. Deux forces, le Parti et Sa Grandeur d'un côté — cette fille et son organisation supposée de l'autre. La première veut me voir gravir aussi haut que possible les échelons de la hiérarchie du Parti ; la deuxième... » *Que voulait au juste Tanya Lee?* Au-delà des mots... derrière l'écorce apparente d'un mépris presque futile envers le Parti, le Leader, les valeurs éthiques du Front démocratique populaire uni, quelles étaient ses motivations par rapport à lui ?

Il demanda, curieux :

— Etes-vous anti-Parti ?

— Non.

— Mais... (Il fit un geste vague.) C'est tout ce qu'il y a, Parti et anti-Parti. Vous êtes pour le Parti, alors.

Décontenancé, il la dévisagea. Elle lui retourna son regard sans ciller.

— Vous avez une organisation, fit-il, et vous vous réunissez secrètement. Qu'avez-vous l'intention de détruire ? Le fonctionnement normal du gouvernement ? Etes-vous comme ces étudiants américains, traîtres à leur pays, qui pendant la guerre du Vietnam arrêtaient les trains transportant les recrues et manifestaient...

— Vous déformez les choses, fit Miss Lee patiemment. Mais peu importe ; ça n'a rien à voir avec notre problème. Nous voulons savoir ceci : Par qui, ou par quoi, sommes-nous gouvernés ? Notre but immédiat est de nous assurer la confiance d'un jeune théoricien du Parti destiné à accéder un jour aux plus hautes sphères et ayant vraisemblablement une chance de rencontrer le Leader en tête à tête... vous comprenez ?

Sa voix s'était élevée d'un cran ; elle consulta sa montre, visiblement anxieuse de s'en aller : les quinze minutes étaient presque écoulées.

— Peu de gens, comme vous le savez, ont l'occasion de voir le Leader. Je veux dire en chair et en os.

— C'est dû à son âge avancé.

— Nous espérons, poursuivit Miss Lee, que si vous passez avec succès le faux test auquel ils sont en train de vous soumettre — et avec mon aide c'est déjà fait — vous serez invité à l'une de ces « réunions entre hommes » que le Leader organise périodiquement et dont les journaux, évidemment, ne font jamais mention. Vous saisissez, à présent ? (Elle poursuivit, de sa voix pathétique et aiguë :) Alors, nous saurions, si vous pouviez y aller sous l'influence de la drogue anti-hallucinogène ; si vous pouviez l'apercevoir face à face tel qu'il est dans la réalité…

Formulant à haute voix ses pensées, il acheva :

— Et mettre un terme à ma carrière bureaucratique. Sinon à mon existence.

— Vous nous devez bien quelque chose, lança Tanya Lee, les pommettes blanches. Si je ne vous avais pas dit quelle dissertation choisir, vous auriez choisi la mauvaise et votre chère carrière serait de toute façon à l'eau. Vous auriez échoué — échoué à un test que vous ne saviez même pas que vous étiez en train de passer !

Faiblement, il protesta :

— J'avais une chance sur deux.

— Non ! (Elle secoua farouchement la tête.) La copie hérétique est truffée de jargon du Parti. Les deux textes ont été délibérément construits pour vous induire en erreur. Ils *voulaient* vous faire échouer !

Une fois de plus, il examina les deux documents, embarrassé. Disait-elle la vérité ? Peut-être. Sûrement. Cela sonnait vrai quand on connaissait, comme lui, les fonctionnaires du Parti, et Tso-pin, son supérieur hiérarchique, en particulier. Il se sentit soudain las. Découragé. Au bout d'un moment il dit à la fille :

— Vous affirmez que j'ai contracté une dette envers vous. Vous m'avez rendu service en me donnant — ou en prétendant me donner — la bonne réponse à la question du Parti. Mais maintenant que je l'ai, qu'est-ce qui m'empêche de vous flanquer dehors avec perte et fracas ? Je ne me sens pas votre obligé pour deux sous.

Il entendit sa voix débiter cette plate tirade avec l'absence d'emphase émotionnelle qui caractérisait si souvent les milieux officiels du Parti.

— Il y aura d'autres épreuves, au fur et à mesure que vous vous élèverez, déclara Miss Lee. Et nous serons là pour continuer à vous guider.

Elle était calme, parfaitement à son aise. Il était visible qu'elle avait attendu une réaction de ce genre.

— Laissez-moi le temps d'y réfléchir, dit-il.

— Je vais vous laisser maintenant. Nous ne sommes pas pressés. Vous n'allez probablement pas recevoir d'invitation à la villa du Leader dans la semaine, ni même dans le mois qui vient. (Elle alla ouvrir la porte, marqua un temps d'arrêt.) Chaque fois qu'ils vous soumettront à un de ces tests camouflés, nous établirons le contact pour vous fournir les réponses — vous aurez ainsi l'occasion de rencontrer une ou plusieurs autres personnes de notre organisation. Probablement pas moi. C'est cet ancien combattant invalide qui vous fera passer dans sa marchandise les réponses adéquates à la sortie du ministère. (Elle eut un sourire fugace.) Mais un jour, n'en doutez pas, et plus tôt que vous ne le pensez, vous serez convié poliment, officiellement, en bonne et due forme, à vous rendre à la villa du Fleuve Jaune. Et quand vous irez vous serez bourré de stélazine — probablement tout ce qui subsistera de nos maigres réserves. Adieu.

La porte se referma derrière elle. Elle était partie.

« Seigneur, songea-t-il. Ils pourraient me faire chanter. Et elle ne s'est même pas donné la peine d'en parler ; par rapport à ce qui est en jeu, ça ne valait même pas la peine d'être mentionné. »

Mais le faire chanter pour quoi ? Il avait déjà dit à ceux de la Secpol qu'on lui avait fait prendre une drogue, et cette drogue s'était avérée être de la phénothiazine. « *Ils savent donc*, réalisa-t-il. Ils me feront surveiller ; ils doivent être sur le qui-vive. Techniquement, je n'ai enfreint aucune loi, mais... c'est sûr qu'ils m'auront à l'œil. »

De toute façon, ils étaient toujours sur le qui-vive. Il se calma un peu, à cette pensée. Avec les années, il avait fini par s'accoutumer, virtuellement, à cet état de choses. Comme tout le monde.

« Je verrai le Bienfaiteur Absolu du Peuple tel qu'il est en réalité, se dit-il. Je serai le premier, même, peut-être. Et qu'est-ce que ce sera ? Laquelle de ses formes non hallucinatoires revêtira-t-il ? Une forme dont j'ignore absolument tout... dont la seule vue pourrait me rendre fou. Comment ferai-je pour tenir jusqu'au bout, jusqu'à la fin de la soirée, si cela ressemble à la chose que j'ai vue sur l'écran de TV ? Le Cliqueteur ; l'Oiseau ; le Dévastateur ; le Tube Grimpant... ou pire. »

Il était curieux de savoir en quoi consistaient les autres apparitions... mais préféra abandonner ce genre de spéculations. Cela ne conduisait à rien. Et c'était trop déprimant.

Le lendemain matin, Mr. Tso-pin et Mr. Pethel lui rendirent ensemble visite à son bureau, visiblement impatients sous des dehors sereins. Sans mot dire, il leur tendit l'une des deux « dissertations d'examen ». L'orthodoxe, celle qui contenait le poignant petit poème arabe.

— Ceci, dit Tchien sèchement, a été rédigé par un authentique membre du Parti, ou candidat du Parti. L'autre... (Il frappa d'un geste méprisant le second document.) Pourriture réactionnaire. (Il sentit la colère l'envahir.) Malgré un vernis...

— Très bien, très bien, Mr. Tchien, fit Darius Pethel en hochant la tête. Nous n'avons pas besoin d'entrer dans les détails. Votre analyse est correcte. Je présume que vous avez écouté hier soir le passage de l'allocution télévisée du Leader où il était question de vous ?

— Certainement, dit Tchien.

— Et vous en avez probablement conclu, poursuivit Pethel, que ce que nous sommes en train d'accomplir ici ouvre la porte à de grandes choses. Le Leader a les yeux sur vous ; cela est clair. En fait, il m'a déjà fait contacter à votre sujet. (Il ouvrit son volumineux porte-documents et y plongea la main.) Je ne sais pas où j'ai mis ce fichu papier. En tout cas... (Il lança un coup d'œil à Tso-pin, qui acquiesça d'un léger signe de tête). Sa Grandeur souhaiterait votre présence à la soirée qu'elle organise jeudi prochain dans sa villa de la vallée du Yang-tsé. Mrs. Fletcher apprécie particulièrement...

— Mrs. Fletcher? interrompit Tchien. Qui est Mrs. Fletcher?

Après un instant de silence, Tso-pin expliqua sèchement :

— C'est la femme du Bienfaiteur Absolu. Il s'appelle — naturellement, vous n'avez jamais entendu son nom — Thomas Fletcher.

— C'est un Caucasien, intervint Pethel. Issu du Parti Communiste néo-zélandais. Il a pris une part active au redressement du pays dans la situation difficile d'après-guerre. Ce n'est pas à proprement parler un secret, mais d'un autre côté nous n'avons jamais tenu à ébruiter la chose. (Il hésita, jouant avec sa chaîne de montre.) Il vaut mieux oublier cela. Bien entendu, dès que vous vous trouverez en sa présence, cela vous sautera aux yeux. Le fait que ce soit un Caucasien. Tout comme moi. Tout comme un grand nombre d'entre nous.

— L'origine raciale, fit remarquer Tso-pin, n'a rien à voir avec le dévouement au Leader et au Parti. Témoin Mr. Pethel ici présent.

« Mais, se dit Tchien, déconcerté, le Leader n'avait pas du tout, sur l'écran de TV, le type occidental. »

— A la télévision... commença-t-il à dire.

— L'image, interrompit Tso-pin, est soumise à tout un assortiment de raffinements techniques. Pour des motifs idéologiques. La plupart de ceux qui occupent un poste élevé dans la hiérarchie savent cela.

Il lança à Tchien un regard dépourvu de toute aménité.

« Ainsi personne ne songe à le nier, se dit Tchien. Ce que nous voyons tous les soirs n'est pas la réalité. La question est de savoir à quel point cette réalité est déformée : Partiellement ? Ou... totalement ? »

— Je serai prêt, fit-il d'une voix tendue.

Et il songea : « Il y a eu un accroc quelque part. Ils ne s'attendent pas — le groupe que Tanya Lee représente — à ce que j'entre en scène si tôt. Où est l'anti-hallucinogène ? Pourront-ils me le faire parvenir ou pas ? Probablement pas dans un délai si court. »

Il se sentit, étrangement, libéré d'un poids. Il se présenterait devant le Leader en état de le voir comme un être humain, comme il le voyait — ainsi que tout le monde — à la télévision. Ce serait une soirée agréable et enrichissante, à laquelle assisteraient quelques-uns des membres du Parti les plus influents d'Asie. « Après tout, on se passera très bien de phénothiazine », pensa-t-il. Et son impression de soulagement s'accrut.

— La voici quand même, fit soudain Pethel en sortant une enveloppe blanche de son porte-documents. Votre invitation. Une sino-fusée vous conduira à la villa du Leader jeudi matin. Là, l'officier du protocole vous expliquera ce qu'il faut faire. L'habit est de rigueur, cravate blanche et queue-de-pie, mais l'atmosphère sera cordiale. Il y a toujours un grand nombre de toasts. (Et il ajouta :) Personnellement, j'ai déjà assisté à deux de ces réunions privées. Mr. Tsopin... (il eut un sourire grinçant) n'a jamais été honoré de pareille façon. Mais comme on dit, tout arrive à qui sait attendre. C'est Benjamin Franklin qui a dit cela.

— C'est même arrivé un peu prématurément dans le cas de Mr. Tchien, fit Tso-pin. (Il haussa philosophiquement les épaules.) Mais jamais, à aucun moment, on ne m'a demandé mon avis.

— Une chose, cependant, dit Pethel en s'adressant à Tchien. Il est possible que lorsque vous vous trouverez en présence de Sa Grandeur, vous soyez déçu par certains détails. Veillez surtout, le cas échéant, à ne laisser transparaître aucun de vos sentiments. Nous avons de tout temps été portés — habitués — à voir en lui un peu plus qu'un homme. Ne vous étonnez pas s'il se livre à table à quelques excès verbaux, s'il boit un peu trop ou s'il lance par exemple une plaisanterie scabreuse... Pour parler franchement, on ne sait jamais quelle tournure ces choses-là peuvent prendre. Mais ce qui est sûr, c'est qu'elles se prolongent généralement fort tard dans la matinée du jour suivant. C'est pourquoi vous seriez avisé d'accepter la dose d'amphétamine que l'officier du protocole vous proposera.

— Ah? fit Tchien.

C'était nouveau pour lui. Et intéressant.

— Pour ménager vos forces. Et contrebalancer les effets de l'alcool. Sa Grandeur est dotée en effet de remarquables capacités d'endurance. Il arrive fréquemment que le Leader soit debout, et qu'il en redemande, après que tous les autres ont déclaré forfait.

— Un homme remarquable, renchérit Tso-pin. Pour moi, de tels... penchants sont de nature à faire ressortir ses qualités profondément humaines, son amour de la vie. Il me fait penser à un homme de la Renaissance, comme, par exemple, Laurent de Médicis.

– C'est en effet la comparaison qui vient à l'esprit, dit Pethel.

Il étudia ensuite Tchien avec une telle acuité que celui-ci eut froid dans le dos. Ses appréhensions de la veille lui revinrent. « Est-ce encore un piège qu'on est en train de me tendre ? se demanda-t-il. Cette fille... était-ce en réalité un agent provocateur de la Secpol envoyé pour sonder ma loyauté au Parti ? »

« Je crois, décida-t-il, qu'il vaut mieux essayer d'éviter ce camelot cul-de-jatte en sortant du travail. Je prendrai un itinéraire totalement différent pour rentrer à mon conapt. »

Son plan réussit. Il évita le marchand d'herbes médicinales ce jour-là, puis le lendemain, et ainsi de suite jusqu'au jeudi.

Le jeudi matin, le camelot surgit brusquement sur sa planche à roulettes de derrière un camion en stationnement et lui barra la route.

– Mon remède ? demanda le camelot. A-t-il fait l'effet désiré ? Je suis sûr que oui. La formule remonte à la dynastie des Sung. J'en suis sûr... pas vrai ?

– Laissez-moi passer, dit Tchien.

– Ayez la bonté de me répondre.

Ce n'était plus l'intonation habituelle, attendue, d'un marchand ambulant opérant à la sauvette. Tchien s'aperçut du changement.

– Je sais ce que vous m'avez donné, dit-il. Et ça ne m'intéresse plus. Si je change d'avis, j'irai en acheter dans une pharmacie. Merci.

Il continua son chemin mais le véhicule à roulettes le suivit avec son occupant.

— Miss Lec m'a raconté, cria le camelot.

— Humm, fit Tchien en allongeant le pas automatiquement.

Apercevant un hovertaxi, il commença à lui faire signe.

— C'est ce soir que vous allez à la villa du fleuve Yang-tsé, fit le camelot essoufflé par l'effort. Prenez donc mon remède ! (Il lui tendit un sachet d'un air implorant.) S'il vous plaît, camarade Tchien ; pour votre bien, pour nous tous. Pour que nous sachions à quoi nous avons affaire. Grand Dieu ! si c'était un extraterrestre : c'est surtout de cela que nous avons peur. Ne comprenez-vous pas, Tchien ? Qu'est-ce que c'est que votre misérable carrière à côté de tout ça ? Si nous n'arrivons pas à savoir...

Le taxi s'immobilisa sur la chaussée dans un léger rebond. La portière coulissa. Tchien se prépara à grimper à bord.

Le sachet fendit l'air, atterrit sur le marchepied du taxi puis glissa dans le caniveau encore humide des pluies toutes récentes.

— Je vous en prie, supplia le camelot. Et ça ne vous coûtera rien ; aujourd'hui c'est gratuit. Ramassez-le, prenez-le avant la soirée. Et n'absorbez surtout pas d'amphétamine. C'est un stimulant thalamique contre-indiqué lorsqu'un inhibiteur surrénal tel que la phénothiazine...

La portière du taxi se referma sur Tchien. Il s'assit.

— Où voulez-vous aller, camarade ? demanda le robot-pilote.

Tchien lui donna le numéro de code-ident de son conapt.

— Ce demeuré de camelot a réussi à introduire sa miteuse marchandise dans mon intérieur propret, articula le taxi. Voyez ; elle repose à votre pied.

Il vit le sachet… rien qu'une petite enveloppe à l'aspect anodin. C'est ainsi, se dit-il, que la drogue vient à vous. Tout d'un coup, elle se trouve là, et c'est tout. Il resta un long moment immobile, puis ramassa le sachet.

Comme la dernière fois, il y avait quelques mots au recto et au verso du sachet ; mais cette fois-ci ils étaient tracés à la main. D'une écriture féminine : celle de Miss Lee.

C'est arrivé plus tôt que nous ne le pensions ; grâce au ciel, nous étions préparés. Mais où étiez-vous mardi et mercredi derniers ? En tout cas, voilà, et bonne chance. Je vous contacterai dans le courant de la semaine. N'essayez pas de me retrouver.

Il brûla la note et la laissa achever de se consumer dans le cendrier du taxi.

Mais il conserva les grains noirs.

« Depuis tout ce temps, songea-t-il. Nos réserves d'eau polluées par des hallucinogènes. Pendant des années. Des dizaines d'années sans doute. En pleine période de paix. Et dans notre propre camp, pas celui de l'adversaire. Les sombres canailles, se dit-il. J'ai presque envie de prendre cette drogue, pour voir de quoi il retourne et en informer les amis de Tanya. »

« D'ailleurs, je le ferai », décida-t-il. Et puis… il était curieux.

Un dangereux défaut, il ne l'ignorait pas. La curiosité, surtout en ce qui concernait les affaires du Parti, était le moyen idéal de saborder sa propre carrière.

Il se demandait si sa résolution durerait

jusqu'au soir; si le moment venu il aurait le courage d'inhaler la drogue inhibitrice.

Le temps lui donnerait la réponse. Celle-là et les autres. « Nous sommes des fleurs, se dit-il, dans une plaine, qu'il arrache une par une. Comme disait le poète arabe. » Il essaya de se rappeler le reste du poème, mais n'y parvint pas.

C'était probablement aussi bien comme ça.

Le chef du protocole de la villa, un Japonais nommé Kimo Okubara, visiblement un ancien catcheur, le toisa avec une hostilité non dissimulée, même après qu'il eut présenté son invitation et réussi à prouver son identité.

— Pas la peine de vous déranger, grogna Okubara. Pourquoi pas rester chez vous et regarder télévision ? Personne vous regrettera. On s'est très bien passé de vous jusqu'à cette minute même.

D'une voix glacée, Tchien répondit :

— J'ai déjà vu ces choses à la télévision.

De toute façon les soirées de ce genre étaient rarement retransmises; elles étaient trop grivoises.

Les hommes d'Okubara le fouillèrent de fond en comble pour s'assurer qu'il ne dissimulait aucune arme, puis lui rendirent ses habits. Ils ne trouvèrent pas la phénothiazine, cependant. Car il l'avait déjà prise. Il savait que l'effet de la drogue durait environ quatre heures; ce serait largement suffisant. Et puis Tanya lui avait dit que la dose était forte. Il se sentait pataud et inepte et un peu groggy, et sa langue était agitée de spasmes pseudo-parkinsoniens, effet secondaire qu'il n'avait pas prévu.

Une fille, nue à partir de la taille, les épaules et le dos couverts d'une longue chevelure aux reflets cuivrés, passa devant lui. Intéressant.

Venant de l'autre côté, une fille nue à partir du bas fit son apparition. Intéressant également. Les deux filles avaient une expression d'ennui blasé et indifférent, mais semblaient disposer de tous leurs esprits.

— Vous entrez comme ça aussi, fit Okubara en s'adressant à Tchien.

Celui-ci sursauta.

— J'avais cru... cravate blanche et queue-de-pie.

— C'était pour rire, dit Okubara. A vos dépens. Seulement les femmes vêtues ainsi. Vous aussi aimer ça, sauf si homosexuel.

« Bon, se dit Tchien, autant aimer ça. » Il se joignit à la foule des invités — tout comme lui, ils portaient cravate blanche et queue-de-pie ou, pour les femmes, robe longue descendant jusqu'à terre — et se sentit mal à l'aise, malgré l'effet tranquillisant de la stélazine. « Pourquoi suis-je ici ? » se demanda-t-il. Le caractère ambigu de la situation où il se trouvait ne lui échappait aucunement. Il était là pour faire avancer sa carrière dans l'appareil du Parti. Pour recevoir l'approbation intime, personnelle, du Leader... mais il était là aussi pour démasquer Sa Grandeur en tant qu'usurpateur : usurpateur envers le Parti et envers les peuples de la Terre épris de paix et de démocratie. « Quelle ironie », pensa-t-il. Et il continua à avancer parmi les invités.

Une fille aux seins menus, brillants, entourés d'un halo, s'avança pour lui demander du feu. Il sortit machinalement son briquet.

— Qu'est-ce qui fait briller vos seins? demanda-t-il. Des piqûres radioactives?

Elle haussa les épaules sans répondre, puis passa son chemin, le laissant seul. Il avait dû dire quelque chose qu'il ne fallait pas.

Peut-être une mutation remontant à la guerre, médita-t-il.

— Désirez-vous quelque chose à boire, monsieur ?

Un garçon lui présentait gracieusement un plateau. Il prit un martini — cocktail alors en faveur dans les hautes sphères du Parti en Chine Populaire — et savoura à petites gorgées le liquide parfumé et glacé. « Authentique gin anglais, apprécia-t-il intérieurement. A moins que ce ne soit la préparation hollandaise originale ; avec du genièvre ou je ne sais quoi. Pas mauvais. » Il continua d'avancer. Il se sentait mieux. En vérité, il trouvait l'atmosphère fort agréable. Tous ces gens étaient emplis d'assurance. Ils avaient réussi, et maintenant ils pouvaient se permettre un peu de détente. Ce n'était évidemment qu'un mythe qui courait, selon lequel la proximité de Sa Grandeur mettait les gens dans un état d'anxiété quasi névrotique. En tout cas, il n'en voyait pas d'exemple parmi l'assistance ; et lui-même ne ressentait pratiquement aucun effet de ce genre.

Un petit homme trapu, chauve, assez âgé, l'arrêta au passage simplement en bloquant son verre contre sa poitrine.

— Cette petite mignonne qui vous a demandé du feu, glousse-t-il. Celle qui a des nénés en boules de sapin de Noël... en réalité c'est un homme, travesti. (Il ricana.) Il faut faire gaffe, ici.

— Et où, demanda Tchien, trouve-t-on les vraies femmes ? Derrière les cravates et les queues-de-morue ?

— Pourquoi pas ? repartit le petit homme en disparaissant au milieu d'un groupe d'invités particulièrement animé.

Tchien resta seul avec son martini. Une jolie femme, grande, élégamment vêtue, qui se tenait près de lui, lui agrippa soudain la manche. Tchien sentit les doigts se crisper sur son bras lorsqu'elle chuchota :

– Le voilà. C'est Sa Grandeur. Pour moi c'est la première fois ; j'ai un peu peur. Est-ce que mes cheveux sont en place ?

– Parfait, dit Tchien d'un air absorbé.

Suivant le regard de sa voisine, il essayait d'apercevoir – pour la première fois – le Bienfaiteur Absolu.

Ce qui traversait la pièce en direction de la table centrale n'était pas un être humain.

Ce n'était pas non plus un assemblage mécanique. Rien de commun avec ce que Tchien avait vu à la télévision et qui ne servait probablement qu'à diffuser ses discours, de même que jadis Mussolini s'était servi d'un bras mécanique pour saluer de mornes et interminables défilés.

« Seigneur ! » songea-t-il, en proie à une violente nausée. Etait-ce là ce que Tanya Lee appelait le « monstre aquatique » ? Cela n'avait aucune forme ; aucun pseudopode, ni de chair ni de métal. Cela n'avait, dans un sens, même pas de véritable présence. Chaque fois qu'il réussissait à la regarder directement, la chose disparaissait. Il voyait à travers, il voyait les gens de l'autre côté – mais pas elle. Et cependant, s'il détournait la tête, s'il lui lançait un regard en biais, il pouvait à peu près déterminer ses contours.

C'était un terrible et insupportable spectacle, dont l'horreur l'assaillait par tous ses sens. Cela se déplaçait au milieu des invités assemblés, absorbant au passage la substance vitale de chacun d'entre eux, se nourrissant d'eux avec un appétit vorace, inextinguible. Cela haïssait; cela exécrait. Tchien sentit le déferlement de haine et d'exécration – partagea, en fait, cette exécration dirigée contre tous les assistants. Et tout à coup il devint, en même temps que les autres invités de la luxueuse villa, une immonde et visqueuse limace, tandis que sur un tapis grouillant de formes baveuses à demi broyées la créature se vautrait, jouissant, prenant son temps, mais sans cesser un instant de se diriger droit sur Tchien… ou était-ce une illusion ? « Si c'est une hallucination, se dit-il, elle est pire que toutes celles que j'ai connues. Sinon, c'est la réalité dans toute son horreur, c'est un être abominable qui massacre et mutile. » Il aperçut l'horrible sillage des corps écrasés, macabre bouillie faite de débris d'hommes et de femmes qui essayaient de se réassembler, de faire mouvoir leurs corps déchiquetés; il les entendit essayer de parler.

« Je sais qui tu es, songea Tung Tchien. Toi le chef suprême du Parti à l'échelle mondiale. Toi qui détruis toute vie que tu touches; tu es celui du poème arabe, qui cueille les fleurs de la vie pour les dévorer. Je te vois à califourchon sur cette simple plaine qu'est pour toi la Terre, plaine sans creux ni monts. Tu es partout à la fois, tu apparais quand tu veux, tu te repais de n'importe quoi. Tu fabriques la vie, tu t'en nourris comme un goinfre, et tu aimes ça. »

Il pensa : « Tu es Dieu. »

– Mr. Tchien, fit la voix, mais elle provenait de l'intérieur de sa tête et non de l'entité sans bouche dont les contours fluctuaient sans cesse devant lui.

« Heureux de vous rencontrer à nouveau. Vous ne savez rien du tout. Allez-vous-en. Vous ne m'intéressez pas. Que m'importe la fange ? La fange, je m'y vautre, je l'excrète, et c'est mon bon plaisir. Je pourrais vous briser ; je pourrais me briser moi-même. J'ai des cailloux pointus sous mon ventre ; je tapisse la fange d'objets pointus. Je fais bouillonner les endroits secrets, les cachettes reculées ; pour moi l'océan est un onguent. Les paillettes de ma chair communiquent avec tout. Vous êtes moi. Je suis vous. Cela ne fait aucune différence, de même qu'il est indifférent que la créature aux seins phosphorescents soit une fille ou un garçon. Vous pourriez apprendre à aimer les deux.

Et la voix éclata de rire.

Il ne pouvait pas croire qu'elle s'adressait à lui ; il ne pouvait pas imaginer — c'était trop terrible — qu'elle l'avait choisi.

— J'ai choisi tout le monde, dit-elle. Personne n'est trop petit. Chacun tombe et meurt et je suis là pour regarder. C'est automatique. C'est préordonné.

Et la chose cessa de lui parler ; elle se désassembla. Mais il continuait à la voir ; il sentait son omniprésence. C'était une sphère en suspens dans la pièce, pourvue de cinquante mille yeux, d'un million... de plusieurs milliards d'yeux : un par objet vivant dont elle attendait la chute et qu'elle piétinait tandis qu'il gisait, disloqué. Et c'était pour cela qu'elle l'avait créé, et elle le savait, et elle comprenait. Ce qui dans le poème arabe avait ressemblé à la mort n'était pas la mort mais Dieu. Ou plutôt, Dieu était la mort, l'unique force destructrice, cannibale, qui « trébuchait » indéfiniment mais pouvait se le permettre, ayant toute l'éternité pour cela. « Et pas seulement le poème arabe, se dit-il. Celui de Dryden également. Le "spectacle croulant" : c'est toi qui l'ordonnes ; qui le déformes à ta guise ; qui fais de nous tes créatures aveugles et soumises.

« Mais au moins, pensa-t-il, il me reste ma dignité. » Dignement, il posa son verre, se retourna, marcha vers l'extrémité de la salle. Il franchit la porte à double battant, prit un long corridor recouvert de tapis. Un domestique de la villa en livrée pourpre lui ouvrit une autre porte. Il se retrouva à l'air libre, sur une terrasse, seul dans l'obscurité de la nuit.

Ou plutôt pas seul.

La présence l'avait suivi ; ou peut-être précédé. Elle l'avait attendu, oui, car elle n'en avait pas tout à fait fini avec lui.

— J'aime mieux ça, dit-il, et il enfourcha la balustrade.

Il y avait six étages, et tout en bas les eaux noires du fleuve, et la mort, la vraie mort, non pas la vision du poète arabe.

Au moment où il se lâchait, une extension de la créature s'enroula autour de son épaule.

— Pourquoi ? dit-il.

Mais il ne résista pas, intrigué, cherchant à comprendre, vainement.

— N'allez pas faire ça à cause de moi, dit-elle.

Il ne pouvait pas la voir, car elle avait reculé dans l'obscurité. Mais cette partie d'elle, sur son épaule… cela avait commencé à ressembler à une main humaine.

La créature se mit à rire.

— Qu'est-ce qu'il y a de si drôle ? demanda-t-il, toujours en équilibre sur la balustrade, retenu par la pseudo-main.

— Vous voudriez faire le travail à ma place,

dit la voix. Vous ne pouvez pas attendre ? Vous serez choisi comme les autres. Vous n'avez aucun besoin de précipiter les choses.

— Et si je le faisais tout de même ? Par aversion pour vous ?

La voix se mit à rire. Sans faire de réponse.

— Vous ne voulez même pas me dire, fit-il.

A nouveau, pas de réponse. Il se prépara à repasser de l'autre côté de la balustrade ; aussitôt, la pression de la pseudo-main disparut.

— Vous avez fondé le Parti ? demanda-t-il.

— J'ai tout fondé. J'ai fondé l'anti-Parti, et le Parti qui n'est pas un Parti, et ceux qui sont pour, et ceux qui sont contre, ceux que vous appelez les impérialistes yankees, ceux qui sont dans le camp de la réaction, et ainsi de suite, indéfiniment. C'est moi qui ai tout fondé. Tout. Comme de vulgaires brins d'herbe.

— Et vous êtes là pour vous divertir de tout ça ? demanda-t-il.

— Ce que je veux, c'est que vous me voyiez tel que je suis, tel que vous êtes en train de me voir, et que vous me fassiez confiance.

— Confiance ? dit-il, les lèvres tremblantes. Confiance pour faire quoi ?

— Est-ce que vous croyez en moi ?

— Oui. Je vous vois.

— Alors retournez à votre travail au ministère. Dites à Tanya Lee que vous avez vu un vieillard surmené, ventripotent, qui boit avec excès et qui aime à pincer les fesses des jolies filles.

— Oh ! Seigneur ! fit-il.

— Vous vivrez, continua la voix, sans pouvoir vous arrêter, et je vous tourmenterai ; je vous priverai, peu à peu, de tout ce que vous possédez ou convoitez. Et une fois que vous serez mort et en miettes, je vous révélerai un mystère.

— Quel mystère ?

— Les morts vivront, les vivants mourront. Je tue ce qui vit ; je sauve ce qui est mort. Et je vais vous dire une chose : *il y a pire que moi*. Mais vous ne saurez jamais quoi, car je vous aurai tué avant. Et maintenant retournez à la salle à manger et préparez-vous pour le dîner. Ne cherchez pas à discuter ce que je fais ; je l'ai fait bien avant qu'il y ait eu un Tung Tchien, et je le ferai bien après.

Il frappa la chose aussi fort qu'il put.

Et il ressentit une violente douleur à l'intérieur de son crâne.

Puis l'obscurité ; avec une sensation de chute libre.

Et, à nouveau, l'obscurité. Il pensa : « Je t'aurai. Je m'arrangerai pour que tu meures aussi. Pour que tu souffres ; tu souffriras comme nous, tu connaîtras les mêmes affres que nous ; je consacrerai mon existence à cela ; nous nous retrouverons, et je t'anéantirai ; je jure que je t'anéantirai d'une façon ou d'une autre. Et tu auras mal. Autant que j'ai mal en ce moment. »

Il ferma les yeux.

Brutalement, il se sentit secoué. Il entendit la voix de Kimo Okubara :

— Debout, sale ivrogne. Allons !

Sans ouvrir les yeux, il demanda :

— Appelez-moi un taxi.

— Taxi déjà arrivé. Vous reconduire chez vous. Disgracieux personnage. Vous donner hystériquement en spectacle.

Se mettant debout en tremblant, il ouvrit les yeux, se tâta. « Notre Leader qui nous commande, se dit-il, est l'Authentique et Unique Dieu. Et l'ennemi que nous combattons et avons combattu est également Dieu. Ils ont raison ; il est partout. Mais je ne comprenais pas jusqu'ici ce que cela voulait dire. » Il dévisagea l'officier du protocole en pensant : « Toi aussi, tu es Dieu. Il n'y a donc pas d'issue ; même pas en faisant le grand saut, probablement. Comme j'ai voulu le faire, instinctivement. » Il frissonna.

— Mélanger alcool avec drogue, fit Okubara d'un ton méprisant, ruine carrière. J'ai vu ça arriver beaucoup de fois. Filez.

En titubant, il se dirigea vers le portail central de la villa. Deux valets, habillés en chevaliers du Moyen Age et coiffés de chapeaux empanachés, lui ouvrirent cérémonieusement la grille et l'un d'eux lui dit :

— Bonsoir, monsieur.

— Va te faire voir, dit Tchien, et il s'enfonça dans la nuit.

A 3 heures moins le quart du matin, alors qu'il était assis, n'ayant pu trouver le sommeil, dans le living-room de son conapt, fumant un Cuesta Rey Astoria après l'autre, on frappa un coup à sa porte.

C'était Tanya Lee, frileusement enveloppée dans son trench-coat, le regard brûlant et inquisiteur.

— Ne me regardez pas comme ça, dit-il rudement. (Son cigare s'était éteint ; il le ralluma.) On m'a assez regardé pour aujourd'hui.

— Vous l'avez vu ? dit-elle.

Il fit un signe de tête affirmatif.

Elle s'assit sur le bras du canapé et au bout d'un moment demanda :

— Vous voulez m'en parler?

— Partez loin d'ici, dit-il. Allez le plus loin possible.

Puis il se rappela : aucune distance n'était suffisante; il se rappela avoir lu ça quelque part, également.

— A quoi bon? fit-il; et il se leva lourdement pour aller dans la cuisine préparer du café.

Tanya Lee le suivit.

— C'était... terrible à ce point?

— Nous ne pouvons pas gagner, dit Tchien. Vous n'avez aucune chance; parce que moi je ne suis pas dans le coup. Tout ce que je demande, c'est de conserver mon poste au ministère et d'oublier tout ça. Oublier le plus vite possible.

— C'est un extra-terrestre?

— Oui.

Il hocha la tête avec emphase.

— Hostile?

— Oui, dit Tchien. Non. Tous les deux. Plutôt hostile.

— Alors il nous faudra...

— Rentrez chez vous, dit-il. Et essayez de dormir.

Il l'examina attentivement; il était assis là depuis longtemps et il avait eu l'occasion de réfléchir. A pas mal de choses.

— Etes-vous mariée?

— Non. Plus maintenant. Mais je l'ai été.

— Restez avec moi cette nuit, dit-il. Ou ce qu'il en reste. Jusqu'à ce que le soleil se lève, ajouta-t-il. C'est la nuit la plus difficile.

— Entendu, je reste, dit Tanya en défaisant la boucle de son imperméable. Mais il faudra me donner quelques réponses.

— Qu'entendait Dryden, demanda Tchien,

par *la musique désaccordera le ciel*? Je ne saisis pas. Qu'est-ce que la musique fait au ciel?

— C'est la fin de l'ordre céleste de l'univers, expliqua Tanya en rangeant son imperméable dans la penderie de la chambre à coucher; elle portait en dessous un sweater à rayures orange et un pantalon fuseau.

— Et c'est grave? dit-il.

Elle médita un instant.

— Je ne sais pas. J'imagine, oui.

— C'est attribuer un grand rôle, dit-il, à la musique.

— Vous connaissez ce vieux truc de Pythagore sur la *musique des sphères*.

Machinalement, elle s'assit au bord du lit pour ôter ses mocassins.

— Et vous croyez à ça? demanda Tchien. Est-ce que vous croyez en Dieu?

— Dieu! (Elle éclata de rire.) C'est aussi démodé que le treuil à vapeur! De quoi parlez-vous? Dieu avec une majuscule?

Elle s'approcha de lui, tout près, scrutant son visage avec attention.

— Ne me regardez pas de cette façon, fit-il aigrement en reculant. Je ne veux plus qu'on me regarde, plus jamais.

Il s'éloigna d'un air irrité.

— A mon avis, dit Tanya, s'il y a un Dieu, Il se fiche pas mal des affaires des hommes. C'est ma théorie, en tout cas. Je veux dire qu'il Lui est parfaitement égal que ce soit le mal qui triomphe, ou que les gens ou les animaux souffrent ou crèvent. Franchement, je ne vois pas Sa place parmi nous, et le Parti a toujours rejeté toute forme de...

— Est-ce que vous L'avez vu? demanda Tchien. Lorsque vous étiez enfant?

— Oh ! bien sûr, quand j'étais enfant. Mais je croyais aussi...

— Vous est-il jamais arrivé de penser, reprit-il, que le bien et le mal désignent en réalité la même chose ? Que Dieu pourrait être en même temps, à la fois, bon et mauvais ?

— Je vais vous servir à boire, fit Tanya en allant nu-pieds jusqu'à la cuisine.

— Le Dévastateur. Le Cliqueteur. Le Glouton. L'Oiseau et le Tube Grimpant... et sans doute d'autres noms, ou formes, je ne sais pas. J'ai eu une terrible hallucination à la soirée du Leader. Monstrueuse.

— Mais la stélazine...

— Ça n'a fait qu'empirer les choses.

— Y a-t-il une manière, fit Tanya d'une voix sombre, de lutter contre cette chose que vous avez vue ? Cette apparition que vous appelez une hallucination mais qui de toute évidence n'en était pas une ?

— Oui. Croire en elle.

— Qu'est-ce que cela apportera ?

— Rien, fit-il d'un ton las. Absolument rien. Je suis fatigué ; je n'ai pas soif... allons nous coucher.

— D'accord.

Elle retourna sans bruit dans la chambre à coucher, commença à retirer son sweater rayé.

— Nous continuerons cette discussion plus tard.

— L'hallucination, dit Tchien, c'était moins cruel. Je préfère encore ça. J'aimerais retourner en arrière, avant que ce camelot m'ait vendu sa phénothiazine.

— Viens dans le lit, dit Tanya. Ce sera doux, tu seras bien au chaud.

Il enleva sa cravate, sa chemise... et vit, sur

son épaule droite, les marques, les stigmates qu'avait laissés la chose quand elle l'avait empêché de sauter. Des marques livides qui paraissaient à jamais imprimées dans sa chair. Il enfila sa veste de pyjama pour les cacher.

— Et puis, reprit Tanya tandis qu'il se glissait auprès d'elle sous les draps, ta carrière en sera considérablement avancée. Tu dois être content ?

— Bien sûr, fit-il en hochant mécaniquement la tête dans l'obscurité. Très content.

— Viens contre moi, murmura Tanya en passant ses bras autour de lui. Et oublie tout le reste. Au moins pour l'instant.

Il la serra contre lui, alors, et fit ce qu'elle attendait, et qu'il avait envie de faire. Elle se montra précise, efficace et active ; elle fut victorieuse et elle accomplit sa part. Ils ne prirent pas la peine d'échanger des paroles jusqu'au moment où elle fit : « Oh ! » Puis elle laissa son corps se relaxer.

— J'aimerais, dit-il, qu'on puisse faire durer ça une éternité.

— C'est ce qui se passe, répondit Tanya. C'est en dehors du temps, sans limite, comme un océan. C'est ce que nous étions durant le cambrien, avant de venir nous fixer sur la terre ferme. C'est l'océan originel. C'est le seul moment où nous puissions remonter en arrière. C'est pourquoi cet acte a pour nous tant d'importance. Et en ces temps-là nous n'étions pas séparés ; nous formions un unique agrégat, comme ces scorpions de mer qui s'échouent sur le rivage.

— Qui s'échouent et qui meurent.

— Tu n'aurais pas une serviette ? demanda Tanya. Ou quelque chose.

Il alla chercher une serviette dans la salle de

bains. Là — il était nu à présent — il vit à nouveau son épaule, vit l'endroit où la chose l'avait touché, retenu, tiré en arrière, sans doute pour pouvoir jouer encore un peu avec lui.

Les marques, inexplicablement, saignaient.

Il étancha le sang. Qui coula aussitôt plus abondamment. Voyant cela, il se demanda combien de temps il devait encore lui rester. C'était probablement une question d'heures.

De retour au lit, il demanda :

— Tu peux recommencer?

— D'accord. Si tu en as encore la force. C'est comme tu voudras.

Allongée sur le dos, à peine visible dans la lumière blafarde de la nuit, elle levait vers lui un regard tranquille.

— Je l'ai, dit-il.

Et il l'attira contre lui.

Traduit par Guy Abadia.
Titre original : *Faith of Our Fathers*.

MATCH RETOUR

Ce n'était pas un casino comme les autres, d'où le problème d'ordre spécial posé à la police de Super-Los Angeles. Les extraterrestres qui l'avaient installé avaient laissé leur énorme vaisseau en suspens juste au-dessus de l'établissement. De la sorte, en cas de descente de police, les réacteurs détruiraient celui-ci. Manœuvre efficace, songeait mélancoliquement le commissaire Joseph Tinbane ; d'un seul coup, les extraterrestres quitteraient la Terre et anéantiraient toutes les preuves de leurs activités illégales.

Plus grave encore : tous les joueurs humains en mesure de témoigner seraient annihilés.

Aux aguets dans son aérocar, il buvait gorgée sur gorgée de fine. L'alcool le détendait quelque peu, mais sans plus. Dans l'ombre, il distinguait à sa gauche la masse sombre et silencieuse de l'astronef extraterrestre. Sous la poupe s'étendait un espace clos, tout aussi sombre et silencieux. Mais ce n'était qu'une apparence.

— On pourrait tenter une entrée, dit-il à son collègue plus novice que lui. Mais ce serait du suicide.

Il valait mieux se fier aux androïdes, même si

ceux-ci étaient maladroits et susceptibles de se tromper. Une chose était certaine : ils n'étaient pas vivants, ce qui dans le cas présent constituait un net avantage.

— Voici le troisième, murmura l'inspecteur Falkes.

Un être mince, habillé de vêtements humains, s'arrêta devant la porte du casino. Il frappa et attendit. La porte s'ouvrit. L'androïde donna le mot de passe et on le laissa entrer.

— Vous pensez qu'ils survivront à la déflagration lors du décollage? demanda Tinbane à Falkes, qui était expert en robotique.

— L'un des trois peut-être, mais pas tous. Cela dit, un seul nous suffira. (Falkes se pencha en avant avec une expression excitée :) Allez-y, appelez-les. Annoncez-leur qu'ils sont en état d'arrestation. A quoi bon tarder?

— Pour ma part, répliqua Tinbane, je me sens plus tranquille tant que ce vaisseau reste immobile. Attendons encore.

— Mais tous les androïdes sont dans la place.

— Il vaudrait peut-être mieux attendre qu'ils transmettent en vidéo, rétorqua Tinbane.

Les émissions des androïdes constitueraient en effet une preuve qui serait enregistrée par la police. Pourtant, le jeune inspecteur avec lequel Tinbane faisait équipe avait raison sur un point : maintenant que les trois espions humanoïdes étaient introduits, il ne se produirait plus rien. Jusqu'au moment où les extraterrestres sauraient qu'ils avaient été joués et exécuteraient leur plan de retraite.

— C'est bon, décida Tinbane en branchant le haut-parleur. On y va.

Falkes approcha le micro de ses lèvres et sa

voix amplifiée se répercuta. « ICI LE REPRÉSENTANT DE LA POLICE DE SUPER-LOS ANGELES. QUE TOUTES LES PERSONNES À L'INTÉRIEUR DE L'ÉTABLISSEMENT QUITTENT LES LIEUX SANS TARDER... »

La voix de Falkes fut noyée par le rugissement des réacteurs de l'astronef. L'inspecteur haussa les épaules et adressa un sourire amer à Tinbane. « Il ne leur a pas fallu longtemps », dit-il. Mais Tinbane n'entendit rien. Il lut seulement les mots sur les lèvres de son collègue.

Comme prévu, personne n'eut le temps de sortir. Aucun des joueurs présents dans le casino ne put s'enfuir. L'édifice se liquéfia. L'astronef ne laissa derrière lui qu'une masse de matériaux vitrifiés.

« Ils sont tous morts », songea Tinbane avec un effroi muet.

– C'est le moment, dit stoïquement Falkes.

Il enfila sa combinaison de néo-amiante et, au bout de quelques secondes, Tinbane en fit autant.

Les deux policiers se dirigèrent vers le magma visqueux qui avait été le casino. Au centre, une sorte de bosse : deux des trois androïdes qui, au dernier moment, avaient protégé quelque chose avec une partie de leur corps. Quant au troisième, il n'en restait plus trace. Il avait fondu avec le reste. Comme tout ce qui était organique.

« Je me demande ce qu'ils ont cherché à sauvegarder, se dit Tinbane en examinant les vestiges informes des deux androïdes. Un être vivant ? Un extraterrestre à l'aspect de mollusque ? Une table de jeu ? »

– Ils ont agi vite... pour des androïdes, remarqua Falkes.

— En tout cas, ils ont réussi à sauver quelque chose, déclara Tinbane.

Maladroitement, il remua la masse de métal qui était ce qui restait des deux androïdes. Un élément, probablement un thorax, glissa de côté, révélant ce qu'ils avaient tenté de préserver.

C'était un flipper.

« Pourquoi ? songea Tinbane. En quoi une telle machine avait-elle de l'importance ? » Il n'en avait pas la moindre idée.

Un technicien du laboratoire de la police de Sunset Avenue tendit à Tinbane un épais dossier.

— Si vous faisiez un résumé ? dit le commissaire d'un ton maussade.

Lire ces interminables comptes rendus l'agaçait.

— En fait, ce n'est pas un appareil de type classique, remarqua le technicien, après avoir jeté un coup d'œil sur son texte comme s'il en avait déjà oublié les termes.

Sa voix était sèche et monocorde. On eût dit qu'il s'agissait pour lui d'une affaire banale. Que, comme Tinbane, il estimait que le flipper sauvé par les androïdes était sans intérêt — telle était du moins l'impression qu'il donnait.

— Je veux dire qu'il ne ressemble pas aux modèles importés jusque-là sur Terre. Vous comprendrez mieux si vous l'essayez. Je vous suggère de mettre une pièce de vingt-cinq cents dans la fente et de faire une partie. Le laboratoire, ajouta-t-il, vous rendra la pièce quand nous l'aurons récupérée.

— Je suis pas près de mes sous à ce point, répondit Tinbane avec irritation.

Sur les pas du technicien, il traversa le vaste

laboratoire où régnait une animation fébrile et pénétra dans l'atelier du fond.

Là, nettoyé, réparé, trônait le flipper que les robots avaient protégé. Tinbane inséra une pièce dans la fente et cinq billes métalliques se présentèrent dans le magasin transparent tandis que le tableau s'éclairait de lumières clignotantes.

Le technicien s'installa près de Tinbane pour observer la partie.

— Avant de commencer, je vous conseille d'examiner avec soin les obstacles parmi lesquels évoluera la bille. La maquette qui se trouve sous la plaque de verre n'est pas sans intérêt. C'est un village miniature, avec ses maisons, ses rues, ses édifices publics, ses voies d'eau. Pas un village terrien, bien sûr, mais un village ionien normal. L'exactitude des détails est remarquable.

Tinbane se pencha. Le technicien ne se trompait pas : la précision de la maquette était fabuleuse.

L'autre continua :

— Les tests auxquels nous avons soumis le mécanisme démontrent que l'appareil a beaucoup servi. Mais la tolérance est considérable. Selon nos estimations, on pourrait jouer encore mille parties avant qu'une révision soit nécessaire. Révision qui ne pourrait avoir lieu que sur Io. A notre connaissance, c'est là-bas qu'est construit et entretenu ce genre de matériel.

— Comment se déroule la partie ? demanda Tinbane.

— Nous avons affaire ici à ce qu'on peut appeler un ensemble polyvariable. En d'autres termes, le terrain au milieu duquel roulent les billes est en permanente évolution. Le nombre de combinaisons possibles est… (Le technicien feuilleta son rapport sans parvenir à trouver le chiffre.) En tout cas, il est extrêmement élevé. De l'ordre du million. Ce jeu est très sophistiqué. Vous n'avez qu'à lancer la première bille et vous verrez.

Tinbane actionna la tirette pour expédier la bille numéro un. Celle-ci fut propulsée dans le couloir et rebondit contre un butoir qui accéléra sa vitesse. Elle glissait maintenant le long du plan incliné.

— La ligne de défense qui protège le village, commenta le technicien, est constituée par des reliefs dont la couleur, la forme et les surfaces reproduisent un paysage ionien typique. Les constructeurs se sont donné beaucoup de mal pour établir une copie conforme. Ils ont dû travailler à partir de clichés pris par satellites. En fait, c'est comme si on avait sous les yeux un fragment de la planète vue à une altitude d'environ quinze mille mètres.

La bille entra en contact avec le talus accidenté qui défendait le village. Le choc modifia sa trajectoire et elle hésita, comme désorientée.

— Elle est déviée, murmura Tinbane. (Il nota avec quelle efficacité le tracé du terrain s'opposait à ce que la bille poursuive sa course.) Elle va contourner le village.

La bille, très ralentie, s'engagea dans une travée latérale et, au moment d'être absorbée par un trou, rencontra un nouveau butoir qui la remit brusquement en jeu.

Un chiffre apparut sur le tableau : le joueur marquait un point et la bille menaçait à nouveau le village. Mais elle fut encore arrêtée par la ligne de défense et suivit à peu près le même itinéraire que précédemment.

— Regardez, dit le technicien, il va se passer quelque chose d'intéressant. Elle va heurter le même butoir que tout à l'heure. Gardez les yeux sur le butoir.

Tinbane vit un minuscule filet de fumée monter de celui-ci. Il se retourna en interrogeant du regard son compagnon.

— Maintenant, surveillez la bille, précisa ce dernier.

La bille heurta à nouveau le butoir installé non loin du trou. Mais, cette fois, il ne réagit pas à l'impact.

Tinbane battit des paupières en voyant la bille glisser doucement vers le trou au fond duquel elle disparut.

— Eh bien? Il ne s'est rien passé, dit-il.

— Vous avez vu la fumée? Un court-circuit dans le câblage du butoir. Si elle avait rebondi, la bille aurait une nouvelle fois constitué un danger pour le village.

— Autrement dit, enchaîna Tinbane, le mécanisme a compris l'effet que l'impact aurait causé à la bille. L'ensemble fonctionne comme pour se protéger de l'activité de celle-ci.

Il connaissait le principe pour l'avoir déjà observé dans d'autres flippers fabriqués par les extraterrestres : un circuit complexe modifiant constamment les données du jeu afin que la machine paraisse vivante — le tout pour réduire les chances du joueur. Dans ce cas particulier, le joueur gagnait s'il parvenait à amener les billes au milieu de l'élément central — la reproduction du village ionien. Ce village devait donc être défendu. En conséquence, il avait fallu neutraliser ce butoir qui occupait une position stratégique. Pour un temps, tout au moins : il fallait qu'il soit mis hors d'action jusqu'à ce que la topographie du terrain se modifie de façon décisive.

— Jusqu'ici, rien de neuf, poursuivit le technicien. Vous avez déjà vu une dizaine de machines de ce genre et moi des centaines. Cet appareil a joué des dizaines de milliers de parties et, chaque fois, le circuit tendant à neutraliser les billes se réajuste. On peut dire que ces changements sont cumulatifs. A l'heure actuelle, un joueur ne peut marquer qu'une fraction des scores obtenus avant que les circuits aient entrepris de réagir. Comme dans tous les appareils à jeux des extraterrestres, la modification tend vers un point limite qui est le niveau zéro. Essayez de toucher le village, Tinbane. Nous avons construit un mécanisme à répétition qui a joué cent quarante parties, et jamais aucune bille n'a pu s'approcher du village au point de le menacer pour de bon. Nous avons noté les scores et, à chaque coup, nous avons constaté une baisse légère mais significative.

Il sourit.

— Et alors? questionna Tinbane.

— Alors? Rien. Je l'ai écrit dans mon rapport : rien. (Le technicien se tut un instant.) A une exception près. Regardez ça.

Il se pencha sur le flipper et posa l'index sur la plaque de verre, désignant une structure qui occupait le centre du village miniature.

— Les photos montrent qu'à chaque partie cet élément se perfectionne. Selon toute évidence, il y a un système électrique qui le surélève. Même chose pour toutes les autres altérations. Mais sa forme ne vous rappelle rien?

— On dirait une catapulte de l'Antiquité, répondit Tinbane. Mais l'axe de propulsion est vertical au lieu d'être horizontal.

— Nous avons fait la même observation. A part ça, examinez ce propulseur. Il n'est pas à l'échelle du village. En fait, il est totalement disproportionné.

— On dirait presque qu'il pourrait contenir…

— Presque n'est pas le mot. Nous avons mesuré. Sa taille correspond exactement aux dimensions d'une des billes.

Un frisson parcourut l'échine de Tinbane.

— Et vous en concluez ?

— Que cette catapulte pourrait projeter une bille à la tête du joueur, répondit froidement le technicien. Elle est braquée en direction de l'avant de l'appareil et vers le haut. (Il marqua un temps.) Et elle est virtuellement en état de fonctionner.

La meilleure défense, c'est l'attaque, comme dit le proverbe, pensa Tinbane en considérant la machine apportée sur Terre par les extraterrestres. « Le niveau zéro, réfléchit-il, ne peut être le but ultime du circuit de défense de cette machine. » En réalité, le mécanisme ne devait pas tendre uniquement à abaisser les chances de l'adversaire, mais aussi à élaborer la meilleure contre-offensive.

— Vous croyez que les extraterrestres ont cherché à nous nuire ? demanda-t-il au technicien.

— Quelle importance ? Aucune pour le moment. Deux choses comptent : d'abord, cet appareil a été introduit sur Terre illégalement, et ensuite il a été utilisé par des Terriens. Il est peut-être — ou il le sera bientôt — une arme meurtrière, que ses fabricants l'aient prémédité ou non. D'après nos calculs, il pourrait devenir mortel dans vingt parties. Chaque fois qu'on glisse une pièce dans la fente, la catapulte s'élève davantage, que la bille s'approche ou non du village. Il suffit d'une impulsion lancée par la batterie à hélium du mécanisme central. Et le processus est automatique dès qu'une partie s'engage. Sous nos yeux, la catapulte est en train de devenir opérationnelle. Vous feriez mieux de jouer les quatre billes restantes pour que la partie prenne fin. Ou de nous autoriser à démonter cet appareil. A démonter au moins la batterie.

— Les extraterrestres ne respectent guère la vie humaine, murmura Tinbane.

Il pensait au carnage entraîné par le décollage de l'astronef. Pour les occupants de celui-ci, il ne s'était agi là que d'une banale péripétie. Pourtant, en comparaison, ce flipper paraissait dérisoire. Qu'apportait-il de plus en termes de destruction ?

— Nous avons affaire à une machine sélective, dit-il d'une voix songeuse. Elle n'élimine que le joueur.

— Elle peut éliminer tous les joueurs les uns après les autres, rétorqua le technicien.

— Mais qui s'entêterait à jouer après le premier accident ?

— Les habitués du casino savaient fort bien qu'en cas de descente de police les extraterrestres réduiraient tout le monde en cendres, fit observer le technicien. Le goût du jeu est un besoin maladif pareil à celui qu'engendre la drogue. Certains mordus sont prêts à jouer quels que soient les risques. Vous avez entendu parler de la roulette russe ?

Tinbane lança la deuxième bille, qui rebondit contre le butoir et se dirigea vers le village miniature. Elle réussit à franchir le talus et s'approcha de la première maison. « Je vais peut-être arriver à gagner contre cette machine, songea farouchement Tinbane. Avant que ce soit elle qui réussisse à m'avoir. » Il était en proie à une étrange exaltation. La bille heurta la minuscule demeure, l'écrasa et poursuivit son chemin. Malgré sa petite taille, elle dépassait tous les bâtiments qui composaient le village.

Tous, sauf la catapulte centrale.

Avidement, le commissaire suivit des yeux la sphère d'acier qui s'approchait dangereusement de la catapulte. Une construction fit dévier sa trajectoire et le trou l'avala. Aussitôt, Tinbane lança la troisième bille.

— L'enjeu est de taille, fit doucement le technicien. C'est votre vie que vous jouez, non ? Ce doit être passionnant si on a la mentalité voulue.

— Je pense pouvoir atteindre la catapulte avant qu'elle entre en action.

— Peut-être, mais peut-être pas.

— Chaque fois, la bille s'en approche un peu plus.

— Pour fonctionner, cette catapulte a besoin des billes. Elles représentent les projectiles. Plus vous jouez, plus vous lui donnez de chances de pouvoir les utiliser. En réalité, vous l'aidez. (Le technicien ajouta sombrement :) Elle ne peut agir sans votre concours. Le joueur n'est pas seulement l'ennemi : il est aussi un partenaire à l'importance essentielle. Mieux vaut abandonner, Tinbane. Cet instrument vous aura à l'usure.

— J'abandonnerai une fois que j'aurai touché la catapulte.

— Vous la toucherez, d'accord, mais vous

risquerez la mort. (Le technicien observa Tinbane en plissant les yeux.) C'est peut-être pour ça que les extraterrestres ont fabriqué cette machine. Par représailles contre nos descentes de police. C'est une éventualité à considérer.

— Auriez-vous une pièce de vingt-cinq cents à me prêter ? demanda Tinbane.

Au cours de la dixième partie, la stratégie de la machine se modifia de manière aussi surprenante qu'imprévue. Brusquement, l'appareil renonça à dévier systématiquement les billes à gauche ou à droite pour leur faire éviter le village miniature. Pour la première fois, Tinbane en vit une filer vers ce dernier. Droit sur la catapulte. Celle-ci était manifestement au point, à présent.

— Je suis votre supérieur hiérarchique, Tinbane, dit le technicien d'une voix tendue. Je vous ordonne d'arrêter cette partie.

— Tout ordre émanant de vous doit être écrit, puis approuvé et contresigné par un inspecteur. (Toutefois, Tinbane cessa de jouer à contrecœur.) Je pourrais gagner, ajouta-t-il, songeur, mais pas ici. Il faudrait que je sois suffisamment loin pour être hors de portée.

En disant ces mots, il se rendit compte qu'il considérait comme acquis que la catapulte était en mesure de le prendre pour cible.

Il avait remarqué qu'elle avait légèrement pivoté. Une sorte de dispositif optique lui permettait de repérer le joueur. A moins que la chaleur dégagée par son corps n'ait eu un effet thermotropique.

En ce cas, il lui serait relativement facile de

passer à l'offensive. Il y avait aussi une autre possibilité : que l'engin fût équipé d'un enregistreur encéphalique captant les ondes cérébrales émises à proximité de lui. Mais le laboratoire s'en serait aperçu.

— A quel tropisme obéit-elle ? demanda Tinbane.

Le technicien répondit :

— Cet engin n'était pas en place quand nous avons examiné la machine. L'achèvement de la catapulte doit représenter un stade supérieur.

— J'espère qu'elle n'est pas munie d'un enregistreur encéphalique. — Car, dans cette éventualité, l'appareil se souviendrait de son adversaire et pourrait ultérieurement le reconnaître.

Cette idée fit frissonner Tinbane. Elle évoquait un risque plus marquant que la situation présente.

— Je vous fais une proposition, dit le technicien. Vous continuez de jouer jusqu'à la première riposte de la catapulte. Ensuite, vous abandonnez et nous démontons l'appareil. Il serait effectivement utile de savoir quel est son tropisme. Rien n'interdit d'imaginer que nous nous retrouvions un jour face au même principe, encore plus perfectionné. Vous êtes d'accord ? Vous prendrez un risque calculé, mais je crois que lorsque la machine tirera son premier coup, ce sera pour procéder à une dernière autocorrection en vue du deuxième... qui ne sera jamais tiré.

Devait-il avouer ses craintes au technicien ?

— Ce qui me contrarie, dit Tinbane, c'est la possibilité que cet appareil conserve un souvenir de moi. Pour plus tard.

— Plus tard? Mais ce flipper sera mis en pièces dès qu'il aura tiré.

— Bon, allons-y, fit Tinbane avec hésitation. « Je m'en fais peut-être pour rien, songea-t-il. C'est lui qui doit avoir raison. »

La bille suivante ne manqua la catapulte que de quelques millimètres. Mais ce n'était pas parce qu'elle était passée aussi près que Tinbane se sentait inquiet : c'était parce que la catapulte avait essayé de capturer la bille au passage. Le mouvement avait été si rapide et si subtil qu'on l'avait à peine aperçu.

— Elle veut cette bille, dit le technicien. Elle veut vous avoir.

Il avait remarqué la manœuvre.

D'un geste hésitant, Tinbane saisit la tirette pour projeter la bille suivante — qui serait peut-être la dernière en ce qui le concernait.

— Écartez-vous, s'écria le technicien d'une voix blanche. Ne parlons plus de ma proposition. Arrêtons la partie! On va démonter cet appareil sans attendre.

— Il faut savoir quel est ce tropisme.

Tinbane actionna la tirette.

La bille d'acier, qui paraissait soudain énorme et pesante, se dirigea directement sur la catapulte à l'affût. Chacun des accidents du relief semblait faciliter sa course. L'engin happa la bille avant même que Tinbane, qui la contemplait les yeux écarquillés, ait réalisé ce qui se passait.

— Sauvez-vous!

Le technicien bondit et bouscula le commissaire. Le choc fut si brutal que Tinbane s'écroula par terre.

Il y eut un fracas de verre brisé et la bille

d'acier frôla la tempe de Tinbane. Elle rebondit contre un mur et acheva sa trajectoire sur une table.

Il y eut un long silence, puis le technicien lâcha d'une voix tremblante :

— Sur le plan de la vitesse comme sur celui de la masse, toutes les conditions étaient réunies pour…

Tinbane se releva et s'avança vers la machine.

— Ne lancez pas d'autre bille, s'exclama le technicien.

— Pas la peine, répondit le commissaire qui, après un brusque demi-tour, s'éloigna en courant.

L'appareil avait tiré de lui-même.

Tinbane était assis en face de Ted Donovan, le chef du laboratoire, dans le bureau de ce dernier. On avait fermé la porte donnant sur le labo et les employés avaient reçu l'ordre de se mettre à l'abri. Derrière la porte close, aucun bruit. « Seulement cette chose à l'affût », songeait Tinbane. Qui la machine attendait-elle ? N'importe quel humain qui passerait à sa portée ? Ou… ou bien lui ?

Cette pensée lui donnait la chair de poule. Une machine construite sur un autre monde et expédiée sur Terre. Sans directives particulières, uniquement capable de faire un tri entre toutes ses possibilités de défense jusqu'à ce qu'elle sélectionne la bonne. Les lois du hasard. Des milliers de parties, des milliers de joueurs. Et finalement un seuil critique était atteint et le dernier joueur, désigné lui aussi par le hasard, se voyait lié à l'appareil par une partie dont la mort était l'enjeu. Or, ce joueur, c'était lui, Tinbane.

— On va détruire à distance sa source d'énergie, dit Donovan. Ça devrait pouvoir se faire sans problèmes. Quant à vous, rentrez chez vous et ne vous en faites pas. Quand on aura identifié son tropisme, on vous informera. Sauf si c'est en pleine nuit. Dans ce cas...

Tinbane l'interrompit :

— Prévenez-moi à toute heure du jour ou de la nuit. Je préfère.

Inutile qu'il s'explique davantage : le chef du laboratoire comprenait à demi-mot.

Donovan reprit :

— Cet appareil était manifestement une arme de défense contre nos opérations de police dans leurs casinos. (L'air morose, il feuilleta le copieux rapport.) Complètement à côté de la plaque, grommela-t-il. (Il lut à haute voix :) *Il s'agit simplement d'un nouveau flipper de conception extraterrestre.* Tu parles !

Donovan lança le document au loin avec dégoût.

— Si c'était leur intention, fit Tinbane, ils ont parfaitement réussi à me piéger.

C'est-à-dire qu'ils étaient parvenus à susciter son intérêt. A obtenir qu'il collabore.

— Vous étiez un joueur dans l'âme, Tinbane, à votre insu. Sinon ça n'aurait peut-être pas marché. En tout cas, ajouta Donovan, c'est assez remarquable. Un flipper qui riposte. Avec, comme munitions, les billes lancées par le joueur. J'espère qu'ils ne vont pas se mettre à construire un tir aux pigeons ! Les flippers me suffisent largement.

— On dirait un rêve.

— Pardon ?

— Ça ne peut être réel. « Et pourtant, pensa Tinbane, *c'est réel.* » (Il se leva.) Je vais faire comme vous dites. Je vais rentrer chez moi. Vous avez mon numéro pour m'appeler.

Il était fatigué et il avait peur.

Donovan le dévisagea.

— Vous avez une sale tête. Il ne faut pas vous laisser impressionner. C'est quand même un appareil relativement inoffensif. Il faut s'en approcher, le mettre en marche. Si on n'y touche pas...

— Pas question que j'y touche encore, mais j'ai le sentiment qu'il m'attend. Il veut que je revienne.

Oui, la machine était aux aguets. Elle était capable d'apprendre et il lui avait fourni des renseignements à son sujet. Il lui avait appris qu'il existait. Qu'il y avait sur Terre un homme nommé Joseph Tinbane.

Et c'était trop.

Le téléphone sonnait déjà quand il ouvrit la porte de son conapt. Il décrocha. Sa main était de plomb.

— Allô ?

— Tinbane ? (C'était la voix de Donovan.) Il s'agit effectivement d'un système encéphalotropique. Nous avons découvert un enregistrement de vos ondes cérébrales. Bien entendu, nous l'avons détruit. Mais... (Donovan hésita.) Nous avons également trouvé une chose qui n'existait pas lors de la première analyse.

— Un émetteur, murmura Tinbane d'une voix rauque.

— En effet. Il a un rayon d'action inconnu. Naturellement, nous ne savons rien du récepteur. Il doit être situé dans un bureau ou à bord d'un aérocar du type des nôtres. Enfin, vous voilà prévenu. Nous avons affaire, c'est certain, à une arme de vengeance. Votre instinct ne vous avait pas trompé. Après examen, nos spécialistes sont arrivés à la conclusion qu'en un sens on vous attendait. Cet appareil vous a vu arriver. Peut-être n'a-t-il jamais fonctionné comme un véritable jeu de hasard. Il est même possible que les signes qui montraient qu'il avait beaucoup servi ne soient pas le résultat de l'usure, mais un élément volontairement incorporé au mécanisme. C'est à peu près tout ce que nous avons trouvé.

— Que me conseillez-vous de faire?

— De faire? (Il y eut un bref silence, puis Donovan reprit :) Pas grand-chose. Ne bougez pas de chez vous. N'allez pas au bureau pendant quelque temps.

« Comme ça, songea Tinbane, s'ils me détectent, je serai la seule victime. C'est la solution la plus avantageuse pour vous tous. Mais moi... »

— Je crois que je vais quitter la ville, fit-il à haute voix. Le rayon d'action de cet engin doit être limité à Super-Los Angeles ou même à un seul quartier de la ville. Oui, je préfère m'absenter, si vous êtes d'accord.

— Comme vous voudrez.

— De toute façon, vous ne pouvez pas m'aider.

— Écoutez, on va vous donner une petite somme qui vous permettra de tenir jusqu'à ce qu'on ait repéré ce récepteur et qu'on sache en quoi il consiste. Le problème, pour nous, c'est que le secret commence à filtrer et qu'il ne va pas être facile de recruter des équipes pour poursuivre les opérations contre les casinos. Bien entendu, c'était l'objectif des extraterrestres. Il y a encore une chose qu'on peut faire : demander au labo de fabriquer à votre intention un protecteur cérébral qui brouillera les ondes que vous émettez. Seulement, il vous faudra le payer de votre poche. Peut-être par mensualités prélevées sur votre traitement. A vous d'en décider. Franchement, si vous voulez mon avis, je vous conseille cette solution.

— Entendu, répondit Tinbane. (Il se sentait engourdi de fatigue et résigné.) Vous avez autre chose à me suggérer ?

— Restez armé. Même pendant votre sommeil.

— Mon sommeil ? Vous vous figurez que je vais dormir ? Pas avant que cette machine soit détruite !

Mais il se rendait compte que rien n'avait plus d'importance. Maintenant, un objet dont personne ne savait rien détenait un tracé de ses ondes cérébrales. De quoi cet engin était-il capable ? Qui pouvait l'imaginer ? Les extraterrestres étaient des techniciens de génie.

Il raccrocha et alla dans la cuisine, où il se servit un verre de bourbon.

Quelle histoire ! Se retrouver traqué par un flipper venu d'un autre monde ! Il y avait presque de quoi rire. Presque...

Comment neutraliser un flipper fou qui possède votre signalement et vous poursuit ? Ou plutôt comment mettre hors d'état de nuire le mystérieux dispositif allié à ce flipper ?

Quelque chose heurta la fenêtre de la cuisine.

Tinbane plongea la main dans sa poche et la

ressortit armée de son pistolet laser. Le dos au mur, il s'approcha de la fenêtre et regarda dehors. La nuit était si dense qu'il ne distinguait rien. Où était sa lampe torche ? Dans la boîte à gants de l'aérocar garé sur la terrasse. Il avait le temps d'aller la chercher.

Quelques minutes plus tard, la torche à la main, il redescendait l'escalier quatre à quatre et se ruait à nouveau dans la cuisine.

Le pinceau de lumière révéla une sorte de bestiole mécanique, munie de longs et minces pseudopodes, collée contre la vitre. Ses antennes exploratrices qui tâtonnaient étaient à l'origine du bruit qui avait éveillé l'attention de Tinbane.

La bestiole avait escaladé la façade : Tinbane distinguait la trace laissée par ses ventouses.

La curiosité de Tinbane fut plus forte que sa peur. Il ouvrit doucement la fenêtre et brandit son laser. La bestiole ne bougea pas. Elle paraissait immobilisée au milieu d'un cycle d'activité. Ses réactions étaient probablement très lentes. A moins que ce ne fût une sorte de bombe à retardement, auquel cas Tinbane n'avait pas le temps de réfléchir.

Il tira.

La bestiole glissa de la fenêtre tandis que ses ventouses lâchaient prise. Au moment où elle allait tomber, Tinbane la saisit et la jeta dans la pièce sans cesser de la viser avec le laser. Mais elle était fonctionnellement morte. Son immobilité était totale.

Tinbane alla chercher un tournevis, s'assit et examina l'objet.

Il avait l'impression que sa tension s'était relâchée : c'était l'accalmie. Une accalmie au moins passagère.

Il lui fallut trois quarts d'heure pour démonter la bestiole. Les vis qui maintenaient la carapace ne correspondaient pas à un tournevis standard et il dut se résoudre à utiliser un couteau de cuisine, mais il finit quand même par y arriver. La carcasse était maintenant divisée en deux parties — l'une vide, l'autre bourrée d'éléments. Était-ce une bombe ? Avec minutie, il inspecta chaque accessoire.

Ce n'était pas une bombe. Apparemment pas, en tout cas. Alors ? Un engin meurtrier ? Il ne trouva ni lame, ni toxine, ni micro-organisme, ni tube capable d'éjecter un projectile. A quoi pouvait servir cet objet ? Tinbane identifia le moteur qui avait permis à la bestiole mécanique d'escalader la façade, la cellule photo-électrique grâce à laquelle elle s'orientait. Mais c'était tout.

D'un point de vue objectif, ce gadget ne servait strictement à rien.

Mais était-ce bien la vérité ?

Tinbane consulta sa montre. Il y avait une heure qu'il s'occupait de cet instrument. Une heure que sa pensée avait été détournée du reste. Et que pouvait être ce reste ?

Mal à l'aise, il se leva lourdement, reprit son laser et fit les cent pas, l'oreille tendue, les sens en éveil, cherchant à découvrir un détail, même insignifiant, qui ait un caractère insolite.

Il avait perdu une heure entière ! Leur donnant ainsi le temps de mettre à exécution leurs véritables intentions.

« C'est le moment de filer, se dit-il. De quitter la ville et de rester à l'écart jusqu'à ce que tout soit fini. »

La sonnerie du vidéophone retentit.

Quand Tinbane décrocha, le visage de

Donovan se forma sur la surface grisâtre de l'écran.

— Un aérocar surveille votre immeuble, annonça-t-il. Il a constaté quelque chose. J'ai pensé que vous voudriez être au courant.

— Je vous écoute, fit Tinbane d'une voix tendue.

— Un engin s'est posé un bref instant sur votre terrasse. Ce n'était pas un véhicule ordinaire mais un appareil plus gros, que nous n'avons pu identifier. Il est reparti presque aussitôt à grande vitesse.

— Après avoir déposé quelque chose?

— J'en ai peur.

— Vous pouvez m'aider? demanda Tinbane, la bouche sèche. Je vous en serais reconnaissant.

— Que voulez-vous que nous fassions? Nous ne savons pas plus que vous de quoi il s'agit. Nous sommes obligés d'attendre que vous ayez une idée de la nature de... de ce qui vous menace.

Un bruit provint du vestibule. Quelque chose avait cogné la porte d'entrée.

— Donovan, ne quittez pas. Je crois que ça commence.

Cette fois, il était terrorisé.

Étreignant son pistolet laser, il se dirigea d'un pas lourd vers la porte qu'il déverrouilla et entrebâilla. Juste à peine...

Une force titanesque poussa le battant dont la poignée resta dans les mains de Tinbane. Et, silencieusement, l'énorme bille d'acier se mit à rouler. Tinbane recula d'un saut. Voilà donc quel était le véritable adversaire! L'intervention de la bestiole mécanique avait été une simple diversion.

Il ne pouvait pas fuir. La sphère démesurée lui bloquait le passage.

Il reprit le vidéophone.

— Donovan ? Impossible de sortir. Je suis prisonnier chez moi.

Il se rendit compte que les abords du conapt représentaient l'équivalent du talus protégeant le village miniature du flipper. La première sphère s'était immobilisée dans le chambranle. Mais comment se comporterait la seconde ? Et la troisième ?

Chacune s'approcherait un peu plus.

— Pouvez-vous arranger quelque chose ? demanda-t-il d'une voix sourde. Le labo peut-il fabriquer un système de défense à une heure aussi tardive ?

— Nous essaierons. Tout dépend de ce qu'il vous faut. De quoi avez-vous besoin pour vous protéger, à votre avis ?

Les mots avaient du mal à franchir les lèvres de Tinbane, mais il était bien obligé de parler. Peut-être que la bille suivante arriverait par la fenêtre ou tomberait du toit pour l'écraser.

— Je veux une sorte de catapulte. Assez solide et assez grande pour lancer un projectile sphérique d'un diamètre d'environ un mètre cinquante. Croyez-vous pouvoir me construire ça ?

Il leva les yeux au ciel en souhaitant que la réponse soit affirmative.

— C'est donc là le péril que vous affrontez ? murmura Donovan d'une voix méconnaissable.

— A moins qu'il ne s'agisse d'une hallucination. D'une projection artificielle destinée à me terroriser.

— La patrouille a vu quelque chose et ce n'était pas une hallucination. L'objet avait une masse mesurable et... (Il hésita.) L'engin non identifié a déposé quelque chose de gros sur votre terrasse. Quand il a décollé, sa masse avait considérablement diminué. C'est bien réel, Tinbane.

— Je m'en doutais.

— Nous vous ferons parvenir la catapulte le plus tôt possible. Souhaitons qu'il y ait un délai entre... chaque attaque. Mais vous pouvez prévoir qu'il y en aura au moins cinq.

Tinbane hocha la tête et essaya d'allumer une cigarette, mais il tremblait tellement qu'il ne put garder la flamme du briquet en marche. Y renonçant, il voulut se servir un verre de fine, mais il ne parvint pas à déboucher la bouteille et celle-ci lui échappa des mains.

— Cinq... cinq billes par partie.

— Oui, dit Donovan à contrecœur. C'est ça.

Le mur de la salle de séjour vacilla.

La deuxième bille arriva du conapt mitoyen.

Traduit par Alain Dorémieux.
Titre original : *Return Match.*

LA FOURMI ÉLECTRONIQUE

A 4 h 15 de l'après-midi, Garson Poole s'éveilla dans son lit d'hôpital. Il sut que c'était un lit d'hôpital dans une chambre à trois et se rendit encore compte de deux choses : il n'avait plus de main droite et il n'éprouvait aucune douleur.

« Ils ont dû m'administrer un puissant analgésique », se dit-il, en contemplant le mur opposé avec sa fenêtre encadrant le sud de la ville de New York. Des labyrinthes dans lesquels voitures et piétons fonçaient et roulaient, sous l'éclat du soleil en fin d'après-midi. La lumière déclinante lui plaisait par sa tonalité. « Elle n'a pas encore fini sa course, songea-t-il. Et moi non plus. »

Il y avait un téléphone sur la table de chevet ; il hésita, puis le prit et composa un appel pour demander une ligne extérieure. L'instant d'après apparaissait sur l'écran devant lui Louis Danceman, chargé de la direction de Tri-Plan lorsque lui, Garson Poole, était occupé ailleurs.

— Dieu merci, vous êtes en vie ! dit Danceman en le voyant. (Son visage charnu et large, marqué de variole, ressemblait à un disque lunaire.) J'ai appelé partout…

— Tout simplement, je n'ai plus de main droite, dit Poole.

— Mais tout s'arrangera. J'entends par là qu'on pourra vous en greffer une autre.

— Depuis combien de temps suis-je ici ? s'enquit Poole.

Il se demandait où étaient passés les infirmières et les médecins. Pourquoi n'étaient-ils pas en train de caqueter et de le gronder parce qu'il téléphonait ?

— Quatre jours, répondit Danceman. Ici, à l'usine, tout va à merveille. En fait, nous avons reçu des commandes époustouflantes de trois services de police différents, tous sur la Terre. Deux dans l'Ohio, un dans le Wyoming. De bonnes commandes fermes, avec un tiers à l'avance et le bail-option habituel de trois ans.

— Venez me sortir d'ici, dit Poole.

— Je ne peux pas avant que votre nouvelle main…

— Je la ferai placer plus tard.

Il souhaitait désespérément retrouver son milieu familier ; le lourd véhicule commercial se dessinait, menaçant, sur l'écran de pilotage que recomposait son esprit ; s'il fermait les yeux, il se retrouvait à bord de son propre appareil endommagé, qui télescopait un engin après l'autre en laissant derrière lui d'énormes dommages. Les sensations kinétiques… Il fit la grimace en se les rappelant. « Je dois reconnaître que j'ai eu de la veine », s'avoua-t-il.

— Sarah Benton est-elle près de vous ? fit Danceman.

— Non.

Bien sûr ! Sa secrétaire particulière — ne fût-ce que pour des considérations de simple emploi — devait être non loin de là, pour le dorloter maternellement, mais avec une attitude juvénile. Toutes les femmes un peu fortes adorent dorloter les gens, songea-t-il. Et elles sont dangereuses ; en vous tombant dessus, elles risquent de vous tuer.

— C'est peut-être ce qui m'est arrivé, peut-être Sarah est-elle tombée sur mon appareil, dit-il à voix haute.

— Non, non. Une des commandes de votre gouvernail de direction s'est rompue pendant l'heure de pointe de la circulation et vous...

— Je me rappelle. (Il se tourna dans son lit quand la porte de la salle s'ouvrit ; un médecin en blanc apparut, en compagnie de deux infirmières en bleu ; et tous les trois se dirigèrent vers lui.) Je vous rappellerai plus tard, conclut Poole en reposant le combiné.

Il inspira profondément.

— Vous n'auriez pas dû téléphoner si tôt, observa le médecin en examinant la fiche du blessé. Garson Poole, propriétaire de Tri-Plan. Electronique. Fabrique des fléchettes d'identification à l'estime qui poursuivent leur proie dans un cercle d'un rayon d'un millier de milles, en réagissant uniquement aux trains d'ondes encéphaliques. Vous êtes un homme qui a réussi, Mr. Poole. Seulement, Mr. Poole, vous n'êtes pas un homme. Vous êtes une fourmi électronique.

— Grand Dieu ! s'écria Poole, ébahi.

— En conséquence, nous ne pouvons vraiment pas vous soigner ici, maintenant que nous sommes au courant. Nous l'avons su, naturellement, dès que nous avons procédé à l'examen de votre main droite abîmée ; nous en avons découvert les éléments électroniques, alors nous avons radiographié votre torse, ce qui a confirmé notre hypothèse.

— Qu'est-ce donc qu'une fourmi électronique ? demanda Poole.

Mais il le savait ; il avait déchiffré le terme.

Une infirmière répondit :

— Un robot organique.

— Je vois.

Une sueur froide lui monta à la peau, tout le long du corps.

— Vous l'ignoriez ? fit le médecin.

— Oui, dit Poole, en hochant la tête.

Le docteur reprit :

— Il nous arrive une fourmi électronique à peu près chaque semaine. On nous les amène soit à la suite d'un accident aérien — comme vous-même — soit qu'elles aient elles-mêmes demandé à être admises... celles qui comme vous n'ont jamais été informées de leur nature, qui ont vécu parmi les humains, en se croyant... humaines. Quant à votre main...

Il se tut.

— Ne parlons plus de ma main ! répondit Poole, farouche.

— Restez calme. (Le médecin se pencha sur lui, pour scruter ses traits.) Un véhicule de l'hôpital vous transportera dans une installation où il sera possible de réparer ou de remplacer votre main à un tarif raisonnable pour vous, si vous vous possédez vous-même, ou pour vos propriétaires, s'il y en a. En tout cas, vous retournerez travailler à votre bureau de Tri-Plan tout comme avant.

— Sauf qu'à présent, je sais, fit Poole.

Il se demandait si Danceman ou Sarah ou d'autres étaient informés, au bureau. L'un d'eux — ou eux tous — l'avait-il acheté ? Conçu ? « Un homme de paille, se dit-il, voilà tout ce que j'étais. Je n'ai jamais dû diriger réellement la société ; c'est une illusion qui a été implantée en moi quand on m'a fabriqué… en même temps que celle d'être humain et vivant. »

— Avant de partir pour l'atelier de réparation, dit le médecin, auriez-vous la bonté de régler votre note au bureau de l'entrée ?

Poole rétorqua d'un ton acide :

— Pourquoi y aurait-il une note à payer, puisque vous ne soignez pas les fourmis ?

— Pour nos services jusqu'au moment où nous avons découvert la vérité, expliqua une infirmière.

— Faites-moi donc payer, ou faites payer ma société, gronda Poole, furieux et écrasé à la fois.

Au prix d'un effort considérable, il réussit à s'asseoir ; le cerveau plutôt flottant, il descendit du lit et posa les pieds sur le plancher.

— Je serai ravi de quitter cet endroit, dit-il en se redressant. Et je vous remercie pour l'humanité de vos soins.

— Merci également à vous, Mr. Poole, dit le docteur, ou plutôt devrais-je dire Poole tout court ?

A l'installation de réparation, il fit remplacer sa main disparue.

Cela se révéla fascinant, cette main ; il l'examina longuement avant de laisser les techniciens l'ajuster. En surface, elle paraissait organique… et en fait, en surface, elle l'était. Une peau naturelle recouvrait une chair naturelle et du sang véritable emplissait veines et capillaires. Mais sous tout cela luisaient des câblages et des circuits, des éléments miniaturisés… En regardant au fond du poignet, il distingua des valves de flux, des moteurs, des soupapes à expansion multiple, le tout minuscule. Et la main lui coûta quarante frogs. Une semaine du salaire qu'il touchait sur le rôle de la société.

— Est-elle garantie ? demanda-t-il aux spécialistes qui soudaient la partie « osseuse » de la main au reste de son corps.

— Quatre-vingt-dix jours, pièces et main-d'œuvre, répondit l'un d'eux. Sauf en cas de mauvais usage excessif ou volontaire.

— C'est vaguement suggestif, ce que vous dites.

Le technicien, un homme — ils étaient tous humains —, lui lança un regard perçant.

— Vous passiez pour un homme ?

— Involontairement, répondit Poole.

— Et maintenant ce sera volontairement ?

— Tout juste.

— Savez-vous pourquoi vous n'avez jamais deviné ? Il y a bien eu des indices... des cliquetis et des ronronnements à l'intérieur de vous, de temps à autre. Vous n'avez jamais deviné parce qu'on vous a programmé de façon que vous ne le remarquiez pas. Et maintenant vous aurez tout autant de mal à découvrir pourquoi on vous a construit et pour qui vous opériez.

— Un esclave, fit Poole. Un esclave mécanique.

— Vous vous êtes bien amusé.

— Oui, la vie a été bonne. J'ai beaucoup travaillé.

Il régla les quarante frogs, fléchit ses doigts neufs et les essaya en ramassant divers objets, pièces de monnaie et autres, puis il s'en alla. Dix minutes après, il était à bord d'un transport public pour regagner son foyer. La journée avait été suffisamment remplie.

Chez lui, dans son appartement d'une seule pièce, il se versa une rasade d'Etiquette Violette de Jack Daniel's — soixante ans d'âge — et la savoura tout en contemplant par son unique fenêtre la bâtisse de l'autre côté de la rue. « Irai-je au bureau ? se demandait-il. Si oui, pourquoi ? Sinon, pourquoi ? Fais ton choix. Bon Dieu ! Cela vous mine, de savoir. Je suis un phénomène, se rendait-il compte. Un objet inanimé qui singe l'être animé. » Mais... il se sentait vivant. Pourtant... à présent il avait une impression différente. De lui-même. Et, partant, de tout le monde et notamment de Danceman, Sarah et tout le personnel de Tri-Plan.

« Je crois que je vais me supprimer, se dit-il. Mais je dois être programmé pour ne pas le faire ; ce serait un coûteux gaspillage pour mon propriétaire. Et il n'y tient sûrement pas.

« Programmé. Quelque part en moi une matrice est en place, une grille-écran qui me coupe de certaines pensées, de certains actes. Et qui me force à d'autres. Je ne suis pas libre. Je ne l'ai jamais été, mais maintenant je le sais ; ce qui change tout. »

Après avoir opacifié sa fenêtre, il alluma le plafonnier, puis entreprit de se déshabiller avec soin, vêtement après vêtement. Il avait observé avec attention le travail des techniciens qui avaient placé sa nouvelle main : il s'était fait une idée assez nette de la façon dont son corps était agencé. Deux panneaux principaux, un dans chaque cuisse ; les spécialistes avaient ôté les plaques pour vérifier les ensembles de circuits sous-jacents. « Si je suis programmé, conclut-il, c'est sans doute là que se trouve la matrice. »

Le labyrinthe de circuits le déroutait. « Il me faut de l'aide, se dit-il. Voyons... quel est le code téléphonique pour l'ordinateur de classe BBB dont nous louons les services au bureau ? »

Il prit l'appareil et composa le numéro de l'ordinateur, à son siège permanent de Boise dans l'Idaho.

— Les services de cet ordinateur sont fixés à cinq frogs par minute, dit une voix mécanique dans le téléphone. Veuillez tenir votre carte de crédit devant l'écran.

Il obéit.

— Quand le buzzer vibrera, vous serez en liaison avec l'ordinateur, reprit la voix. Veuillez poser vos questions le plus rapidement possible en tenant compte de ce que la réponse vous sera fournie en quelques millisecondes, alors que vos questions...

Il baissa le volume du son. Mais il le haussa de nouveau quand l'organe auditif de l'ordinateur apparut sur l'écran. Pour l'instant, la machine n'était plus qu'une vaste oreille tendue vers lui... aussi bien que vers cinquante mille autres questionneurs sur toute la Terre.

— Procédez sur moi à un balayage visuel, ordonna-t-il à la machine, et dites-moi où je trouverai le mécanisme de programmation qui dirige mes pensées et mon comportement.

Il attendit. Sur l'écran du téléphone, un vaste œil mobile, aux facettes multiples, l'examinait ; il se plaça bien en vue au milieu de son studio.

L'ordinateur lui dit :

— Otez votre panneau de poitrine. Comprimez d'abord votre sternum, puis tirez doucement vers l'avant.

Il s'en acquitta. Une partie de sa poitrine se détacha ; un peu ahuri, il la posa sur le plancher.

— Je distingue des modules de contrôle, dit la machine, mais je ne vois pas lequel. (Elle se tut et son œil balaya l'écran.) Je perçois un rouleau de ruban perforé installé au-dessus de votre mécanisme cardiaque. Le voyez-vous? (Poole tendit le cou. Il le vit également.) Il faut que je me retire, dit l'ordinateur. Quand j'aurai examiné les données dont je dispose, je vous rappellerai pour vous fournir une réponse. Bonjour.

L'écran devint sombre.

« Je vais m'arracher ce ruban de la poitrine », se disait Poole. Tout petit... pas plus gros que deux fusettes de fil à coudre, avec une tête de lecture montée entre le tambour d'enroulement et celui de déroulement. Il ne voyait pas signe de mouvement; les bobines paraissaient inertes. « Elles doivent se déclencher pour les interdictions, réfléchissait-il, quand se présentent des situations particulières. Elles dominent mon processus encéphalique. Et il en a été ainsi toute ma vie durant. »

Il porta la main sur le tambour de déroulement. « Il suffirait que j'arrache ceci, et... »

L'écran du téléphone s'éclaira :

— Carte de crédit n° 3-BNX-882-HQR 446-T, fit la voix de l'ordinateur. Ici BBB-307DR, pour répondre à votre question de seize secondes de durée, du 4 novembre 1992. Le rouleau de ruban perforé au-dessus de votre mécanisme cardiaque n'est pas une tourelle de programmation mais un relais d'apport de réalité. Toutes les stimulations sensorielles que reçoit votre système neurologique émanent de cet instrument, et y toucher serait pour le moins dangereux sinon irrémédiable. (Il ajouta :) Il ne semble pas que vous ayez de circuit de programmation. Réponse fournie. Bonjour.

L'écran s'éteignit.

Poole, qui se tenait nu devant l'écran, effleura une fois encore du bout du doigt le tambour à ruban, avec des précautions infinies. « Je vois, songeait-il, éperdu. Ou plutôt, est-ce que je vois ? Cet instrument…

« Si je coupe le ruban, mon univers va disparaître. La réalité subsistera pour les autres, mais pas pour moi. Parce que ma réalité, mon univers, me viennent de ce minuscule appareil. Lequel alimente le filtre, qui transmet à son tour les impressions à mon système nerveux central au fur et à mesure du déroulement.

« Et le déroulement se poursuit depuis des années », conclut-il.

Il se rhabilla, s'assit dans son grand fauteuil — luxe transféré des bureaux de Tri-Plan à son propre appartement — et alluma une cigarette de tabac. Ses mains tremblaient quand il reposa son briquet marqué de ses initiales ; il s'adossa confortablement et souffla la fumée devant sa figure, se nimbant de gris.

« Il faut que je procède avec lenteur, se dit-il. Qu'est-ce que je m'efforce de faire ? De contourner ma programmation ? Mais l'ordinateur n'a pas découvert de circuit de programmation. Ai-je envie de tripoter le ruban de réalité ? Et si oui, pourquoi ?

« Parce que, se répondit-il, si je contrôle cet instrument, je contrôle la réalité. Du moins en ce qui me concerne. Ma réalité subjective… mais rien de plus. La réalité objective est une construction de synthèse, qui part d'une généralisation hypothétique fondée sur une multitude de réalités subjectives.

« Mon univers repose entre mes doigts,

s'étonna-t-il. Si seulement j'arrive à trouver comment ce fichu truc fonctionne ! Tout ce que je voulais au départ, c'était découvrir mon circuit de programmation de façon à accéder à un véritable fonctionnement homéostatique : à avoir le contrôle de moi-même. Mais avec ceci... »

Avec ceci, il n'aboutissait pas seulement au contrôle de lui-même ; il prenait le contrôle de tout.

« Et c'est ce qui me distingue de tous les humains qui ont jamais vécu et péri », songea-t-il, assombri.

Il retourna près du téléphone et appela son bureau. Quand Danceman apparut sur l'écran, il lui dit avec vivacité :

— Je voudrais que vous me fassiez parvenir chez moi un jeu complet de micro-outillage et un appareil agrandisseur. J'ai un travail à effectuer sur des micro-circuits.

Il coupa la communication, car il n'avait pas envie de discuter.

Une demi-heure plus tard, on frappait à sa porte. Il ouvrit et accueillit un des contremaîtres de l'atelier, chargé de micro-outils de toutes espèces.

— Vous n'avez pas précisé de quoi vous aviez besoin, déclara l'homme en entrant dans la pièce. Alors Mr. Danceman m'a fait tout apporter.

— Et le système d'agrandissement optique ?

— Dans le fourgon, sur la terrasse.

« Peut-être que mon désir, c'est de mourir », songeait Poole. Il alluma une cigarette et la fuma, debout, en attendant que le contremaître ait installé le lourd écran d'agrandissement avec son alimentation électrique et son tableau de commande. « C'est un suicide, ce que j'envisage. » Il frissonna.

— Cela ne va pas, Mr. Poole ? s'enquit le contremaître en se redressant après avoir déposé son fardeau. Vous ne devez pas encore être très ferme sur vos jambes, après cet accident.

— Exact, fit Poole d'un ton calme.

Il attendait impatiemment le départ de l'homme.

Sous les lentilles grossissantes, le ruban plastique prenait un nouvel aspect : une large piste sur laquelle couraient des centaines de milliers de perforations. « Je le pensais bien », se dit-il. Non pas des enregistrements magnétiques sur une couche d'oxyde de fer, mais bien des fentes à l'emporte-pièce.

Sous l'oculaire, la bande défilait visiblement. Très lentement, à une vitesse uniforme, vers la tête de lecture.

« A mon avis, réfléchit-il, ces perforations sont des portes de *passage*. Cela fonctionne comme un orgue mécanique ; carton plein, rien ; perforation, musique. Comment m'en assurer ? »

De toute évidence, en bouchant un certain nombre de trous.

Il évalua la quantité de ruban qui restait sur la bobine débitrice, calcula — avec beaucoup de difficulté — la vitesse de débit et aboutit à un chiffre. S'il modifiait la partie de ruban visible au bord de pénétration de la tête de lecture, il s'écoulerait de cinq à sept heures avant que ce moment particulier arrive. Il oblitérerait en fait des stimulations qu'il devait éprouver dans quelques heures.

Avec un micro-pinceau, il recouvrit une bonne section de ruban à l'aide de vernis opaque, pris dans le nécessaire d'accompagnement de l'outillage. « J'ai effacé les stimulations pour une demi-heure environ, estima-t-il. Bouché au moins un millier de trous. »

Il serait intéressant de savoir les changements — s'il s'en produisait — que cela apporterait à ce qui l'entourait, dans six heures.

Cinq heures et demie plus tard, il était assis chez *Krackter*, un splendide bar de Manhattan, et prenait un verre avec Danceman.

— Vous n'avez pas bonne mine, lui dit ce dernier.

— Je ne me sens pas bien, répondit Poole.

Il vida son verre — un scotch au citron — et en commanda un second.

— A la suite de l'accident ?

— Oui, en un sens.

Danceman demanda :

— Est-ce... quelque chose que vous avez appris sur votre propre compte ?

Poole releva la tête et le contempla dans la lumière tamisée du bar.

— Ainsi, vous êtes au courant.

— Je sais, reprit Danceman, je sais que je devrais vous appeler Poole et non Mr. Poole. Mais je préfère la seconde manière et je m'y tiendrai.

— Depuis combien de temps êtes-vous informé ?

— Depuis que vous avez pris la direction de la société. On m'a expliqué que les propriétaires réels de Tri-Plan, qui vivent dans le système de Proxima, préféraient que la firme soit dirigée par une fourmi électronique dont ils auraient le contrôle. Ils voulaient quelqu'un de brillant et autoritaire...

– Les propriétaires réels? (C'était la première fois qu'il en entendait parler.) Nous comptons deux mille actionnaires. Répartis un peu partout.

– Marvis Bey et son mari Ernan, sur Proxima 4, disposent de cinquante et un pour cent des voix. Il en était ainsi dès le départ.

– Pourquoi étais-je maintenu dans l'ignorance?

– On m'a dit de ne pas vous renseigner. Vous deviez croire que vous étiez seul à régir la société. Avec mon assistance. Mais en réalité je vous communiquais les instructions que les Bey me transmettaient.

– Je ne suis qu'un homme de paille! fit Poole.

– Sous un certain angle, oui. Mais vous serez toujours Mr. Poole pour moi.

Un pan du mur le plus éloigné disparut. Et en même temps plusieurs personnes assises à des tables voisines. Et...

De l'autre côté de la grande baie vitrée du bar, la ligne des toits de New York cessa soudain d'exister.

En voyant son expression Danceman s'alarma :

– Que se passe-t-il?

Poole avait la voix rauque :

– Regardez autour de vous. Remarquez-vous des changements?

Après un coup d'œil circulaire dans la salle, Danceman répondit :

– Non. Quoi, par exemple?

– Vous voyez toujours les toits sur le ciel?

– Bien sûr. Même à travers le brouillard mêlé de fumée. Les lumières clignotent...

– Maintenant, je sais, affirma Poole. (Il avait raison : chacune des perforations obturées signifiait la disparition d'un objet quelconque dans son plan de réalité. Il se leva et dit :) A plus tard, Danceman. Je dois rentrer chez moi ; je suis sur un boulot. Bonsoir.

Il sortit du bar, émergea dans la rue et chercha un taxi.

Pas de taxis.

« Eux aussi, songea-t-il. Je me demande ce que j'ai encore pu effacer ? Les putains ? Les fleurs ? Les prisons ? »

Dans le parking du bar, il reconnut l'engin volant de Danceman. « Je vais le prendre, décida-t-il. Il y a toujours des taxis dans le monde de Danceman ; il en prendra un. De toute façon le véhicule appartient à la société et je détiens une copie de la clé. »

Il fut bientôt dans les airs et prit la direction de son domicile.

La ville de New York n'était pas revenue. A droite et à gauche, des véhicules et des bâtisses, des rues, des piétons, des enseignes... et au milieu, rien. « Comment pourrais-je voler là-dedans ? se demanda-t-il. Je disparaîtrais. »

Peut-être pas ? Il vola vers le néant.

Tout en fumant cigarette sur cigarette, il décrivit des cercles pendant un quart d'heure... et alors, sans bruit, New York réapparut. Il écrasa sa cigarette (du gaspillage, avec un produit aussi coûteux que le tabac !) et fila vers son appartement.

« Si j'insérais une étroite section opaque, réfléchissait-il en ouvrant sa porte, je pourrais... »

Le fil de ses pensées se trancha. Quelqu'un était assis dans son fauteuil à regarder un capitaine qui pérorait à la télé. « Sarah », fit-il, contrarié.

Elle se leva, bien rembourrée mais gracieuse.

— Vous n'étiez plus à l'hôpital, alors je suis venue ici. J'ai toujours la clé que vous m'aviez rendue en mars après notre affreuse querelle. Oh!... vous semblez si déprimé! (Elle s'approcha, lui scruta le visage d'un air inquiet.) Votre blessure vous fait-elle tellement souffrir?

— Ce n'est pas cela. (Il ôta sa veste, sa cravate, sa chemise, puis son panneau de poitrine; agenouillé, il commença à glisser les mains dans les gants spéciaux pour le micro-outillage. Il s'interrompit pour la regarder et lui dire :) J'ai découvert que je suis une fourmi électronique. Ce qui, d'un certain point de vue, m'ouvre des perspectives que j'explore en ce moment.

Il fléchit les doigts et à l'extrémité de son index gauche apparut un micro-tournevis, rendu visible par le système agrandisseur.

— Vous pouvez regarder si vous le désirez, lui dit-il.

Elle s'était mise à pleurer.

— Qu'est-ce qui vous prend? fit-il méchamment, sans lever les yeux.

— Je... c'est simplement trop triste. On vous considérait tous comme un si bon patron, à Tri-Plan. Nous avons un tel respect pour vous! Et maintenant, tout va changer.

Le ruban plastique comportait une marge non perforée en haut et en bas; il y découpa une bande horizontale très étroite, puis, après un temps de profonde réflexion, il trancha le ruban même, quatre heures de déroulement environ avant la tête de lecture. Il disposa alors le tronçon détaché à angle droit par rapport à la tête de lecture, le souda en place avec un micro-fer, puis rattacha de part et d'autre la bande originale. Il avait ainsi inséré un temps mort de vingt minutes dans le courant continu de sa réalité. L'effet s'en ferait sentir — selon ses calculs — quelques minutes après minuit.

— Etes-vous en train de vous réparer? demanda Sarah, d'une voix timide.

— Je me libère, répondit-il.

Outre celle-ci, il avait en tête quelques autres modifications. Mais tout d'abord il lui fallait mettre sa théorie à l'épreuve; un ruban vierge, sans perforations, cela signifiait l'absence de stimulations, auquel cas l'*absence totale* de ruban...

— L'expression de votre visage... murmura Sarah. (Elle entreprit de rassembler ses affaires, son sac, son manteau, son magazine audio-visuel.) Je m'en vais; je comprends très bien vos sentiments en me trouvant ici.

— Restez. Je regarderai en votre compagnie les exploits du capitaine. (Il remit sa chemise.) Vous vous rappelez, il y a des années, quand il y avait... combien? Vingt ou vingt-deux chaînes? Avant que les gouvernements aient supprimé les stations privées?

Elle fit un signe affirmatif.

— De quoi cela aurait-il eu l'air si ce récepteur de télévision avait projeté sur l'écran à rayons cathodiques tous les programmes *en même temps?* Aurions-nous pu distinguer quoi que ce soit dans ce mélange?

— Je ne pense pas.

— Peut-être pourrions-nous apprendre.

Apprendre à devenir sélectifs ; nous acquitter nous-mêmes du tri et percevoir ce que nous voudrions, tout en rejetant ce qui ne nous intéresserait pas. Pensez à la quantité de connaissances qu'on pourrait emmagasiner en une période délimitée. Je me demande si le cerveau, le cerveau humain... (Il s'interrompit.) Le cerveau humain n'en serait pas capable, reprit-il bientôt, comme pour lui seul. Mais, en théorie, un cerveau quasi organique en aurait la possibilité.

— Est-ce d'un cerveau de cette nature que vous êtes doté ? s'enquit Sarah.

— Oui, répondit Poole.

Ils suivirent les débats du capitaine jusqu'au bout, puis ils se mirent au lit. Mais Poole restait adossé à son oreiller, à fumer d'un air morose. Près de lui, Sarah s'agitait, se demandant pourquoi il n'éteignait pas les lumières.

11 h 50. Cela allait se produire d'un instant à l'autre.

— Sarah, j'ai besoin de votre aide, dit-il. Dans quelques minutes à peine, il va m'arriver quelque chose d'étrange. Cela ne durera pas longtemps, mais je désire que vous m'observiez avec soin. Voyez si je... (Il esquissa un geste.) Si je subis des transformations. Si je parais m'endormir, ou si je prononce des paroles insensées, ou... (Il allait dire « si je disparais », mais il se retint.) Je ne vous ferai aucun mal, mais ce ne serait pas une mauvaise idée de vous armer. Avez-vous apporté votre pistolet antiagressions ?

— Dans mon sac.

Elle était bien éveillée à présent. Assise sur le lit, elle le contemplait avec une frayeur folle, ses larges épaules brunes et mouchetées de taches de son frémissant sous la lumière.

Il alla chercher l'arme.

La pièce prit soudain une immobilité raidie. Puis les couleurs s'estompèrent. Les objets s'amenuisèrent jusqu'à se fondre avec les ombres, comme de la fumée. Les ténèbres s'épaississaient en même temps que tout devenait plus indistinct.

Les dernières stimulations s'évanouissent, se dit Poole. Il cligna les paupières pour mieux voir. Il perçut la silhouette de Sarah Benton, assise sur le lit : un découpage à deux dimensions qu'on aurait posé là en attendant qu'il devienne indistinct. Les substances dématérialisées flottaient par bouffées au hasard, comme des nuages instables ; leurs éléments se rassemblaient, se séparaient, puis se rassemblaient de nouveau. Enfin les dernières traces de chaleur, d'énergie et de lumière se dissipèrent ; la pièce se referma et croula sur elle-même, comme arrachée de la réalité. Alors les ténèbres absolues remplacèrent tout, un espace sans profondeur, qui ne ressemblait pas à la nuit, mais avait quelque chose de dur, d'inflexible. En outre, il n'entendait rien.

Il voulut tendre les bras pour toucher des objets. Mais il n'avait plus de bras à tendre. La conscience de son propre corps avait disparu en même temps que le reste de l'univers. Il n'avait plus de mains, et même s'il en avait eu, elles n'auraient rien trouvé à toucher.

« J'ai toujours raison quant au fonctionnement de ce ruban », se dit-il, employant une bouche inexistante pour se communiquer un message inaudible.

« Cela prendra-t-il fin dans dix minutes ?

s'interrogeait-il. Ai-je encore vu juste sur ce point ? » Il attendait... mais il savait d'intuition que son sentiment de la durée avait disparu en même temps que toutes autres choses. « Je ne peux qu'attendre, réalisait-il. Et espérer que cela ne durera pas trop longtemps. »

Pour se forcer à la patience, il résolut : « Je vais tenter d'établir un dictionnaire. D'abord, essayer de dresser la liste de tout ce qui commence par *a*. Voyons. (Il réfléchit.) Abricot, automobile, accès, atmosphère, Atlantique, aspic de foie gras, annonce... » Sa pensée allait de l'avant et les termes défilaient dans son esprit que hantait la peur.

D'un seul coup la lumière revint.

Il gisait sur le divan du salon et un pâle soleil filtrait par l'unique fenêtre. Deux hommes se penchaient sur lui, les mains pleines d'outils. « Des ouvriers de l'entretien, comprit-il. Ils ont travaillé sur mon corps. »

— Il a repris connaissance, dit l'un des techniciens, qui se leva et s'écarta.

Sarah Benton, qui débordait d'inquiétude, le remplaça.

— Dieu merci ! s'écria-t-elle en soufflant son haleine humide dans l'oreille de Poole. J'ai eu si peur ! J'ai fini par appeler Mr. Danceman pour...

— Que s'est il passé ? coupa durement Poole. Reprenez au début et, au nom du ciel, parlez posément. Que je puisse tout assimiler.

Sarah se domina, prit le temps de se frotter le nez et reprit d'une voix agitée :

— Vous avez perdu connaissance. Vous restiez là, comme mort. J'ai attendu jusqu'à 2 h 30 et vous ne bougiez toujours pas. J'ai téléphoné à Mr. Danceman, que j'ai malheureusement réveillé, et ces deux hommes sont arrivés vers

4 h 30. Ils n'ont pas cessé de travailler depuis. Il est maintenant 6 h 15 du matin. Et j'ai très froid et envie d'aller me coucher ; je ne pourrai pas aller au bureau aujourd'hui ; vraiment pas.

Elle détourna la tête en reniflant. Ce bruit agaça Poole.

Un des spécialistes en uniforme déclara :

— Vous avez tripoté votre ruban de réalité.

— Oui, dit Poole. (Pourquoi le nier ? Ils avaient de toute évidence découvert le morceau de bande vierge collé en travers.) Je n'aurais pas dû rester si longtemps dans le néant. Je n'ai inséré qu'un morceau d'une dizaine de minutes, ajouta-t-il.

— Cela a arrêté le déroulement du ruban, expliqua le technicien. La bande a cessé d'aller de l'avant ; votre morceau surajouté a bloqué le mécanisme, qui s'est automatiquement mis hors circuit pour éviter de déchirer le ruban. Qu'est-ce qui a pu vous pousser à manipuler ce dispositif ? Ne saviez-vous pas ce que vous risquiez ?

— Je n'en étais pas trop sûr.

— Mais vous en aviez une idée assez proche ?

Poole rétorqua d'un ton acide :

— C'est pourquoi je m'y intéresse.

— Votre facture s'élèvera à quatre-vingt-quinze frogs, dit l'homme. Payables à tempérament si vous préférez.

— Bon, acquiesça-t-il.

Il s'assit, un peu étourdi, se frotta les yeux et fit la grimace. Il avait mal à la tête et son estomac lui semblait absolument vidé.

— Limez un peu l'épaisseur du ruban, la prochaine fois, lui dit le premier technicien. De cette façon, le mécanisme ne se bloquera pas. Il ne vous est pas venu à l'idée qu'il y avait un système de sécurité inclus ? Pour que tout s'arrête plutôt que de...

— Qu'arriverait-il, coupa Poole d'une voix basse, concentrée, s'il ne passait pas du tout de ruban sous la tête de lecture ? Pas de ruban... rien du tout. La cellule photo-électrique envoyant sa lumière sans rencontrer d'obstacle ?

Les spécialistes s'entre-regardèrent. L'un d'eux dit :

— Tous les influx neuro-électriques franchiraient les coupures de sécurité et se mettraient en court-circuit.

— Ce qui veut dire ?

— Ce qui veut dire que ce serait la fin de la mécanique !

— J'ai examiné le circuit, reprit Poole. La tension n'y est pas assez élevée pour amener un tel résultat. Le métal ne fond pas sous d'aussi faibles charges de courant, même si les terminaux sont en contact. Nous parlons d'environ un millionième de watt dans un conducteur de césium d'à peu près un seizième de pouce de long. Admettons qu'il y ait un milliard de combinaisons possibles à un instant donné, en fonction des perforations du ruban. Le courant total de sortie n'est pas cumulatif ; son intensité dépend du débit de la batterie pour ce module particulier, et elle n'est pas grande, avec tous les circuits ouverts et en fonctionnement.

— Pourquoi mentirions-nous ? fit l'un des techniciens, d'un ton excédé.

— Pourquoi pas ? J'ai ici une chance de pouvoir tout connaître d'expérience. Simultanément. D'assimiler l'univers dans sa totalité, d'être momentanément en rapport avec toute la réalité. Ce qu'aucun humain ne peut accomplir.

Toute une symphonie qui me pénétrerait le cerveau, hors du temps, avec toutes les notes, tous les instruments jouant à la fois, et distincts. Et toutes les symphonies ! Vous comprenez ?

— Cela vous ferait griller d'un bout à l'autre, dirent les deux techniciens à la fois.

— Je ne le crois pas.

Sarah intervint :

— Aimeriez-vous une tasse de café, Mr. Poole ?

— Oui, dit-il.

Il bascula les jambes, pressant ses pieds froids sur le plancher, et frissonna. Puis il se leva. Il avait mal par tout le corps. (Ils m'ont laissé allongé sur le divan toute la nuit, se rendit-il compte. Tout compte fait, ils auraient pu se débrouiller autrement !)

A la table de cuisine, dans le coin de la pièce, Garson Poole buvait son café, face à Sarah. Il y avait déjà longtemps que les techniciens étaient partis.

— Vous n'allez plus tenter d'expériences sur vous-même, j'espère ? fit Sarah, d'un ton attristé.

Poole grinça.

— J'aimerais contrôler le temps. Le renverser. « Je vais couper un segment de ruban, songeait-il, et le souder à l'envers. Ainsi les séquences causales défileront-elles dans l'autre sens. Je marcherai donc à reculons pour descendre les marches depuis l'aire d'atterrissage du toit jusqu'à ma porte, pousserai le battant fermé à clé, reculerai encore jusqu'à l'évier d'où je tirerai une pile d'assiettes sales. Je m'assoirai à cette table devant la pile d'assiettes, remplirai chacune de nourriture extraite de mon estomac... Je remettrai ensuite des aliments dans le réfrigérateur. Le lendemain, je tirerai les aliments du réfrigérateur, les emballerai dans des sacs, porterai les sacs au self-service où je les répartirai entre les rayons. Et enfin, à la caisse, on me versera de l'argent puisé dans le tiroir. La nourriture sera remise avec d'autre dans de grandes caisses en plastique, expédiée de la ville vers les cultures hydroponiques de l'Atlantique, pour y regagner les arbres, les buissons ou les corps d'animaux morts, ou encore pour être profondément enfouie dans le sol. Mais qu'est-ce que tout cela prouverait? Un film qui se déroulerait à l'envers... je ne saurais rien de plus qu'à présent, ce qui est insuffisant.

« Ce que je désire, comprenait-il, c'est la réalité ultime et absolue, durant une microseconde. Après, cela n'aura plus d'importance, puisque tout me sera connu; il ne restera plus rien à entendre ou à voir.

« Je pourrais tenter encore une modification, se dit-il. Avant d'essayer de couper le ruban, je percerai de nouveaux trous dans la bande, pour voir ce qui en sortira. Ce sera intéressant, car j'ignorerai à l'avance la signification de mes propres perforations. »

Avec la pointe d'un micro-outil, il perça plusieurs trous au hasard, aussi près de la tête de lecture qu'il le put... Il n'avait pas envie d'attendre longtemps.

— Je me demande si vous vous en apercevrez, dit-il à Sarah. (Probablement pas, dans la mesure où il pouvait extrapoler le résultat.) Il se peut que quelque chose se manifeste, reprit-il. Je tiens seulement à vous en avertir; pour vous éviter de prendre peur.

— Oh ! mon Dieu, fit-elle, d'une voix ténue.

Il consulta sa montre. Une minute passa, puis une seconde et une troisième. Et alors.

Au centre de la pièce apparut un vol de canards verts et noirs. Ils cancanaient avec entrain, puis ils quittèrent le plancher pour aller se coller au plafond en une masse remuante d'ailes et de plumes qui s'efforçaient frénétiquement de fuir.

— Des canards, fit Poole, émerveillé. J'ai percé un trou par où est passé un vol de canards sauvages !

Et voici qu'autre chose apparaissait. Un banc dans un parc, où était assis un homme d'un certain âge, en haillons, qui lisait un journal déchiré et froissé. Il leva un instant les yeux, distingua vaguement Poole, lui adressa une ébauche de sourire, découvrant un dentier mal ajusté, puis se replongea dans son journal replié en deux. Il se remit à sa lecture.

— Le voyez-vous ? demanda Poole à Sarah. Et les canards ?

Au même instant canards et clochard de jardin public disparurent. Il n'en resta pas trace. L'intervalle de leurs perforations avait passé rapidement.

— Ils n'étaient pas réels, dit Sarah. N'est-ce pas ? Alors comment…

— Vous non plus n'êtes pas réelle, lui dit-il. Vous n'êtes qu'un facteur de stimulation sur mon ruban de réalité. Une perforation qu'on peut obturer. Avez-vous également une existence dans une autre bande de réalité, ou dans un monde objectif ? (Il l'ignorait ; il n'aurait su que répondre. Peut-être Sarah n'en savait-elle rien elle-même. Peut-être existait-elle dans un millier de rubans de réalité ; peut-être figurait-elle sur tous les rubans de réalité qu'on eût jamais fabriqués.) Si je coupe la bande, poursuivit-il, vous serez partout et nulle part. Comme tout le reste de l'univers. Du moins dans la conscience que j'en prends.

Sarah balbutia :

— Je suis réelle.

— Je veux tout connaître entièrement, dit Poole. Pour cela, il faut que je coupe le ruban. Si je ne le fais pas maintenant, ce sera une autre fois ; il est inévitable que ça arrive un jour ou l'autre. « Alors pourquoi attendre ? se demandait-il. Et il reste la possibilité que Danceman ait informé mon fabricant, mes possesseurs, qu'on prenne des mesures pour me détourner de mon projet. Parce que je mets peut-être en danger leur propriété… c'est-à-dire moi. »

— Vous me faites regretter de ne pas être allée au bureau, au bout du compte, dit Sarah, les coins de la bouche abaissés de chagrin.

— Allez-y, dit Poole.

— Je ne veux pas vous laisser seul.

— Je me débrouillerai très bien.

— Non, vous ne vous débrouillerez pas du tout. Vous allez vous débrancher — ou agir sottement d'une autre manière — et vous tuer rien que pour avoir découvert que vous n'êtes qu'une fourmi électronique et non un être humain.

Il acquiesça en partie : « Peut-être. » Cela se ramenait-il à ce seul sentiment ?

— Et je ne peux pas vous en empêcher.

— Non, confirma-t-il.

— Mais je reste, fit Sarah. Même si je ne puis rien pour vous. Parce que si je m'en vais et que vous mourriez, je passerai le reste de ma vie à me demander ce qui serait arrivé si j'étais restée. Vous comprenez ?

Il fit un signe affirmatif.

— Allez-y, dit Sarah.

Il se leva.

— Ce n'est pas de la douleur que je vais éprouver, la prévint-il. Bien que cela puisse y ressembler à vos yeux. N'oubliez pas que les robots organiques contiennent des circuits de douleur minimale. J'éprouverai les plus intenses...

— Ne m'en dites pas plus ! coupa-t-elle. Faites ce que vous voulez, ou ne faites rien si vous préférez.

Avec maladresse — parce qu'il avait peur — il enfila ses mains dans les commandes des microgants, saisit un outil minuscule, une lame acérée.

— Je vais couper un ruban installé sous mon panneau de poitrine, annonça-t-il en regardant l'écran d'agrandissement.

Sa main tremblait quand il leva la lame. « Dans une seconde ce sera terminé, se dit-il. Tout sera fini. Et... j'aurai encore le temps de ressouder les extrémités, se rendait-il compte en même temps. Une demi-heure au moins pour changer d'avis. »

Il trancha le ruban.

Sarah le regardait fixement d'un œil craintif. Elle murmura :

— Il ne s'est rien passé.

— J'ai un délai de trente à quarante minutes.

Il se rassit à la table après s'être débarrassé des gants de manipulation. Il nota que sa voix tremblotait ; sans nul doute Sarah s'en était aussi aperçue, et il s'irritait contre lui-même, sachant bien qu'il lui faisait peur. « Je suis désolé », dit-il, sans raison. Il avait envie de lui présenter des excuses. « Vous auriez dû partir », ajouta-t-il, pris de panique ; il se leva de nouveau. Elle en fit autant, l'imitant par réflexe. Le visage gonflé, inquiet, elle restait plantée, le sein palpitant.

— Allez-vous-en, fit-il d'un ton pesant, retournez au bureau où vous devriez être déjà. Où nous devrions être tous les deux. « Je vais recoller les deux bouts de la bande, se disait-il ; la tension est trop forte pour mon système. »

Il allongea les mains vers les gants et les enfila à tâtons sur ses doigts raidis. En examinant l'écran agrandisseur, il vit le rayon de la cellule photo-électrique qui pointait vers le haut, droit sur la tête de lecture ; au même instant, il s'aperçut que le bout de la bande disparaissait sous la tête de lecture... Et il comprit aussitôt. « Je m'y prends trop tard, la bande a passé. Dieu, songea-t-il, venez-moi en aide. La bande s'est déroulée plus vite que je n'avais prévu. Ainsi c'est *maintenant* que... »

Il vit des pommes, des pavés et des zèbres. Il sentait la chaleur, le grain soyeux d'un tissu ; les vagues de l'océan lui léchaient le corps et un grand vent venu du nord s'accrochait à lui comme pour l'entraîner quelque part. Sarah était tout autour de lui, de même que Danceman ; New York luisait dans la nuit et les véhicules voletaient et bondissaient autour de lui dans le ciel nocturne, et le jour, et les eaux, et la sécheresse. Du beurre se liquéfiait sur sa langue en même temps que l'assaillaient des odeurs et des saveurs diverses : la présence amère des poisons et les citrons et les feuilles d'herbe de l'été. Il se noyait ; il tombait ; il reposait dans les bras d'une femme dans un vaste lit blanc en même temps qu'un bruit aigu lui déchirait les tympans : l'avertisseur d'un ascenseur endommagé dans l'un des vieux hôtels décrépits du bas de la ville. « Je vis, j'ai vécu, je ne vivrai jamais », se disait-il, et en même temps que les pensées lui venaient tous les mots, tous les sons. Des insectes crissaient et bourdonnaient, et il sombrait à moitié dans un ensemble complexe de machinerie homéostatique situé quelque part dans les labos de Tri-Plan.

Il voulait parler à Sarah. Il ouvrit la bouche et tenta de formuler des mots… de les enchaîner d'une certaine façon parmi l'énorme foule de termes qui lui illuminaient le cerveau, le brûlant de leur signification absolue.

Figée contre le mur, Sarah Benton ouvrit les yeux et vit la spirale de fumée qui sortait des lèvres entrouvertes de Poole. Puis le robot s'affaissa sur les coudes et les genoux et s'écrasa lentement en un tas brisé, recroquevillé. Elle comprit sans examen qu'il était *mort*.

Poole s'était suicidé, comprenait-elle. Et il ne pouvait éprouver de la douleur, il l'avait déclaré lui-même. Ou du moins très peu ; un soupçon, peut-être. Toujours ébranlée, elle traversa la pièce jusqu'au téléphone, prit le combiné et composa de mémoire le numéro.

« Il pensait que j'étais un facteur de stimulation sur son ruban, se dit-elle. Aussi a-t-il cru que je mourrais quand il mourrait. Comme c'est étrange. Pourquoi s'est-il imaginé cela ? Il n'avait jamais été branché sur le monde réel ; il avait "vécu" dans un monde électronique qui n'appartenait qu'à lui. Quelle bizarrerie. »

– Mr. Danceman, dit-elle une fois la

communication établie, Poole est parti. Il s'est détruit lui-même sous mes yeux. Il faudrait que vous veniez.

— Ainsi nous en sommes enfin libérés.

— Oui, est-ce que ce ne sera pas merveilleux ?

Danceman répondit :

— J'envoie deux hommes de l'atelier. (Il regarda derrière elle, distingua la silhouette de Poole étendue près de la table de cuisine.) Rentrez chez vous et prenez du repos, ordonna-t-il à Sarah. Tout cela a dû vous épuiser.

— Oui. Je vous remercie, Mr. Danceman.

Elle raccrocha et resta pensive.

Puis elle remarqua quelque chose.

« Mes mains », songea-t-elle. Elle les leva à la hauteur de ses yeux. « Comment se fait-il que je voie à travers ? »

Et les murs de la pièce devenaient aussi moins nets.

En tremblant, elle recula jusqu'au robot inerte, s'immobilisa, ne sachant que faire. Le tapis transparaissait à travers ses jambes, puis il devint flou et lui-même transparent, et elle distingua au travers d'autres couches de matière en désintégration.

« Peut-être que si j'arrive à recoller les bouts de la bande... » réfléchissait-elle. Mais elle ne savait pas comment. Et la silhouette de Poole était devenue imprécise.

Le vent du petit matin soufflait autour d'elle. Elle ne le sentait pas ; déjà elle commençait à ne plus éprouver de sensations.

Les vents continuaient de souffler.

Traduit par Bruno Martin.
Titre original : *The Electric Ant*.

LES PRÉHUMAINS

Au-delà du massif de cyprès, Walter – qui était en train de jouer au roi de la montagne – aperçut le camion blanc et le reconnut. « C'est le camion abortif, pensa-t-il. Il vient chercher un enfant et l'emmener à la clinique d'avortement pour une intervention postnatale.

« Ce sont peut-être mes parents qui l'ont appelé, se dit-il encore. Pour moi. »

Il courut se cacher parmi les ronciers, en sentant la piqûre des épines mais en songeant : « Il vaut mieux ça que d'avoir les poumons vidés d'air. C'est de cette façon qu'ils s'y prennent : ils opèrent sur tous les enfants à la fois. Ils ont une grande salle pour ça. Destinée aux enfants dont personne ne veut. »

Caché au milieu des ronces, il écouta si le camion s'arrêtait mais continua d'entendre son moteur.

« Je suis invisible », se dit-il à haute voix, une réplique qu'il avait apprise lors de la représentation scolaire du *Songe d'une nuit d'été* et que prononçait Obéron, dont il avait joué le rôle. Et personne ensuite ne pouvait plus le voir. Peut-être était-ce pareil en ce moment. Peut-être la phrase magique agissait-elle dans la vie réelle ; il se la répéta donc : « Je suis invisible. » Mais il savait que c'était faux. Il voyait toujours ses bras, ses jambes et ses chaussures, et il savait que tout le monde — le conducteur du camion notamment, et aussi sa mère et son père — pouvait également le voir. A condition de regarder dans sa direction.

Si du moins c'était lui qu'on recherchait.

Il aurait voulu être roi ; il aurait voulu être recouvert d'une poussière magique, coiffé d'une couronne brillante, et régner sur le pays des fées en ayant Puck pour confident. Ou même comme conseiller auprès de qui chercher assistance, même étant roi, lorsqu'il se querellait avec son épouse Titania.

« Je suppose, songea-t-il, qu'il ne suffit pas de dire une chose pour qu'elle se réalise. »

Le soleil lui chauffait la peau et lui faisait plisser les yeux, mais il gardait toute son attention fixée sur le moteur du camion ; le bruit de celui-ci résonnait toujours, et Walter reprit espoir en l'entendant s'éloigner. C'était un autre enfant qui allait être conduit à la clinique d'avortement, et pas lui : un enfant qui habitait plus loin sur la route.

Il émergea avec difficulté des buissons de ronces, tremblant et tout écorché, et reprit pas à pas le chemin de sa maison. Tout en avançant d'une démarche lente il se mit à pleurer, en partie à cause de la douleur de griffures, mais aussi sous l'effet de la peur et du soulagement.

— Mon Dieu, s'exclama sa mère en le voyant, qu'est-ce qui t'est arrivé ?

— J'ai... vu... le camion, balbutia-t-il.

— Et tu as cru que c'était pour toi ?

Il hocha la tête sans un mot.

— Écoute-moi, Walter. (Cynthia Best s'agenouilla devant lui en saisissant ses mains tremblantes.) Je te promets, ton père et moi nous te promettons, que tu ne seras jamais envoyé au Centre de commodité. D'ailleurs tu es trop âgé. Ils ne prennent que les enfants de moins de douze ans.

— Mais Jeff Vogel...

— Ses parents l'y ont mis juste avant que la nouvelle loi entre en vigueur. Maintenant, ils n'auraient pas le droit légalement de le faire. Et c'est pareil pour toi. Voyons... tu as une âme; la loi dit que les enfants âgés de plus de douze ans ont une âme. Donc il n'est pas question de les expédier au Centre de commodité. Tu vois? Tu n'as rien à craindre. Chaque fois que tu vois le camion abortif, c'est pour un autre enfant qu'il vient, pas pour toi. Jamais pour toi. Est-ce que c'est clair? Il vient pour un enfant plus jeune que toi qui n'a pas encore d'âme et qui n'est qu'un préhumain.

Les yeux baissés, fuyant le regard de sa mère, il répondit :

— Je n'ai pas l'impression que je viens d'avoir une âme; c'est comme si je l'avais toujours eue.

— C'est la loi qui décide, fit sa mère catégoriquement. C'est strictement en rapport avec l'âge. Et cet âge, tu l'as atteint. C'est l'Église des Veilleurs qui a fait voter la loi par le Congrès. En fait, les gens de l'Église voulaient qu'on fixe un âge beaucoup plus bas; ils affirmaient que l'âme s'introduisait dans le corps à l'âge de trois ans, mais un amendement a été introduit dans le projet de loi. L'important, en tout cas, c'est que tu ne risques plus rien sur le plan légal, malgré ce que tu peux ressentir au fond de toi. Tu comprends ?

— Oui, opina-t-il.

— Tout ça, tu le savais bien.

Il donna libre cours à sa colère et à son chagrin.

— Tu crois que ça fait quoi, d'attendre tous les jours qu'on vienne vous mettre en cage dans un camion et... ?

— Ta peur n'a pas de fondement, coupa sa mère.

— Je les ai vus quand ils ont emmené Jeff Vogel. Il pleurait, et ils l'ont fait monter de force dans le camion en l'y enfermant.

— C'était il y a deux ans. Quelle faiblesse de caractère tu as ! (Sa mère le fustigea du regard.) Ton grand-père te fouetterait s'il te surprenait à parler ainsi. Pas ton père ; lui, il se contenterait de sourire et de prononcer une stupidité. Deux années ont passé, et au fond de toi tu sais très bien que tu as dépassé l'âge maximal légal ! Comment peux-tu... ? (Elle fit un effort pour trouver le mot juste.) C'est de la *dépravation*.

— Et il n'est jamais revenu, acheva Walter.

— Peut-être que des gens qui voulaient un enfant seront allés au Centre de commodité et l'auront adopté. Il a peut-être aujourd'hui des parents meilleurs qui tiennent à lui. On les garde trente jours avant de les détruire... (Elle se reprit.) De les endormir, je veux dire.

Peu rassuré par l'euphémisme, il s'écarta de sa mère. Elle lui avait ôté l'envie de trouver près d'elle du réconfort. Il n'aimait pas ce visage qu'elle lui offrait, la base sur laquelle elle édifiait ses croyances. Pareille en cela à tous les autres adultes. « Je sais, pensa-t-il, que je ne suis pas différent du petit garçon que j'étais il y a deux ans ; si j'ai une âme en ce moment comme le dit la loi, c'est que j'en avais une à l'époque, ou sinon nous n'avons pas d'âme du tout... et rien de vrai n'existe sauf cet horrible camion à la peinture métallisée avec des fenêtres grillagées, qui emporte les enfants dont les parents ne veulent plus. » Les parents appliquaient en cela une extension de la vieille loi sur l'avortement qui permettait de supprimer un enfant avant sa venue au monde : comme il n'avait pas d'« âme », pas d'« identité », on pouvait en moins de deux minutes l'évacuer par aspiration. Un médecin pouvait faire une centaine de ces interventions par jour, et c'était légal puisque l'enfant encore à naître n'était pas un « être humain ». Il n'était qu'un préhumain. Et c'était la même chose désormais avec ce camion ; on avait simplement reculé la date à laquelle l'âme venait s'intégrer au corps.

Le Congrès avait mis au point un test très simple pour déterminer l'âge approximatif où l'âme pénétrait dans le corps : c'était celui où l'on devenait capable de pratiquer les mathématiques supérieures telles que l'algèbre. Avant cet âge, l'enfant n'était qu'un organisme avec des instincts animaux, des réflexes animaux et des réactions aux stimuli, comme le chien de Pavlov, mais il n'était pas humain.

« Je crois que je suis humain, se dit Walter en considérant le visage gris et sévère de sa mère, avec ses yeux durs et sa mine rébarbative. Je crois que je suis pareil à toi, pensa-t-il. C'est vrai que c'est bien d'être humain ; comme ça, on n'a pas peur du camion quand il arrive. »

— Tu te sens mieux, observa sa mère. J'ai abaissé ton seuil d'anxiété.

— Je ne suis pas si peureux que ça, répliqua Walter.

C'était fini maintenant ; le camion était passé et ne l'avait pas pris.

Mais il reviendrait au bout de quelques jours. Il n'arrêtait pas de patrouiller.

En tout cas cela lui laissait un répit. Mais ensuite, à nouveau, le simple fait de le voir… « Si au moins je ne savais pas comment ils s'y prennent pour expulser l'air des poumons des enfants », pensa-t-il. Les détruire de cette façon. Pourquoi ? C'était plus économique, avait déclaré son père. Cela économisait l'argent des contribuables.

Il songea aux contribuables et se demanda de quoi ils avaient l'air. Sans doute de gens qui regardaient tous les enfants d'un œil mauvais. Qui ne répondaient rien si un enfant leur posait une question. Une figure maigre et ridée, aux yeux mobiles. Ou bien une figure grasse ; l'une ou l'autre. C'était de la maigre qu'il avait peur ; elle ne jouissait pas de la vie et refusait à la vie le droit d'exister. Le message qu'elle véhiculait était le suivant : « Meurs, va-t'en, tombe malade, cesse d'exister. » Et le camion abortif était la manifestation tangible de ce message, l'instrument de sa réalisation.

— Maman, demanda-t-il, comment fait-on pour fermer un Centre de commodité… enfin, une de ces cliniques d'avortement où on envoie les bébés et les petits enfants ?

— Il faut déposer une pétition devant la législature de l'État, répondit sa mère.

— Tu sais ce que je ferai un jour ? poursuivit-il. J'attendrai un moment où il n'y aura pas d'enfants dedans, rien que les gens de la clinique, et j'y ferai sauter une bombe.

— Veux-tu ne pas parler ainsi! s'écria sa mère, et il vit sur son visage se creuser les rides du contribuable maigre.

Cela lui fit peur; sa propre mère lui faisait peur. Ses yeux froids et opaques ne reflétaient rien, il n'y avait pas d'âme à l'intérieur, et il pensa : « C'est toi qui n'as pas d'âme, toi avec tes messages de non-existence. Pas nous. »

Puis il retourna en courant jouer dehors.

D'autres enfants avaient vu le camion; eux et lui étaient réunis, et ils parlaient tout en donnant des coups de pied dans les cailloux et la poussière ou en écrasant occasionnellement un insecte rampant.

— Pour qui est venu le camion? questionna Walter.

— Pour Fleischacker. Earl Fleischacker.

— Ils l'ont eu?

— Évidemment, tu l'as pas entendu crier?

— Et ses parents, ils étaient à la maison?

— Non, même pas. Ils étaient partis un peu avant en racontant qu'ils allaient au garage pour faire vidanger la voiture.

— C'est *eux* qui ont appelé le camion? demanda Walter.

— Bien sûr, c'est la loi; il faut que ce soit les parents. Mais ils étaient trop dégonflés pour rester là quand ça s'est passé. Dis donc, il a drôlement crié; t'étais trop loin pour entendre, mais il en a mis un coup.

Walter déclara :

— Tu sais ce qu'on devrait faire? Jeter une bombe sur le camion et descendre le chauffeur.

Tous les autres enfants le dévisagèrent avec dédain.

— Pour un truc comme ça, ils te collent en asile psychiatrique pour ta vie entière.

— Pas toujours, rectifia Pete Bride. Quelquefois, ils te reconstruisent la personnalité pour faire de toi un être socialement adapté, comme ils disent.

— Alors qu'est-ce qu'on pourrait faire? interrogea Walter.

— Toi, tu as douze ans; tu t'en fous, tu ne risques rien.

— Et si ça les prenait de changer la loi?

De toute façon, le fait d'être officiellement à l'abri ne calmait en rien son anxiété; cela n'empêchait pas le camion de venir chercher les autres et de continuer à lui faire peur. Il pensa aux enfants plus jeunes que lui qui se trouvaient présentement au Centre et qui, jour après jour, heure après heure, guettaient et attendaient, en comptant le temps qui passait, avec l'espoir de voir arriver quelqu'un qui les adopterait.

— Tu n'as jamais été là-bas? demanda-t-il à Pete Bride. Tous ces gosses, quelquefois même des bébés d'à peine un an. Et ceux-là, ils ne savent même pas ce qui leur pend au nez.

— Les bébés se font adopter, remarqua Zack Yablonski. Ce sont les plus âgés qui n'ont aucune chance. Ils parlent aux gens qui viennent et ils essaient de faire bonne impression, pour qu'on ait envie de les garder. Mais les gens savent bien que, s'ils sont là-bas, c'est justement parce qu'on n'a pas eu envie de les garder.

— Et si on dégonflait les pneus? suggéra Walter dont l'imagination continuait de travailler.

— Les pneus du camion? Hé! pas mal! Et si on mettait une boule de naphtaline dans le réservoir d'essence, une semaine plus tard le moteur tomberait en panne. Qu'est-ce que t'en penses?

— Ils s'en prendraient à nous, dit Ben Blaire.

— Ils s'en prennent déjà à nous maintenant, lança Walter.

— Je crois qu'on devrait lancer une bombe sur le camion, dit Harry Gottlieb. Mais s'il y avait des enfants à l'intérieur, ils mourraient brûlés. Le camion en ramasse... je ne sais pas, peut-être quatre ou cinq par jour.

— Est-ce que tu sais qu'ils emmènent même aussi les chiens? reprit Walter. Et les chats. Le camion pour les animaux ne passe qu'une fois par mois. Ils appellent ça le camion de la fourrière. Mais sans ça c'est le même truc : ils enferment les bêtes dans une grande chambre et ils les asphyxient. Faire ça même à des animaux, tu te rends compte! A ces petits animaux!

— J'y croirai quand je l'aurai vu, répliqua Harry Gottlieb avec une expression d'incrédulité et de dérision. Un camion qui emmène les chiens!

Il savait pourtant que c'était la vérité. Walter avait vu à deux reprises le camion de la fourrière. « Les chats, les chiens, et surtout nous, songea-t-il lugubrement. S'ils ont commencé avec nous, c'est normal qu'ils finissent par embarquer les animaux familiers; ils ne sont pas tellement différents de nous. Mais quel genre de personne ferait une chose pareille, même si c'est la loi? Il y a des lois qui sont faites pour être respectées, d'autres pour qu'on leur désobéisse » : il se souvenait d'avoir lu cette phrase dans un livre. La première chose à faire, c'est de lancer une bombe sur le camion, pensa-t-il. C'est lui qui est le pire.

« Pourquoi, se demanda-t-il, plus une créature était sans défense, plus il était facile de s'en débarrasser ? Comme un bébé dans le ventre de sa mère... les avortements des premiers temps, les interventions prénatales, comme on les appelait à l'époque. Comment auraient-ils pu se défendre ? Qui aurait plaidé leur cause ? Toutes ces vies, une centaine par jour chez chaque docteur... toutes interrompues brutalement. Les salauds, se dit-il. C'est pour ça qu'ils le font ; ils savent qu'ils en ont le pouvoir. Et c'est ainsi qu'un petit être qui voulait voir le jour est aspiré vers la mort en moins de deux minutes. Et aussitôt après le docteur passe à la bonne femme suivante. »

« Il faudrait un machin comme la Mafia, songea-t-il. Pour leur rendre la pareille. Il y aurait des gens qui iraient voir les docteurs et qui les aspireraient à travers un tube, et ils se retrouveraient tout rapetissés à l'intérieur, aux dimensions d'un bébé à naître. » Il imagina le fœtus-docteur avec son stéthoscope de la taille d'une épingle, et cette image le fit rire.

Les enfants, dit-on, ne savent rien. Mais en réalité les enfants savent tout, ils en savent trop. Le camion abortif, tout en roulant, diffusait par l'intermédiaire d'un haut-parleur une comptine :

Jack et Jill
Montèrent sur la colline
Pour remplir un seau d'eau.

La bande magnétique enroulée sur elle-même diffusait en permanence cette chanson tant que le camion n'était pas à portée de l'une de ses proies. Puis, le moment venu, le conducteur coupait le son et se dirigeait à faible vitesse vers la maison désignée. Et plus tard, quand l'enfant non désiré était embarqué, il remettait la chanson pour faire route, soit vers le Centre de commodité, soit vers une autre capture.

Tout en conduisant, Oscar Ferris, chauffeur du camion n° 3, fredonnait les paroles de la comptine en accompagnement du haut-parleur :

Jack fit une chute
Et sa couronne se brisa
Et Jill culbuta sur lui.

Sa couronne, sa couronne ? Ça ne veut rien dire, se disait Ferris. Probablement une allusion obscène, rien d'autre. Il eut un sourire salace. Jack avait dû faire joujou avec, ou bien Jill, ou les deux ensemble. « Un seau d'eau, mes fesses, pensa-t-il. Je sais bien ce qu'ils sont allés faire sur la colline. Seulement voilà, Jack est tombé, et son outil s'est cassé. » « Pas de veine pour toi, ma petite Jill », prononça-t-il à haute voix, tout en épousant de façon experte les virages de la Route Californienne n° 1.

« Les enfants sont comme ça, médita Ferris. Ils sont dégoûtants et ils jouent à des jeux dégoûtants, tout comme eux. »

Il roulait en rase campagne en apercevant un peu partout des enfants éparpillés. Il gardait l'œil sur eux, et soudain... il ne se trompait pas : à sa droite, un mioche d'environ huit ans déguerpissait en essayant de se soustraire aux regards. Aussitôt Ferris appuya sur le bouton qui actionnait la sirène du camion. Le gamin se figea sur place, paralysé par la peur, attendant que le camion qui continuait d'émettre sa chanson s'arrête à sa hauteur.

— Fais-moi voir ta carte D, ordonna Ferris sans quitter son siège, en se contentant d'allonger le bras par la portière et de montrer la manche de son uniforme, où figurait l'insigne qui symbolisait son autorité.

Le gamin était maigre, comme beaucoup d'enfants errants, mais il portait des lunettes, ce qui semblait indiquer son appartenance à une famille. Les cheveux filasse, vêtu de jeans et d'un T-shirt, il considéra Ferris avec frayeur, sans un mouvement.

— Tu as une carte D ou pas? s'impatienta Ferris.

— Qu... qu... qu'est-ce que c'est qu'une carte D?

De sa voix la plus officielle, Ferris expliqua à l'enfant quels étaient ses droits aux termes de la loi.

— Tes parents ou ton tuteur légal doivent remplir le formulaire 36-W afin de te déclarer *désirable*. Si tu ne possèdes pas cette carte, tu n'as pas d'autre statut que celui d'enfant errant, même si tu as des parents qui veulent de toi; et dans ce cas ils sont passibles d'une amende de cinq cents dollars.

— Oh... fit le gamin. Je l'avais, la carte, mais je l'ai perdue.

— Alors il doit y en avoir une trace dans les archives. Tous ces documents sont microfilmés. Je vais t'emmener au...

— Au Centre?

Les jambes décharnées de l'enfant tressaillaient de peur.

— Ils auront trente jours pour venir te réclamer en remplissant le formulaire 36-W. Si à l'expiration de ce délai ils ne se sont pas présentés...

— Papa et Maman ne voudront pas qu'on m'emmène. En ce moment je vis avec papa.

— Il ne t'a pas donné de carte D pour te permettre de te faire identifier.

Contre la paroi de la cabine du camion était accroché transversalement un fusil. Il y avait toujours un risque possible quand on ramassait un errant. Ferris contempla l'arme pensivement. Il s'en était servi cinq fois seulement depuis le début de sa carrière au service de la loi. C'était un fusil à éjection, capable de réduire un homme à l'état de molécules.

— Je suis obligé de t'emmener, fit-il en ouvrant la portière et en enlevant les clés du tableau de bord. Il y a déjà deux autres gosses dans le camion ; vous vous tiendrez compagnie.

— Non, dit l'enfant, je ne veux pas y aller.

Les yeux plissés, il soutenait le regard de Ferris, aussi têtu et rigide qu'une pierre.

— Je vois, tu as sans doute entendu des racontars à propos du Centre de commodité. Mais ce sont seulement les malformés, les débiles mentaux, qu'on supprime ; tous les autres enfants, ceux qui ont l'air normal et qui sont gentils, sont adoptés. On te coupera les cheveux et on te fera ta toilette pour que tu aies meilleure apparence. On veut que tu trouves un foyer, c'est ça notre idée, rien d'autre. Il n'y a que les anormaux physiques ou mentaux dont personne ne veut. En une minute tu te feras recueillir par quelqu'un de bien, tu verras. Et après tu ne courras plus la campagne sans personne pour s'occuper de toi. Tu auras de nouveaux parents, et ils paieront cher pour t'avoir, alors tu penses bien qu'ils prendront soin de toi ; ils te feront même *enregistrer*. Tu comprends ? Là où on t'emmène, c'est simplement un logis provisoire où on te rendra présentable pour tes nouveaux parents…

— Mais si en un mois personne ne m'adopte ?

— Ne t'en fais donc pas. D'ailleurs tes parents par le sang seront alertés et ils viendront probablement te chercher en remplissant les papiers voulus, peut-être même dès aujourd'hui. D'ici là, tu vas faire une jolie promenade et tu rencontreras des tas d'autres gamins. Tu n'auras pas souvent des occasions de...

— Non, dit l'enfant.

Ferris exhiba sa plaque de métal en la brandissant sous le nez de l'enfant.

— Je suis mandaté par la loi, déclara-t-il en changeant de ton. Maintenant je t'ordonne de monter à l'arrière de ce camion.

Un homme de grande taille s'approcha d'un pas nonchalant ; lui aussi portait des jeans et un T-shirt, mais pas de lunettes.

— C'est vous le père de ce gosse ? questionna Ferris.

L'homme dit d'une voix rauque :

— Vous l'emmenez à la fourrière ?

— Nous considérons cet endroit comme un refuge pour enfants, corrigea Ferris. L'usage du terme *fourrière* est asocial et constitue une déformation délibérée de la réalité.

Avec un geste en direction du camion, l'homme reprit :

— Vous avez bien des enfants en cage là-dedans, non ?

— J'aimerais bien voir vos papiers, dit Ferris. Et aussi savoir si vous n'avez jamais été l'objet d'une arrestation.

— D'une arrestation à la suite de laquelle on m'a reconnu coupable ou innocent ?

— Ne jouez pas sur les mots, mon vieux, et répondez. J'attends toujours vos papiers.

— Je m'appelle Ed Gantro. J'ai un casier judiciaire. A dix-huit ans, j'ai volé quatre caisses de Coca-Cola dans un camion de livraison en stationnement.

— Et on vous a pris en flagrant délit ?

— Non, on m'a arrêté quand j'ai rapporté les bouteilles vides pour encaisser le montant des consignes. Après ça j'ai écopé de six mois de prison.

— Avez-vous une carte D pour votre fils ?

— Elle coûte quatre-vingt-dix dollars. On n'a pas pu se la payer.

— Maintenant elle vous en coûtera cinq cents. Il aurait mieux valu pour vous la faire établir au départ. Je vous conseille de consulter un avocat.

Ferris s'approcha de l'enfant et lui dit :

— Maintenant, tu vas monter derrière.

Et il poursuivit à l'intention de l'homme :

— Conseillez-lui d'obéir.

Après une hésitation, l'homme laissa tomber :

— Tim, monte dans cette saleté de camion. On va prendre un avocat, on va t'obtenir cette carte. Inutile de faire des histoires : pour eux, tu es un errant.

— Un errant ? répéta l'enfant en fixant son père du regard.

— C'est bon, dit Ferris. Comme vous le savez, vous disposez d'un délai de trente jours pour faire lever la...

— Vous emmenez aussi les chats ? demanda l'enfant. Est-ce qu'il y a des chats là-bas ? J'aime bien les chats, ils sont mignons.

— Je ne m'occupe que des gosses comme toi, répondit Ferris. (Il déverrouilla le panneau arrière du camion.) Et tâche de ne pas t'oublier pendant le trajet ; après, l'odeur et les taches mettent longtemps à s'en aller.

L'enfant ne paraissait pas comprendre le sens de cette remarque ; ses yeux allaient de son père à Ferris avec perplexité.

— Tu ne dois pas aller aux cabinets pendant que tu es dans le camion, expliqua son père. Ils veulent que ça reste propre, sinon ça leur coûte plus cher comme entretien.

Il parlait d'une voix sombre et farouche.

— Les chiens et les chats errants, reprit Ferris, on leur tire dessus ou on les empoisonne.

— Oui, j'ai entendu parler de ça, fit le père. Une pâtée que l'animal mange pendant une semaine, et après il meurt, détruit de l'intérieur.

— Sans douleur, souligna Ferris.

— Est-ce que ce n'est pas plus humain que de leur vider les poumons d'air, que de les asphyxier en masse ? interrogea Ed Gantro.

— Ma foi, en ce qui concerne les animaux, les autorités...

— Je parle des enfants tels que Tim.

Son père se tenait près de lui, et tous deux regardèrent à l'intérieur du camion. On apercevait vaguement deux formes tassées au fond.

— Fleischacker ! s'exclama le jeune Tim. Tu n'avais donc pas de carte D ?

— En raison des économies d'énergie et de carburant, disait Ferris, le niveau de la population doit être abaissé radicalement. Sinon, dans dix ans, il n'y aura plus à manger pour personne. Cette action n'est que l'une des phases de...

— J'avais une carte D, répondit Earl Fleischacker, mais mes parents me l'ont confisquée. Ils ne voulaient plus de moi, alors ils me l'ont enlevée et ils ont fait venir le camion.

Sa voix hoquetait ; il était manifestement en train de pleurer.

— Et puis d'abord quelle différence entre un fœtus de cinq mois et ce qu'il y a ici ? disait Ferris. Dans les deux cas, il s'agit d'un enfant non désiré. On a simplement élargi la loi.

En le scrutant, le père de Tim demanda :

— Et vous êtes d'accord avec cette loi ?

— Eh bien, c'est Washington qui décide, et en ces temps de crise ils savent ce qu'il faut faire pour répondre à nos besoins, répliqua Ferris. Moi, je ne fais qu'appliquer les décrets. Si la loi changeait, je transporterais dans mon camion des cartons de lait vides à recycler, et je serais tout aussi heureux.

— Tout aussi *heureux* ? Parce que votre travail vous plaît ?

Ferris répondit de façon mécanique :

— Ça me donne l'occasion de me déplacer et de rencontrer des gens.

Le père de Tim, Ed Gantro, s'écria :

— Vous êtes fou. Cette histoire d'avortement après la naissance... et avant ça, cette loi sur l'avortement qui permettait d'extirper le fœtus comme une tumeur maligne, sans qu'il ait le moindre droit légal. Regardez où ça nous a menés. Puisqu'un enfant à naître pouvait être éliminé sans autre forme de procès, pourquoi pas un enfant déjà né ? Dans les deux cas, la victime n'a aucune chance, aucune possibilité de se protéger. Écoutez-moi, je veux monter dans ce camion moi aussi. Je veux aller derrière avec les trois enfants.

— Impossible, protesta Ferris. Passé douze ans, on a une âme, c'est le Président et le Congrès qui en ont décidé. Je ne peux pas vous emmener.

— Je n'ai pas d'âme, insista le père de Tim. J'ai eu douze ans un jour, et il ne s'est rien produit. Emmenez-moi, sauf si vous arrivez à trouver mon âme.

— Seigneur, soupira Ferris.

— Sauf si vous arrivez à me montrer mon âme, poursuivit le père de Tim, sauf si vous arrivez à la localiser avec précision, j'exige que vous m'emmeniez dans le même endroit que ces gosses.

— Il faut que je contacte le Centre par radio, pour voir ce qu'ils vont dire, répliqua Ferris.

— Allez-y, faites-le, dit le père de Tim en grimpant à l'arrière du camion et en aidant son fils à en faire autant.

En compagnie des deux autres enfants, ils attendirent pendant que Ferris, après avoir décliné son identité et son titre, parlait dans son micro.

— J'ai ici un individu de race blanche, sexe masculin, âge approximatif trente ans, qui veut absolument être emmené au Centre avec son jeune fils, expliquait Ferris. Il prétend ne pas avoir d'âme, ce qui selon lui le place dans la catégorie des moins de douze ans. Je ne possède aucun moyen de détecter la présence d'une âme, tout au moins aucun susceptible par la suite de satisfaire un tribunal. Bien sûr, il a l'air doté d'un cerveau intelligent; il doit être capable de s'en tirer en maths supérieures et en algèbre. Mais je ne suis pas en mesure de…

— Amenez-le ici, intima la voix de son supérieur transmise par radio. On s'occupera de lui sur place.

— On va s'occuper de vous en ville, dit Ferris au père de Tim qui s'était accroupi au fond du camion avec les trois enfants.

Ferris renferma le panneau arrière, le verrouilla — précaution superflue, puisque les enfants étaient déjà immobilisés par un filet électronique — et fit redémarrer le camion.

Jack et Jill
Montèrent sur la colline
Pour remplir un seau d'eau.
Jack fit une chute
Et sa couronne se brisa...

« Quelqu'un va sûrement leur briser la couronne », pensa Ferris tout en conduisant, et ce ne sera pas moi.

— Je n'y connais rien en algèbre, entendit-il le père de Tim dire aux trois enfants. Donc je ne peux pas avoir d'âme.

Le jeune Fleischacker déclara d'une voix pleurnicharde :

— Moi, en algèbre, je me débrouille, mais je n'ai que dix ans. Alors à quoi ça me sert ?

— C'est là-dessus que je vais m'appuyer pour présenter ma thèse au Centre, poursuivit le père de Tim. Même les divisions à plusieurs chiffres, j'avais du mal à m'en sortir. Je n'ai par conséquent pas d'âme. Ma place est avec vous trois.

La voix de Ferris leur parvint :

— Et tâchez de ne pas souiller le camion, compris ? Ça nous coûte...

— Ne me le dites pas, répondit le père de Tim, parce que je n'y comprendrais rien. Ce serait trop compliqué pour moi, ces histoires de prorata, de répartition fiscale et tout ça.

« Je suis tombé sur un cinglé », se dit Ferris, et il se félicita d'avoir le fusil à éjection à portée de sa main.

— Vous savez bien que les ressources mondiales s'épuisent, continua-t-il. Nous sommes obligés de réduire la population, et les embolies dues à la pilule rendent impossible…

— Nous, on ne comprend pas tous ces grands mots, coupa le père de Tim.

Déconcerté, Ferris reprit d'une voix coléreuse :

— La croissance démographique zéro, c'est ça la solution à la crise de l'énergie et de l'alimentation. C'est comme… zut, quoi, comme quand on a introduit le lapin en Australie : il n'avait pas d'ennemis naturels, et il s'est tellement multiplié que…

— La multiplication, ça, je comprends, dit le père de Tim. Et aussi l'addition et la soustraction. Mais pas plus.

« Quatre lapins fous qui battent la campagne, songea Ferris. Les gens polluent l'environnement naturel, se dit-il. Comment était cette région avant la venue de l'homme ? Mais maintenant, avec les avortements postnatals qui ont lieu partout sur le territoire des États-Unis, nous pouvons peut-être revoir ce jour : il nous sera possible à nouveau de contempler une terre vierge. »

« Nous, s'interrogea-t-il. Ce ne sera peut-être plus nous. Des ordinateurs intelligents et géants balaieront le paysage de leurs yeux électroniques et le trouveront agréable à voir. »

Cette pensée le réconforta.

— Si on s'offrait un avortement ? suggéra Cynthia d'une voix excitée en rentrant chez elle, les bras chargés de paquets d'aliments de synthèse. Ce serait passionnant, non ? Ça ne te plairait pas ?

Son mari Ian Best répondit sèchement :

— Il faudrait d'abord que tu sois enceinte. Donc que tu prennes rendez-vous avec le docteur Guido pour faire enlever ton stérilet ; ça ne me coûtera jamais que cinquante ou soixante dollars.

— De toute façon, je crois qu'il est en train de glisser. D'ailleurs... (Une expression d'allégresse envahit son visage mutin.) Si ça se trouve, il n'est plus efficace depuis l'année dernière. Je pourrais très bien être enceinte maintenant.

Ian lança d'un ton mordant :

— Tu devrais passer une annonce : *On demande volontaire pour aller à la pêche au stérilet avec un portemanteau.*

— Tu sais, continua Cynthia en le suivant jusqu'à la penderie où il allait accrocher son pardessus, l'avortement est la dernière chose dans le vent. Nous, qu'est-ce que nous avons ? Un enfant. Nous avons Walter. Et chaque fois que les gens nous rendent visite et le voient, je sais qu'ils se demandent : Comment est-ce que ce môme a fait pour y échapper ? Ça devient embarrassant. (Elle ajouta :) Et puis les méthodes d'avortement actuelles, quand c'est le premier stade de la grossesse... pense un peu, ça ne coûte que cent dollars : le prix de quarante litres d'essence ! Et on peut en parler pendant des heures avec n'importe qui : ça fournit un sujet de conversation !

Ian lui fit face et questionna d'une voix unie :

— Tu veux garder l'embryon ? Le rapporter à la maison dans un bocal ou bien le faire enduire d'une peinture lumineuse spéciale pour qu'il brille dans le noir comme une veilleuse?

— Bien sûr. De la couleur que tu veux!

— *L'embryon?*

— Non, le bocal. Et la couleur du liquide. C'est une solution qui le conserve indéfiniment, donc c'est vraiment une acquisition durable. Il y a même une garantie, je crois.

Ian croisa les bras pour garder son calme.

— Est-ce que tu sais qu'il y a des gens qui voudraient avoir un enfant, même ordinaire, même un peu idiot? Qui vont au Centre de commodité toutes les semaines pour voir les nouveau-nés? Toutes ces idées viennent de la panique mondiale qui s'est déclenchée à cause de la surpopulation. Neuf milliards d'êtres humains entassés à la surface du globe. D'accord, si les choses avaient continué... (Il eut un geste fataliste.) Mais maintenant c'est l'inverse : nous n'avons *plus assez* d'enfants. Tu ne regardes donc pas la télé, tu ne lis jamais le journal ?

— Ce sont des boulets, affirma Cynthia. Par exemple, aujourd'hui, Walter est rentré terrorisé parce qu'il avait aperçu le camion abortif. Il a fait toute une histoire. S'occuper de lui est vraiment une charge. Toi, bien sûr, tu ne te rends pas compte; tu es à ton bureau. Mais *moi*...

— Tu sais ce que j'aimerais faire à cette espèce de wagon de la Gestapo? Réunir deux ex-copains de beuverie, armés de cocktails Molotov, chacun d'un côté de la route, et au moment où il passe...

— D'abord, ce n'est pas un wagon, c'est un camion à air conditionné.

Il la fusilla du regard, puis tourna les talons pour aller se servir à boire à la cuisine. « Un scotch ferait l'affaire », décida-t-il. Pendant qu'il se le versait, son fils Walter entra, le visage empreint d'une pâleur inhabituelle.

— Alors le camion est passé aujourd'hui? demanda Ian.

— Oui, et j'ai cru que peut-être...

— Impossible. Tu sais bien que, même si ta mère et moi voulions faire annuler ta carte D, tu es trop âgé. Alors ne t'affole pas.

— Je sais bien, fit Walter, mais...

— *Ne cherche pas pour qui sonne le glas; il sonne pour toi,* cita (mal à propos) Ian. Écoute, Walt, je vais te dire une chose. (Il but une large gorgée de scotch.) Tout ça porte un nom, et ce nom, c'est *Tuez-les*. Tuez-les quand ils sont gros comme l'ongle, ou comme un ballon, ou plus tard si vous ne l'avez pas fait avant, videz l'air des poumons d'un gosse de dix ans et faites-le mourir. C'est un certain type de femme qui a préconisé tout ça. On les appelait autrefois les femelles castratrices. C'était peut-être un terme judicieux, sauf qu'elles ne voulaient pas amputer seulement... enfin, ce qu'elles voulaient, c'était supprimer la *totalité* du jeune garçon ou de l'homme, et pas seulement la partie qui en faisait un homme. Tu comprends ce que je veux dire?

— Non, fit Walter, mais de façon obscure et effrayante il pressentait de quoi parlait son père.

Après une autre gorgée, Ian reprit :

— Et nous en avons une qui habite ici, Walter. Ici, à la maison.

— Une quoi?

— Ce que les psychiatres germaniques appellent une *Kindermörder*, dit Ian en choisissant délibérément une expression que son fils ne pouvait comprendre. Tu veux que je te dise?

poursuivit-il. Toi et moi on pourrait partir vers le nord jusqu'à Vancouver, et de là prendre le ferry jusqu'à Vancouver Island, et plus personne ne nous verrait jamais.

— Et maman ?

— Je pourrais lui envoyer un chèque tous les mois, et elle serait tout à fait heureuse avec ça.

— Mais, dans le nord, il fait froid. Ils n'ont presque pas de combustible et…

— Et alors, il n'y en a pas plus à San Francisco. Et tu as peur de porter des tas de lainages et de rester près du feu ? Ce que tu as vu aujourd'hui ne t'a pas effrayé davantage ?

— Oh ! si, admit Walter en hochant sombrement la tête.

— On pourrait vivre sur une petite île au large de Vancouver Island et cultiver nous-mêmes nos légumes. Le camion n'y viendrait pas ; jamais tu ne le verrais. Ils n'ont pas les mêmes lois là-bas. Et les femmes aussi sont différentes. Il y a une fille que je connaissais quand j'y ai séjourné, il y a longtemps ; elle avait de longs cheveux bruns et fumait des Players, et elle ne mangeait presque rien et n'arrêtait pas de parler. Ici, nous voyons une civilisation où le désir des femmes de détruire leur…

Ian s'interrompit brusquement, car son épouse venait de faire irruption dans la cuisine.

— Si tu continues à boire, déclara-t-elle, tu vas te rendre malade.

— D'accord, rétorqua Ian avec irritation. D'accord !

— Inutile de crier, dit Cynthia. J'ai pensé que pour dîner ce soir ce serait gentil à toi de nous emmener au restaurant. Le *Dal Rey* a annoncé à la télé qu'il y aurait des steaks pour les premiers arrivants.

— C'est là qu'ils servent des huîtres, remarqua Walter en fronçant le nez avec dégoût.

— Exact, dit Cynthia. Les huîtres, j'adore ça. Alors, Ian, c'est entendu ?

Ian s'adressa à son fils :

— Une huître dans sa coquille ouverte n'a pas plus d'importance au monde que n'en a, aux yeux d'un chirurgien...

Il se tut sous le regard courroucé de sa femme, et leur fils resta interloqué.

— Bon, allons-y, fit-il. Mais pour moi ce sera un steak.

— Pour moi aussi, renchérit Walter.

Ian acheva son verre et dit d'une voix plus mesurée :

— Il y a combien de temps que tu nous as préparé à dîner à la maison pour la dernière fois ?

— J'ai fait des oreilles de porc avec du riz vendredi dernier, lui rappela Cynthia. Plat dont la majeure partie est allée à la poubelle parce qu'il était nouveau et ne figurait pas sur la liste des recettes conseillées. Tu t'en souviens, *chéri* ?

Ignorant son persiflage, Ian reprit à l'intention de son fils :

— Bien sûr, là-bas aussi on doit rencontrer ce type de femme. Il a existé de tout temps et dans toutes les sociétés. Mais comme le Canada n'a pas de loi autorisant l'avortement postnatal... (Il s'interrompit.) Ce n'est pas moi qui parle, c'est le whisky, expliqua-t-il à Cynthia. Ne fais pas attention.

Cynthia, en le scrutant, énonça :

— Est-ce que par hasard tu serais en train de te monter un cinéma dans ta tête en rêvant d'une séparation ?

— Pas lui tout seul, nous deux, rectifia Walter. Papa m'emmène avec lui.

— Où ça ? questionna Cynthia sur le ton de la conversation.

— Là où nous pourrons aller, répondit Ian.

— On va à Vancouver Island, au Canada, précisa Walter.

— Ah ! vraiment ? dit Cynthia.

Au bout d'un temps, Ian confirma :

— Oui, vraiment.

— Et moi, qu'est-ce que je deviens là-dedans ? Je m'assieds sur un tabouret de bar ? Et je fais comment pour payer les traites de tous les... ?

— Je t'inonderai d'énormes chèques émis sur de gigantesques banques, assura Ian.

— Bien sûr. Et comment ! Je peux te faire confiance.

— Tu pourrais venir nous rejoindre, proposa Ian. Tu pêcherais en plongeant pour attraper les poissons et en les tuant avec tes dents pointues. Tu pourrais éliminer tous les poissons de l'endroit en une nuit. Pense un peu à tous ces poissons se demandant ce qui se passe : ils sont là à nager tranquillement, et puis l'instant d'après cet ogre, ce monstre dévorant à l'œil de cyclope éclairé au centre du front, fond sur eux et les réduit en miettes. En peu de temps cela deviendrait une légende. Tout au moins parmi les poissons survivants.

— Oui, papa, intervint Walter, mais s'il n'y avait aucun poisson survivant ?

— Alors, répliqua Ian, tout se serait passé en vain, pour le seul plaisir de ta mère de ruiner une région dont la pêche est la ressource principale.

— Mais alors les gens seraient sans travail, avança Walter.

— Non, corrigea Ian, ils mettraient en boîte

tous les poissons morts pour les vendre aux Américains. Vois-tu, Walter, dans l'ancien temps, avant que ta mère s'attaque de toutes ses dents à la gent poissonnière, les gens s'installaient pour pêcher à la ligne, ce qui *créait* des emplois au lieu d'en supprimer. Imagine un peu : tous ces millions de boîtes de poissons portant sur l'étiquette la mention...

— Est-ce que tu sais, observa Cynthia calmement, qu'il croit tout ce que tu lui racontes ?

— Ce que je lui raconte est la vérité, répondit Ian. (Pourtant non, réfléchit-il, au sens littéral du terme ça ne l'était pas. Il se tourna vers sa femme.) Partons au restaurant. N'oublie pas tes tickets de rationnement et mets ce corsage de jersey bleu qui te moule les nichons ; le serveur ne pensera plus qu'à ça et il oubliera peut-être de réclamer les tickets.

— C'est quoi, un nichon ? s'enquit Walter.

— Un truc qui est en voie de devenir rapidement démodé, déclara Ian, au même titre que la Pontiac GTO. Sauf en tant qu'objet ornemental destiné à être admiré et tripoté. Sa fonction est en train de disparaître.

« Comme notre race, songea-t-il, depuis que nous avons laissé la bride sur le cou aux tueurs des créatures les plus démunies. »

— Ce que ton père appelle un nichon, dit Cynthia d'une voix sévère à son fils, est la glande mammaire que possèdent les dames et qui leur sert à donner du lait à leurs bébés.

— Généralement il en existe deux, insista Ian. Le nichon opérationnel et le nichon d'appoint, au cas où le premier serait en panne d'énergie. Je suggère qu'on élimine une étape dans ce processus d'avortement généralisé, ajouta-t-il. Il n'y a qu'à expédier tous les nichons du monde entier aux Centres de commodité. Le lait, s'il y en a, sera pompé par voie mécanique ; comme ça ils deviendront tous inutiles une fois vidés, et les bébés mourront de mort naturelle, privés de ressources alimentaires.

– Il y a d'autres méthodes, déclara Cynthia avec mépris. Des laits artificiels et autres aliments. Bon, je vais me changer pour sortir.

Elle quitta la cuisine en direction de la chambre à coucher.

– Tu sais, lança Ian dans son dos, je suis sûr que, si tu en avais le moyen, tu me ferais classer comme préhumain et envoyer là-bas.

« Et, pensa-t-il, je ne serais sans doute pas le seul mari de Californie à y aller. Il y en aurait bien d'autres logés à même enseigne que moi. »

– A t'entendre, on croirait qu'il s'agit d'un complot.

La voix de Cynthia lui parvenait de loin ; elle l'avait entendu.

– Ce n'est pas seulement la haine envers les créatures incapables de se défendre, poursuivit Ian Best. Il y a autre chose. La haine envers quoi ? Tout ce qui pousse et grandit ?

« Vous les détruisez, songea-t-il, avant qu'ils aient le temps de devenir grands et forts et d'acquérir les moyens et la technique de combattre. C'est tellement plus facile quand l'être à éliminer flotte en rêvant dans son liquide amniotique, ignorant tout de la nécessité de se défendre et des moyens de le faire.

« Qu'est-il advenu des vertus maternelles ? se demanda-t-il. Celles qui avaient cours au temps où les mères protégeaient *en premier lieu* ce qui était petit, faible et sans défense ?

« C'est notre société de compétition qui en est la cause, décida-t-il. La survie des plus forts. Non pas des plus aptes, mais simplement de ceux qui détiennent la *puissance*. Et qui ne sont pas disposés à la céder à la génération suivante : c'est le combat des vieux, puissants et mauvais, contre les nouveaux venus, doux et impuissants.

— Papa, reprit Walter, est-ce que c'est bien vrai qu'on va aller à Vancouver Island et cultiver nos légumes et qu'il n'y aura plus rien pour nous faire peur ?

A mi-voix, à moitié pour lui-même, Ian répondit :

— Dès que j'aurai l'argent.

— J'ai compris. C'est encore le genre « on verra un jour ». Ça veut dire qu'on n'ira jamais, hein ? (Il dévisagea son père.) Elle ne nous laissera pas faire ? Elle continuera comme avant ?

— Mais non, on le fera, je te le promets, affirma Ian d'une voix résolue. Peut-être pas ce mois-ci, mais un autre mois, une autre fois.

— Et là-bas il n'y aura plus de camions abortifs ?

— Non, je te l'ai dit : les lois canadiennes ne sont pas les mêmes.

— Faisons-le vite, papa, je t'en prie.

Sans répondre, son père se versa un autre scotch ; il avait le visage sombre et crispé, comme s'il était sur le point de pleurer.

A l'arrière du camion abortif, trois enfants et un adulte, pelotonnés et bousculés dans les virages, venaient se heurter aux grillages qui les séparaient les uns des autres. Le père de Tim Gantro ressentait un désespoir aigu à l'idée d'être ainsi séparé, par un obstacle matériel, de son fils.

« Un cauchemar en plein jour », songeait-il. Enfermés dans des cages comme des animaux; son noble geste n'avait entraîné que davantage de souffrances : des souffrances dont il était la victime.

— Pourquoi as-tu raconté que tu ne connaissais pas l'algèbre? lui demanda Tim. Je sais que ce n'est pas vrai; même que tu es allé à l'université.

— Je voulais montrer, répondit-il, qu'ils doivent tuer, soit tout le monde, soit personne. Mais qu'ils n'ont pas le droit de faire des distinctions selon des critères administratifs arbitraires. A quel moment l'âme entre-t-elle dans le corps? Est-ce que c'est une question rationnelle à poser, à l'époque où nous vivons? On se croirait revenus au Moyen Age.

« En réalité, pensa-t-il, ce n'est qu'un prétexte... un prétexte pour s'attaquer aux proies sans défense. » Mais lui saurait se défendre. C'était un adulte en pleine possession de ses moyens que le camion venait de ramasser. « Comment vont-ils s'y prendre avec moi? se demanda-t-il. Je ne suis pas un enfant ignorant et démuni. Je peux rivaliser en sophismes et en arguments spécieux avec leurs meilleurs hommes de loi. S'ils doivent m'envoyer à la mort, alors il n'y a pas de distinction : ils doivent en faire autant avec tout le monde, eux-mêmes y compris. Et ce n'est pas le seul aspect de la question. Il s'agit d'une gigantesque escroquerie qui permet aux gens en place, à ceux qui tiennent les leviers de commande économiques et politiques, de garder les jeunes à l'écart — au besoin en les assassinant. Il y a dans ce pays, réfléchit-il, une haine des vieux à l'égard des jeunes, une haine et une peur. Alors, avec moi, qu'est-ce qu'ils vont faire ? Je suis de leur génération, et me voilà quand même enfermé dans ce camion. Je représente un genre différent de menace : je suis l'un d'eux mais je me tiens de l'autre côté de la barrière, avec les chiens errants, les chats et les enfants. Qu'ils essaient un peu de tirer ça au clair ; que surgisse un nouveau saint Thomas d'Aquin pour débrouiller ce mystère. »

— Tout ce que je sais faire, fit-il à haute voix, ce sont les quatre opérations. Je ne suis même pas capable de m'en tirer avec les fractions.

— Mais tu en savais plus autrefois ! protesta Tim.

— C'est fou ce qu'on peut oublier vite une fois qu'on a quitté l'école, déclara Ed Gantro. Vous autres gosses, vous avez probablement plus de connaissances que moi.

— Mais, papa, ils vont te tuer ! s'exclama Tim farouchement. Personne ne t'adoptera. Pas à ton âge. Tu es trop *vieux*.

— Voyons un peu, médita Ed Gantro. Le binôme. Qu'est-ce que c'est déjà ? Je n'arrive plus à m'y retrouver ; je sais que ça tourne autour de *a* et de *b*, quelque chose comme ça.

Mais ça lui était sorti de la tête, tout comme son âme immortelle... Il eut un rire intérieur. « Je ne peux pas passer le test destiné à établir si j'ai une âme, se dit-il. Pas en employant un tel langage. Je suis un chien dans le ruisseau, un animal dans un fossé. »

« L'erreur commise au début par les partisans de l'avortement, se dit-il, c'était la distinction arbitraire qu'ils avaient établie. Un embryon humain ne bénéficie pas des droits civiques garantis par la Constitution et peut donc être tué légalement par un médecin. Mais un fœtus était considéré comme un être humain possédant des droits, du moins pendant un temps. Car les tenants de l'avortement avaient ensuite décidé que même un fœtus de sept mois n'était pas "humain" et pouvait lui aussi être supprimé. Puis, plus tard, s'était posé le cas du nouveau-né : il vit à un stade végétatif, il ne peut accommoder son regard, il ne comprend rien, il ne parle pas... Les partisans de l'avortement avaient obtenu gain de cause en soutenant en justice la thèse suivante : un nouveau-né n'était jamais qu'un fœtus tout juste expulsé, par accident ou par un moyen organique, de la matrice. Mais, à partir de ce moment, par où devait passer la ligne de démarcation ? A quel stade le bébé devenait-il un être à part entière ? A son premier sourire ? A son premier mot ? A son premier geste en direction de son hochet favori ? Implacablement, la frontière avait été sans cesse reculée. Jusqu'au jour où l'on avait instauré la plus stupide, la plus cruelle de toutes les définitions : le jeune individu devenait véritablement un être humain à l'âge où il était capable de pratiquer les mathématiques.

« Ce qui rendait les Grecs anciens, ceux de l'époque de Platon, non humains, puisque l'arithmétique leur était inconnue et qu'ils connaissaient seulement la géométrie ; quant à l'algèbre, c'était une invention arabe, de beaucoup postérieure. Mais cette distinction n'était arbitraire que sur le plan légal, non sur le plan théologique. Depuis toujours, l'Église avait soutenu que l'embryon était déjà une forme de vie ayant un caractère sacré. Ses membres avaient compris à quel point il aurait été hasardeux de déterminer le moment de l'arrivée de l'âme dans le corps (ou, pour s'exprimer en termes modernes, l'âge à partir duquel un individu avait droit à la protection de la loi). Ce qui était navrant, désormais, c'était le spectacle de tous ces jeunes enfants jouant bravement, jour après jour, dans leur jardin, en essayant de conserver un espoir, en essayant d'afficher un sentiment de sécurité qui leur était interdit.

« Bon, pensa-t-il, on va voir comment ils vont se débrouiller avec moi ; j'ai trente-cinq ans et je suis diplômé d'université. Est-ce qu'ils vont me mettre en cage pendant trente jours, pour finir par m'envoyer à la mort avec les autres si personne ne m'a adopté ?

« Je prends un gros risque, décida-t-il. Mais c'est eux qui ont fait le premier pas en s'emparant de mon fils : c'est là que le risque a commencé, et non quand je me suis mis entre leurs mains. »

Il observa les trois enfants terrifiés et chercha ce qu'il pouvait leur dire : à eux trois, pas seulement à son fils.

— *Écoutez*, déclara-t-il en énonçant une citation, *je vais vous révéler un secret. Nous ne dormirons pas tous dans la mort. Nous…* (Mais il n'arrivait pas à se rappeler la suite. « Espèce de minable », s'invectiva-t-il sombrement.) *Nous nous réveillerons*, poursuivit-il en faisant de son mieux. *En un éclair. Dans le temps d'un clin d'œil.*

— La ferme, grommela le conducteur du camion de l'autre côté du grillage qui le séparait d'eux. Je ne peux pas me concentrer sur ma route. (Et il ajouta :) Ceux qui font du boucan, je peux les neutraliser avec un gaz anesthésiant. Alors taisez-vous, sinon j'appuie sur le bouton.

— On ne dira plus rien, répondit Tim vivement, en implorant muettement son père du regard. En le suppliant de se taire.

Son père n'ajouta pas un mot. Cette supplication intense et silencieuse lui était trop pénible, et il capitula. De toute façon, se dit-il, ce n'était pas ce qui se passait dans le camion qui comptait. L'important, c'était le moment où ils arriveraient au Centre, car les journalistes de la presse et de la télévision s'y transporteraient dès les premiers signes de grabuge.

Ils gardèrent donc tous le silence, chacun plongé dans ses peurs et ses pensées. Ed Gantro réfléchissait pour mettre au point la meilleure tactique à suivre. Dans ce combat qu'il menait non seulement pour Tim mais aussi tous les candidats potentiels à l'avortement postnatal. Il poursuivit minutieusement le fil de ses idées, pendant que le camion continuait sa route en cahotant.

Dès que le camion se fut rangé dans le parking du Centre de commodité et que son panneau arrière eut été ouvert, Sam B. Carpenter, le directeur de l'établissement, s'avança et, après un regard à l'intérieur, constata :

— Tu as un adulte là-dedans, Ferris. Tu sais sur quoi tu es tombé ? Un contestataire, rien d'autre.

— Il a soutenu qu'il ne connaissait rien aux mathématiques, affirma Ferris.

Carpenter dit à Ed Gantro :

— Votre portefeuille. Je veux votre nom exact, votre numéro de Sécurité sociale, votre relevé d'identité judiciaire... je veux savoir ce que vous êtes en réalité.

— C'est simplement un péquenot, dit Ferris en regardant Gantro tendre son portefeuille déformé.

— Et qu'on me fournisse d'urgence tous les éléments qui le concernent, déclara Carpenter. En priorité absolue.

C'était le genre de langage qu'il affectionnait.

Une heure plus tard, les renseignements lui parvenaient en provenance des ordinateurs de sécurité qui couvraient la zone à orientation rurale de l'État de Virginie. « Ce type, annonça-t-il, a eu un diplôme de maths à Stanford. Il a passé ensuite une licence de psychologie, ce qui lui a servi sans aucun doute à se payer notre tête. Il faut le relâcher illico. »

— Je n'ai plus d'âme, lança Gantro. Je l'ai perdue.

— De quelle façon ? questionna Carpenter qui ne voyait mention d'aucun incident de ce genre sur les papiers concernant Gantro.

— A la suite d'une embolie. La portion de mon cortex où mon âme était localisée s'est trouvée endommagée le jour où j'ai aspiré par accident le jet d'une bombe insecticide. C'est pour ça que je suis allé vivre à la campagne en me nourrissant de ragoûts et de racines, en compagnie de mon fils ici présent.

— On va vous faire passer un électro-encéphalogramme, annonça Carpenter.

— C'est quoi ? demanda Gantro. Encore un de ces tests sur le cerveau ?

Carpenter s'adressa à Ferris :

— La loi indique que l'âme fait son apparition à douze ans. Et vous m'amenez ce gars qui en a au moins trente. On pourrait se faire accuser de meurtre. Il faut se débarrasser de lui. Ramenez-le là où vous l'avez trouvé et faites-le descendre du camion, de force si besoin est. C'est un ordre dont dépend la sécurité nationale.

— Ma place est ici, s'entêta Ed Gantro. Je vous dis que je suis un demeuré.

— Et son gosse, poursuivit Carpenter. Probablement encore un de ces mutants intellectuels doués pour les maths comme on en voit à la télé. Ils vous ont tendu un piège. Peut-être même qu'ils ont déjà alerté les journalistes. Emmenez-les tous, déposez-les n'importe où pourvu qu'on ne les voie pas.

— Vous perdez les pédales, rétorqua Ferris avec colère. Faites-lui passer l'électro-encéphalogramme, et on sera probablement obligés de le lâcher. Mais ces mômes, on les garde.

— Non, ce sont tous des génies, dit Carpenter. Tout ça fait partie d'un coup monté, seulement vous êtes trop borné pour vous en rendre compte. Flanquez-les dehors, faites-les descendre du camion à coups de pied s'il le faut, mais qu'ils vident les lieux. Et n'avouez sous aucun prétexte — vous entendez ? — que vous les avez amenés ici. Tenez-vous-en à cette version.

— Descendez, ordonna Ferris en actionnant la commande qui permettait l'ouverture des cages.

Les trois enfants quittèrent le camion en se bousculant. Mais Ed Gantro ne bougea pas.

— Il va refuser de sortir de son plein gré, dit Carpenter. C'est bon, Gantro, on vous y forcera.

Il fit un signe de tête à Ferris, et tous deux montèrent à l'arrière du camion. Un instant plus tard, ils déposaient Ed Gantro sur le revêtement cimenté du parking.

— Maintenant vous n'êtes plus qu'un citoyen

comme les autres, fit Carpenter avec soulagement. Vous pouvez prétendre tout ce que vous voulez mais vous n'avez aucune preuve.

— Papa, demanda Tim, comment on va rentrer à la maison ?

Les trois enfants s'étaient rassemblés autour d'Ed Gantro.

— Il faudrait téléphoner à quelqu'un, suggéra le jeune Fleischacker. Si le père de Walter Best avait assez d'essence, il viendrait nous chercher. Il fait des longs parcours ; il a des tickets spéciaux.

— Sa femme et lui se disputent beaucoup, ajouta Tim. Alors il aime bien partir en voiture le soir sans elle.

Ed Gantro déclara :

— Je reste ici. Je veux être enfermé dans une cage.

— Mais on peut *s'en aller*, protesta Tim en tirant son père par la manche. C'est ça qui compte, non ? Ils nous ont relâchés en te voyant. On a réussi !

Ed Gantro dit à Carpenter :

— J'insiste pour être enfermé avec les autres préhumains que vous avez ici.

Il désignait le bâtiment massif du Centre de commodité.

— Appelez Mr. Best, insista Tim auprès de Carpenter. Il habite le coin où vous nous avez trouvés ; c'est un numéro de téléphone qui commence par 669. Dites-lui de venir nous prendre et il acceptera, c'est sûr.

Le jeune Fleischacker renchérit :

— Il n'y a sûrement dans l'annuaire qu'un seul Mr. Best dont le numéro commence par 669. S'il vous plaît !

Carpenter pénétra dans le bâtiment, se rendit auprès d'un téléphone, consulta l'annuaire. Puis il composa le numéro de Ian Best.

— Le numéro que vous demandez n'est pas tellement en état de vous parler, répondit dans le récepteur une voix masculine avinée, tandis qu'on entendait à l'arrière-plan une voix de femme lancer de furieuses invectives.

— Mr. Best, dit Carpenter, plusieurs personnes que vous connaissez sont ici, 4e Rue, à Verde Gabriel : un certain Ed Gantro et son fils Tim, un jeune garçon identifié sous le nom de Ronald ou Donald Fleischacker et un autre garçon du même âge non identifié. Le fils Gantro a déclaré que vous accepteriez de venir en voiture les chercher.

— 4e Rue, fit Ian Best. (Il y eut un silence.) C'est bien l'adresse de la fourrière ?

— Du Centre de commodité, corrigea Carpenter.

— Espèce de salaud, lâcha Best. Évidemment que je viens les chercher ; je serai là-bas dans vingt minutes. Vous dites que vous avez ramassé Ed Gantro comme préhumain ? Vous ne savez pas qu'il est diplômé de l'université de Stanford ?

— Nous sommes au courant, dit froidement Carpenter. Mais nous ne les retenons pas de force ; ils ne sont pas emprisonnés.

Ian Best reprit, d'une voix dont les intonations pâteuses avaient disparu :

— Tous les reporters seront sur place avant même que j'arrive.

Un déclic. Il avait raccroché.

Carpenter sortit du bâtiment et lança au jeune Tim :

— C'est un joli coup que tu as fait là ! Me faire prévenir de votre présence ici un activiste enragé, un fanatique de la lutte contre l'avortement. Bravo !

Quelques instants plus tard, une Mazda rouge vif stoppait devant l'entrée du Centre. Un homme de grande taille en descendit avec micro et caméra et se dirigea d'un pas nonchalant vers Carpenter.

– Il paraît que vous avez ici un diplômé en mathématiques ? s'enquit-il d'une voix neutre. Serait-il possible de l'interviewer ?

– Aucun individu de ce genre n'est ici, répondit Carpenter. Vous pouvez consulter nos registres.

Mais le reporter avait déjà aperçu les trois enfants groupés autour d'Ed Gantro.

– Mr. Gantro ? appela-t-il d'une voix forte.

– C'est moi, répliqua Ed Gantro.

« Grand Dieu, songea Carpenter. Ce truc va paraître dans tous les journaux. » Et il voyait maintenant une camionnette de la télévision pénétrer à son tour dans le parking. Dans sa tête se profilèrent de gros titres :

UN DIPLÔMÉ DE MATHS
SOUMIS À LA SUPPRESSION POSTNATALE

Ou encore :

LES AVORTEURS IMPLIQUÉS
DANS UNE TENTATIVE ILLÉGALE DE...

Et ainsi de suite. Une information vedette pour le journal télévisé de la soirée. Avec, en direct sur le plateau, Gantro et Ian Best (lequel devait être un avocat), entourés de micros et de caméras.

« On est dans un sale coup fourré, songea-t-il. Ils vont nous couper les crédits. On va en être réduits à pourchasser à nouveau les chiens et chats errants, comme autrefois. Je suis vraiment un pauvre type. »

Quand Ian Best arriva au volant de sa Mercedes à gazogène, il était encore un peu sous l'effet de l'alcool. Il demanda à Ed Gantro :

— Ça vous ennuierait qu'on rentre en faisant un détour par une route touristique ?

— En passant par où ? questionna Ed Gantro.

Il se sentait las maintenant, et il avait envie de partir. Les journalistes l'avaient interviewé et s'en étaient allés. Il avait obtenu ce qu'il voulait ; il avait l'impression désormais d'être vidé de l'intérieur, et il était impatient de se retrouver chez lui.

— En passant par Vancouver Island, au large des côtes canadiennes, répondit Ian Best.

Ed Gantro dit avec un sourire :

— Ces gosses ont besoin d'aller au lit. Le mien et les deux autres. Et ils n'ont même pas dîné.

— On peut s'arrêter pour manger en route, proposa Ian Best. Et ensuite on prend la direction du Canada, le pays où il y a des poissons à pêcher et où les montagnes sont couronnées de neige, même à cette saison.

— C'est sûr, approuva Gantro en souriant de plus belle. On pourrait aller là-bas.

— Vous en auriez envie ? interrogea Ian Best en le scrutant. Vraiment ?

— Il faudrait que je mette diverses choses en ordre, et ensuite, oui, on pourrait partir ensemble tous les deux.

— Bon Dieu, murmura Ian Best. Vous parlez sérieusement ?

— Oui. Évidemment il faut que j'aie l'accord de ma femme. On ne peut aller au Canada sans la signature de sa femme, sur un document établissant qu'elle ne vous suivra pas, et on a droit alors au statut d'immigrant.

— Alors il faut que j'obtienne l'autorisation écrite de Cynthia.

— Elle vous la donnera. Il suffit que vous vous engagiez à lui envoyer de quoi subvenir à ses besoins.

— Vous croyez qu'elle acceptera ? Quelle me laissera partir ?

— Certainement, assura Gantro.

— Vous estimez réellement que nos femmes nous laisseront la liberté de nous en aller, reprit Ian Best tout en faisant monter, avec Gantro, les enfants à l'intérieur de la Mercedes. Je parie que vous avez raison ; Cynthia serait ravie de se débarrasser de moi. Vous savez comment elle m'appelle, en présence de Walter ? Un « dégonflé agressif », et des tas d'autres noms comme ça. Elle n'a pas le moindre respect pour moi.

— Nos femmes nous laisseront partir, certifia Gantro.

Mais il savait le contraire.

Il observa le responsable du Centre, Sam B. Carpenter, et le chauffeur du camion, Ferris, lequel était d'ores et déjà destitué de ses fonctions, ainsi que Carpenter l'avait annoncé aux journalistes de la presse écrite et télévisée.

— Non, poursuivit-il. C'est impossible. On nous empêchera de partir.

Ian Best manœuvra maladroitement les commandes compliquées qui mettaient en marche le moteur à gazogène.

— Mais non, voyons, fit-il. Que voulez-vous qu'ils fassent pour nous retenir ici, maintenant que les reporters se sont déplacés ?

— Je ne parle pas d'eux, dit Gantro d'une voix sans timbre.

— Mais on pourra arriver à se sauver.

— Non, nous sommes pris au piège sans pouvoir en sortir. Enfin, vous pouvez quand même essayer de demander à Cynthia. Ça vaut toujours la peine de faire une tentative.

— Alors on ne verra jamais Vancouver Island et les grands ferry-boats émergeant du brouillard ? dit Ian Best.

— Si, peut-être un jour.

Mais il savait que c'était un mensonge, un mensonge absolu. Il en avait la certitude intime, comme quand on dit une chose en ayant, sans motif rationnel, la conviction que c'est la vérité.

Ils sortirent du parking et s'engagèrent dans la rue.

— Ça fait plaisir de se retrouver libres, hein ? fit Ian Best.

Les trois enfants manifestèrent leur approbation, mais Ed Gantro garda le silence. « Libre, oui, pensait-il. Libre de rentrer à la maison. De se retrouver pris dans un plus grand filet, dans une cage plus vaste que celle du camion du Centre. »

— C'est un grand jour, remarqua encore Ian Best.

— Oui, approuva Ed Gantro en hochant la tête. Un grand jour, au cours duquel une action efficace a été menée en faveur des victimes impuissantes.

Ian Best lui jeta un coup d'œil appuyé et s'écria :

— Je ne veux pas retourner chez moi ; je veux qu'on parte au Canada tout de suite.

— Il faut bien qu'on rentre chez nous, lui rappela Ed Gantro. Au moins temporairement. Pour régler ce qu'il y a à faire. Pour les formalités légales, pour les choses que nous avons besoin d'emporter.

— Je sais bien, déclara Ian Best en gardant les yeux fixés sur sa route. Nous n'irons jamais là-bas. Nous ne verrons jamais Vancouver Island. Nous ne connaîtrons pas le pays où les gens font encore pousser des légumes, où on se sert des chevaux, où les ferry-boats traversent l'océan.

— Non, nous n'irons pas, reconnut Ed Gantro.

— Ni maintenant ni plus tard ?

— Jamais, répondit Ed Gantro.

— C'est de ça que j'avais peur, soupira Ian Best. (Sa voix se brisa et la voiture fit une embardée.) C'est ce que je pensais depuis le début.

Après cela ils continuèrent de rouler en silence, sans rien se dire. Il n'y avait plus rien à dire.

Traduit par Alain Dorémieux.
Titre original : *The Pre-persons*.

PITIÉ POUR LES TEMPNAUTES !

Pas à pas, Addison Doug remontait péniblement le long chemin de rondins de séquoia synthétique. Sa tête penchait un peu et son corps tout entier semblait le faire souffrir. La jeune fille l'observait et elle eut envie de l'aider, car ça lui faisait mal de le voir si exténué et si malheureux, mais en même temps elle se réjouit ne fût-ce que de le savoir là. Avançant à l'estime, sans lever la tête, il vint vers elle petit à petit... comme s'il avait fait cela maintes fois, songea-t-elle soudain. Il connaît trop bien le chemin. Mais pourquoi ?

— Addi, lui cria-t-elle en courant à sa rencontre. Ils ont annoncé à la télé que vous étiez morts. Que vous aviez tous été tués !

Il fit une pause, passant sa main dans ses cheveux noirs qui n'étaient plus longs, car juste avant le lancement on les lui avait coupés à ras. Mais lui l'avait manifestement oublié.

— Tu crois donc tout ce qu'on raconte à la télé ? dit-il en se remettant à avancer de sa démarche hésitante.

Mais il souriait à présent, et il tendit les bras vers elle.

Dieu, qu'il était bon de le tenir dans ses bras

et de se laisser étreindre par lui de nouveau, avec plus de force qu'elle ne s'y était attendue.

— J'allais me mettre à chercher quelqu'un d'autre, dit-elle en reprenant son souffle. Pour te remplacer.

— Si tu fais ça, je te casse la tête, répliqua-t-il. De toute façon ce n'est pas possible ; personne ne pourrait me remplacer.

— Mais qu'est-ce que c'est que cette histoire d'implosion ? lui demanda-t-elle. Au moment de la rentrée, ils ont dit que...

— Je ne me rappelle pas, répondit Addison sur le ton qu'il employait quand il voulait dire : Je n'ai pas envie de parler de ça.

Ce ton l'avait toujours mise en colère, mais pas aujourd'hui. Cette fois elle sentit à quel point ce souvenir était horrible.

— Je vais rester chez toi deux ou trois jours, annonça-t-il en remontant avec elle vers le chalet préfabriqué et bancal dont la porte était grande ouverte. Si ça ne fait pas de problème, bien sûr. Benz et Crayne me rejoindront plus tard, peut-être même dès ce soir. Il y a un tas de choses dont il faut que nous discutions et que nous devons tirer au clair.

— Vous vous en êtes donc tirés tous les trois. (Elle leva les yeux sur son visage rongé par les soucis.) Alors tout ce qu'ils ont raconté à la télé... (Elle comprenait à présent. Ou du moins, croyait comprendre.) C'était un bluff. Dans un but... politique, pour berner les Russes. C'est ça ? Enfin, je veux dire que l'Union soviétique croira que le lancement a échoué parce qu'à la rentrée...

— Non, dit-il. Un chrononaute va d'ailleurs sans doute venir nous rejoindre. Pour nous aider à éclaircir ce qui a pu se passer. Le général Toad nous a annoncé que l'un d'eux était déjà en route ; ils ont déjà reçu les autorisations officielles. En raison de la gravité de la situation.

— Seigneur ! s'exclama la jeune fille stupéfaite. Mais alors le bluff, à qui est-il destiné ?

— Buvons quelque chose, dit Addison. Et après je t'expliquerai tout ça en détail.

— Tout ce que j'ai, c'est du cognac de Californie.

— Dans l'état où je suis, je serais capable de boire n'importe quoi, dit Addison Doug.

Il se laissa tomber sur le canapé et, se renversant en arrière, il poussa un long soupir plein de détresse tandis que la jeune fille se hâtait de préparer les verres.

La radio MF de la voiture se mit à piailler : « ... est en deuil en raison de la tournure dramatique qu'ont prise les événements survenus contre toute attente... »

— Baratin officiel, déclara Crayne en éteignant la radio.

Benz et lui avaient du mal à trouver la maison, n'y étant venus qu'une seule fois auparavant. Crayne trouvait que c'était une façon de faire bien légère que de réunir une conférence de cette importance dans l'appartement de la nana d'Addison, perdu dans les faubourgs d'Ojai. D'un autre côté, ils ne seraient pas gênés par les curieux. D'autant qu'il ne devait pas leur rester beaucoup de temps. Mais cela, c'était difficile à dire ; personne ne le savait avec certitude.

Crayne remarqua que les collines de part et d'autre de la route avaient dû être boisées autrefois. A présent chaque élévation en vue était défigurée par les chantiers de construction, et leurs routes en plastique paraissaient ramollies et irrégulières.

— Je parie que c'était beau ici dans le temps, dit-il à Benz qui conduisait.

— Le parc forestier national de Los Padres n'est pas loin d'ici, fit remarquer Benz. Je m'y suis perdu quand j'avais huit ans. Pendant des heures j'étais sûr qu'un serpent à sonnettes allait m'attraper. Je voyais un serpent dans chaque bâton.

— Et maintenant tu t'es fait avoir par le serpent, fit Crayne.

— On s'est tous fait avoir, rétorqua Benz.

— Tu sais, dit Crayne, c'est une sacrée expérience que d'être mort.

— Parle pour toi.

— Pourtant, techniquement...

— Évidemment, si tu écoutes ce que racontent la radio et la télé. (Benz se tourna vers lui, son large visage de gnome empreint d'une gravité sentencieuse.) Nous ne sommes pas plus morts que quiconque sur cette planète. La différence, en ce qui nous concerne, c'est que la date de notre mort se situe dans le passé alors que pour tout le monde elle se situe dans le futur à une date indéterminée. Bien que pour certaines personnes cette date soit vachement déterminée, comme par exemple les gens qui sont dans les pavillons de cancéreux ; ceux-là sont aussi fixés que nous. Par exemple, combien de temps pouvons-nous rester ici avant de repartir en arrière ? Nous, nous avons une marge, une latitude que n'a pas une personne atteinte d'un cancer généralisé.

Crayne rétorqua d'un ton caustique :

— Bientôt tu vas nous remonter le moral en nous disant qu'au moins nous ne souffrons pas.

— Addi souffre, lui. Aujourd'hui, je l'ai vu qui titubait. C'est psychosomatique chez lui... chez lui ça s'est transformé en douleur physique. Comme si Dieu était agenouillé sur sa nuque; tu sais, on dirait qu'il porte un fardeau injuste et écrasant, seulement il ne veut pas se plaindre... il montre juste de temps en temps la trace du clou dans sa main.

Il sourit.

— Addi a plus de raison de vivre que nous.

— Tout homme a plus de raison de vivre que quiconque. Moi je n'ai pas une petite mignonne qui couche avec moi, mais j'aimerais bien aller regarder encore quelques fois les semi-remorques passer sur l'autoroute de Riverside, au coucher du soleil. La question n'est pas d'avoir une raison de vivre, mais d'avoir envie de vivre, envie d'être là... Bon Dieu! et c'est ça qui est si triste.

Ils poursuivirent leur route en silence.

Les trois tempnautes étaient assis dans la tranquille salle de séjour de la maison de la jeune fille, fumant et se laissant vivre; Addison Doug se dit que la jeune fille avait l'air remarquablement aguichante et désirable avec son pull blanc bien tiré et sa minijupe, et il regretta à part lui qu'elle eût tant de succès. A ce point des choses il ne pouvait s'embarquer dans ce genre d'histoire. Il était trop fatigué.

— Est-ce qu'elle sait, dit Benz en désignant la jeune fille, de quoi il retourne? Enfin je veux dire, peut-on parler ouvertement? Ça ne va pas la faire tourner de l'œil?

— Je ne lui ai pas encore expliqué, dit Addison.

— Ben, tu ferais sacrément mieux.

— De quoi s'agit-il ? demanda la jeune fille interloquée en se redressant sur son siège et en portant une main entre ses seins. « Comme si elle voulait agripper une breloque religieuse qui ne s'y trouve pas », songea Addison.

— On s'est fait moucher à la rentrée, déclara Benz. (C'était vraiment lui le plus cruel des trois. Ou du moins le plus direct.) Voyez-vous, Miss…

— Hawkins, lui souffla la jeune fille.

— Enchanté, Miss Hawkins. (Benz la toisa de son regard froid et insistant.) Vous avez un prénom ?

— Merry Lou.

— Okay, Merry Lou, fit Benz. (Aux deux autres il fit remarquer :) On dirait le nom qu'une serveuse a brodé sur son corsage. J'm'appelle Merry Lou et c'est moi qui vous servirai le dîner et le petit déjeuner pendant ces quelques jours et aussi longtemps qu'il le faudra, jusqu'à ce que vous laissiez tomber et que vous retourniez tous dans votre temps à vous ; ça fait cinquante-trois dollars et huit cents, SVP ; service non compris. Et j'espère bien que vous reviendrez jamais, vous et les autres, z-avez compris ? (Sa voix s'était mise à trembler ; sa cigarette aussi.) Je m'excuse, Miss Hawkins, dit-il alors. L'implosion qui a eu lieu à la rentrée nous a tous dérangé le ciboulot. Nous l'avons appris aussitôt que nous sommes arrivés ici, en AET ; nous l'avons su dès que nous sommes entrés en Emergence Temporelle.

— Mais nous n'y pouvions rien, dit Crayne.

— Personne n'y peut rien, dit Addison à la jeune fille en lui passant le bras autour des épaules.

Il eut une impression de déjà vu et soudain il comprit. « Nous sommes dans une boucle de temps fermée, pensa-t-il, nous vivons et revivons sans cesse la même situation en essayant de résoudre le problème de la rentrée et en nous imaginant à chaque fois que c'est la première fois, l'unique fois... et nous n'y parvenons jamais. De quelle tentative s'agit-il cette fois ? De la millionième, peut-être ; nous nous sommes retrouvés ici un million de fois à éplucher éternellement les mêmes données, sans jamais aboutir à quoi que ce soit. » A cette pensée il se sentit épuisé jusque dans la moelle de ses os. Et il éprouva une sorte de haine philosophique profonde envers le restant de l'humanité qui, elle, n'avait pas cette énigme à résoudre. « Nous allons tous vers le même endroit, songea-t-il, comme il est dit dans la Bible. Mais... en ce qui nous concerne, nous y avons déjà été, nous trois. En ce moment même nous y reposons. Alors ce n'est pas bien de nous demander de poireauter à la surface de la Terre et de nous creuser la cervelle et de nous faire du mauvais sang en essayant de comprendre ce qui n'a pas fonctionné. Normalement, ce devrait être à nos héritiers de s'occuper de ça. Quant à nous, nous avons déjà eu plus que notre part. »

Il se garda cependant de le dire à haute voix... par égard pour eux.

— Vous êtes peut-être rentrés dans quelque chose, hasarda la jeune fille.

Jetant un coup d'œil aux autres, Benz répéta d'un ton sarcastique.

— Peut-être qu'on est « rentré dans quelque chose ».

— Les présentateurs de la télé n'arrêtent pas de le dire, dit Merry Lou, en parlant du risque de se trouver décalé dans l'espace et d'entrer en collision directement au niveau moléculaire avec des objets tangentiels qui tous peuvent provoquer une… (Elle fit le geste.) Vous savez bien. « Deux objets différents ne peuvent pas occuper le même espace en même temps. » Et c'est pour cette raison que tout a explosé.

Elle regarda autour d'elle, attendant une réponse.

— C'est effectivement le risque majeur, reconnut Crayne. Du moins en théorie et selon les calculs effectués par le docteur Fein, du Bureau d'études, quand ils ont abordé le problème des risques potentiels. Pourtant nous étions équipés de toute une série de systèmes de verrouillage de sécurité fonctionnant automatiquement. La rentrée ne pouvait se faire que si ces servocommandes nous avaient stabilisés dans l'espace, nous évitant ainsi de déborder. Bien sûr, tous ces systèmes auraient pu tomber en panne en série. L'un après l'autre. Mais au moment du lancement je surveillais mes écrans de contrôle des paramètres, et tous concordaient sans exception, indiquant que nous étions correctement phasés à ce moment-là. D'autre part, je n'ai pas entendu le moindre signal d'alarme. Je n'en ai pas vu s'allumer un seul non plus. (Il fit la grimace.) Ça ne s'est donc pas passé à ce moment-là, au moins.

Benz déclara soudain :

— Est-ce que vous vous rendez compte que nos « proches parents » sont riches à présent ? Toutes nos polices d'assurance-vie fédérales et privées. Et nos « proches parents » j'ai idée que c'est nous, à Dieu ne plaise. Nous pouvons aller nous faire payer rubis sur l'ongle les dizaines de milliers de dollars qui nous reviennent. Entrer dans les bureaux de nos agents d'assurances et dire : « Je suis mort, alors par ici la galette. »

Addison Doug pensait : « Les cérémonies commémoratives. Prévues après les autopsies. Ce long cortège de Cadillac drapées de noir descendant Pennsylvania Avenue avec tous les hauts fonctionnaires du gouvernement et les grosses têtes genre savant… *et nous serons là*. Pas une fois mais deux fois. Une première fois dans les cercueils en chêne poli main avec poignées en cuivre, recouverts du drapeau, mais peut-être aussi… à bord de limousines découvertes, saluant la foule endeuillée. »

— Les cérémonies, dit-il tout haut.

Les autres lui jetèrent un regard courroucé, ne comprenant pas. Puis l'un après l'autre ils comprirent ; il le lut sur leurs visages.

— Non, grinça Benz. C'est… impossible.

Crayne hocha la tête énergiquement.

— Ils nous donneront l'ordre d'y être et nous y serons. Obéissant aux ordres.

— Devrons-nous aussi *sourire* ? fit Addison. Devrons-nous *sourire* comme des idiots ?

— Non, dit lentement le général Toad, son énorme tête broussailleuse vacillant sur son manche à balai de cou.

La peau de son cou avait une couleur sale et toute tachée, comme si la masse de décorations qu'il portait sur son col raide provoquait un début de putréfaction à cet endroit de lui-même.

— Vous ne devrez pas sourire mais au contraire vous devrez avoir une attitude affligée convenant à la circonstance. Et en harmonie avec l'atmosphère de chagrin national de cette journée.

— Ça va être dur, fit Crayne.

Le chrononaute russe ne manifesta aucune opinion, son mince visage busqué, rendu encore plus étroit par son casque de traduction, demeurant profondément préoccupé.

– La nation, déclara le général Toad, apprendra que vous êtes une nouvelle fois présents parmi nous pour la brève durée de cet intervalle ; les caméras de toutes les grandes chaînes de télévision vous prendront en gros plan sans crier gare, et simultanément les différents commentateurs auront reçu l'instruction de dire quelque chose de ce genre... (Il produisit un feuillet tapé à la machine, chaussa ses lunettes puis s'éclaircit la gorge et dit :) On dirait que nos caméras se concentrent sur trois personnalités se trouvant dans la même voiture. Je ne les distingue pas très bien. Et vous ? (Le général Toad baissa son papier.) A ce moment, ils interrogeront leurs collègues en improvisant. Et finalement ils s'exclameront : « Oui, Roger » ou Walter ou Ned, suivant le cas et selon les différentes chaînes...

– Ou Bill, fit Crayne. S'il s'agit de la chaîne des Boufonidés, là-bas dans les marécages.

Le général Toad l'ignora.

– Ils s'exclameront tous : « Oui, Roger, je crois bien que nous sommes en train de voir les trois tempnautes en personne ! Cela voudrait-il dire que le problème aurait été... ? » A ce moment-là son confrère dira d'une voix plus grave : « J'ai l'impression, David », ou Henry ou Pete ou Ralph ou qui que ce soit d'autre, « que ce que nous sommes en train de voir constitue le premier aperçu confirmé de ce que les techniciens nomment Activité d'Emergence Temporelle ou AET. Et, contrairement à ce qui pouvait sembler être le cas à première vue, il ne s'agit pas — répéter il ne s'agit pas — de nos trois vaillants tempnautes en tant que tels, tels que nous les percevons d'ordinaire, mais plus vraisemblablement tels que les captent nos caméras, c'est-à-dire ayant momentanément interrompu leur voyage vers le futur, voyage qui devait les amener, comme nous avions de bonnes raisons de l'espérer, dans un continuum spatio-temporel distant environ d'une centaine d'années... mais apparemment il semblerait qu'ils aient visé trop bas et qu'ils soient ici en ce moment même, moment qui comme chacun le sait est évidemment le présent. »

Addison Doug ferma les yeux et pensa : « Crayne va lui demander si les caméras de la télé pourraient faire un gros plan de lui tenant un ballon de baudruche et mangeant de la barbe à papa. Je crois que cette histoire nous rend tous dingues, tous autant que nous sommes. » Puis il se demanda : « Combien de fois avons-nous déjà eu cette conversation ridicule ? »

« Je ne pourrais pas le prouver, songea-t-il avec lassitude, mais je sais que c'est vrai. Nous nous sommes trouvés ici quantité de fois pour chercher la petite bête, pour écouter et dire toutes ces idioties. (Il frémit.) Toutes ces fadaises... »

— Qu'est-ce qu'il se passe ? demanda Benz d'un ton incisif.

Le chrononaute soviétique prit la parole pour la première fois.

— Quel est l'intervalle maximal d'AET possible pour les trois hommes de votre équipage ? Et de quel pourcentage disposent-ils encore à présent ?

Au bout d'un moment, Crayne répondit :

— On nous a fait un briefing à ce sujet juste avant de venir ici. Nous avons épuisé approximativement la moitié de notre intervalle maximal d'AET.

— Toujours est-il, fit le général Toad de sa grosse voix, que nous avons prévu de faire coïncider la Journée de deuil national avec la prochaine période d'AET qui leur reste. Il nous a fallu accélérer les autopsies et autres examens médico-légaux, mais par rapport au sentiment du public on a jugé qu'il...

L'autopsie, songea Addison Doug en frémissant de nouveau, mais cette fois il ne put garder ses pensées pour lui et il dit :

— Pourquoi ne pas ajourner cette réunion absurde et faire plutôt un peu de pathologie en visionnant quelques lambeaux de tissus cellulaires agrandis et en couleurs, et peut-être qu'ensuite nous pourrions dégager un ou deux concepts fondamentaux qui viendraient au secours de la recherche médicale dans sa quête d'explications ? Des explications... c'est ça dont nous avons besoin. Des explications aux problèmes qui n'existent pas encore ; nous pourrons inventer les problèmes ultérieurement. (Il fit une pause.) Qui est d'accord ?

— Je n'ai pas envie de voir ma rate qui se dilate sur l'écran, fit Benz. Je participerai au cortège, mais je ne veux pas assister à ma propre autopsie.

— Tu pourrais distribuer des lames de microscope rougies par tes propres tripes tout le long du chemin à la foule endeuillée, dit Crayne. On devrait nous fournir à chacun une pochette surprise ; pas vrai, mon général ? On pourrait lancer des morceaux de tissu cellulaire en guise de confettis. Mais je pense tout de même qu'on devrait sourire.

— J'ai cherché dans les rapports tout ce qui pouvait avoir trait au sourire, dit le général Toad en faisant défiler avec le doigt la liasse de pages qu'il avait devant lui, et, d'après la ligne de conduite qui a été retenue, le sourire s'avère ne pas être conforme au sentiment national. Cette possibilité doit donc être écartée définitivement. Quant à votre participation aux examens d'autopsie qui se déroulent en ce moment même...

— On loupe quelque chose en restant ici, confia Crayne à Addison Doug. Je loupe toujours tout, moi.

Ignorant ce que lui disait Crayne, Addison s'adressa au chrononaute soviétique.

— Officier N. Gauki, dit-il dans le microphone qui se balançait sur sa poitrine, quelle est selon vous la plus grande angoisse à laquelle soit exposé un voyageur dans le temps? Qu'il y ait une implosion causée par une coïncidence au moment de la rentrée, comme cela s'est produit lors de notre lancement? Ou bien avez-vous été affectés, vous et votre camarade, par d'autres traumatismes obsessionnels au cours de votre voyage dans le temps, bref mais couronné de succès?

N. Gauki attendit un moment avant de répondre :

— R. Plenya et moi-même avons échangé nos points de vue là-dessus à plusieurs occasions informelles. Je crois pouvoir répondre en son nom également à votre question, en soulignant le fait que nous étions obsédés par la peur d'être entrés par inadvertance dans une boucle fermée de temps, et de ne pouvoir en sortir.

— Et d'y tourner en rond indéfiniment?

— Oui, Mr. Doug, acquiesça le chrononaute, l'air sombre.

Une peur comme il n'en avait encore jamais ressenti envahit Addison Doug. Complètement abattu, il se tourna vers Benz et murmura : « Merde. » Ils se regardèrent.

— Je ne crois pas du tout que c'est ça qui se soit passé, lui dit Benz d'une voix grave en étreignant l'épaule de Doug; une étreinte solide, l'étreinte de l'amitié. On a juste implosé à la rentrée et c'est tout. Te bile pas.

— Pourrions-nous bientôt ajourner la séance? demanda Addison Doug d'une voix rauque et étranglée, en se levant à demi de son siège.

Il avait l'impression que la pièce et les gens qui s'y trouvaient se ruaient sur lui, l'étouffant. « Claustrophobie, se dit-il. Comme à l'école primaire quand apparaissait un test surprise sur l'écran de nos machines à apprendre et que je voyais que j'étais incapable d'y répondre. »

— S'il vous plaît, dit-il simplement en se levant.

Tous le regardaient, avec des expressions diverses. Le visage du Russe exprimait une sympathie toute particulière, pleine de compassion. Addison Doug émit un souhait :

— Je veux rentrer à la maison, leur dit-il à tous, et il se sentit un peu bête.

Il était ivre. C'était tard le soir, dans un bar de Hollywood Boulevard; heureusement Merry Lou était avec lui et il s'amusait bien. Du moins c'était ce que tout le monde lui disait. Il serra Merry Lou contre lui et lui dit :

— La grande unité dans la vie, l'unité et la valeur suprême, c'est l'homme et la femme. Leur unité absolue ; d'accord ?

— Je sais, répondit Merry Lou. On a appris ça en classe.

Ce soir et à sa demande, Merry Lou était une petite blonde en pantalon pattes d'éléphant, hauts talons et corsage boléro. Plus tôt dans la soirée elle avait porté un lapis-lazuli dans le nombril mais pendant le dîner au *Ting Ho* il était tombé et elle n'avait pas pu le retrouver. Le patron du restaurant avait promis de continuer les recherches, mais depuis lors Merry Lou était morose. C'était symbolique, disait-elle. Mais de quoi, elle ne voulait pas le lui dire. Ou bien alors il n'arrivait pas à s'en souvenir ; c'était peut-être ça. Elle lui avait dit ce que cela signifiait mais il l'avait oublié.

Assis à une table voisine, un jeune Noir élégant, avec une coiffure afro, un gilet rayé et une cravate bouffante rouge, les regardait depuis un bon moment. Il avait manifestement envie de venir à leur table mais n'arrivait pas à se décider ; en attendant il continuait à les regarder.

— As-tu déjà éprouvé la sensation, demanda Addison à Merry Lou, de savoir exactement ce qui allait se passer ? De savoir à l'avance ce que quelqu'un va dire ? Mot pour mot ? Jusqu'au moindre détail ? Comme si tu avais déjà vécu cela une fois ?

— Tout le monde connaît ce truc, dit Merry Lou.

Elle sirotait un Bloody Mary.

Le Noir se leva et vint vers eux. Il vint se placer à côté d'Addison.

— Excusez-moi de vous déranger, monsieur.

Addison dit à Merry Lou :

— Il va dire : « Il me semble vous connaître de quelque part. Je ne vous aurais pas vu à la télé ? »

— C'est exactement cela que je m'apprêtais à dire, dit le Noir.

Addison continua :

— Vous avez assurément vu ma photo à la page 46 du numéro de *Time* de cette semaine, dans la partie consacrée aux nouvelles découvertes médicales. Je suis le médecin généraliste d'une petite bourgade de l'Iowa, qui s'est trouvé propulsé au sommet de la gloire après sa découverte d'une substance très répandue et facile à se procurer permettant de vivre éternellement. Plusieurs des grands laboratoires pharmaceutiques se disputent déjà mon vaccin.

— C'est possible que ce soit là-dedans que j'ai vu votre photo, dit le Noir, mais il n'avait pas l'air convaincu. (Il n'avait pas l'air ivre non plus et il fixa Doug avec insistance.) Puis-je m'asseoir avec vous et la dame ?

— Bien sûr, dit Addison Doug.

C'est alors qu'il aperçut dans la main de l'homme la carte de l'agence de sécurité des États-Unis qui avait eu la haute main sur le projet dès le début.

— Mr. Doug, fit l'agent de la sécurité en s'asseyant à côté d'Addison, vous ne devriez pas parler à tort et à travers ici. Si moi je vous ai reconnu, n'importe quel clampin pourrait vous reconnaître et se mettre à flipper. Tout doit être tenu secret jusqu'aux funérailles. Théoriquement vous êtes en train de violer une loi fédérale en vous trouvant ici ; vous avez songé à ça ? Je devrais vous faire mettre dedans. Mais la situation est délicate et nous voulons que ça se passe

« cool », sans esclandre. Où sont vos deux collègues ?

— Chez moi, dit Merry Lou. (Elle n'avait manifestement pas vu la carte de l'agent.) Écoutez, lui dit-elle vivement, vous n'avez pas envie d'aller faire un tour ailleurs et voir si on y est ? Mon mari vient de subir une épreuve très pénible et c'est la seule occasion qu'il ait de se détendre un peu.

Addison regarda l'agent.

— Je savais ce que vous alliez dire avant que vous ne veniez à notre table. « Mot pour mot, pensa-t-il. J'ai raison et Benz a tort et ça continuera à se reproduire, cette répétition continuelle des événements. »

— Je peux peut-être vous persuader, dit l'agent de la sécurité, de retourner de votre plein gré chez Miss Hawkins. Je viens juste de recevoir une info — il tapota le minuscule écouteur implanté dans son oreille droite —, il y a à peine une minute, communiquée à nous tous et à vous communiquer à vous aussi au cas où nous vous trouverions, classée urgent. Ils ont passé au peigne fin tous les décombres... dans les ruines de l'aire de lancement, vous le saviez ?

— Je le sais, dit Addison.

— Ils pensent tenir un premier indice. L'un de vous a ramené quelque chose. Quelque chose qu'il a ramené d'AET en sus de ce que vous aviez emporté et à l'encontre de ce qu'on vous a appris au cours de votre entraînement préparatoire.

— Laissez-moi vous poser une question, dit Addison Doug. Supposez que quelqu'un me voie ? Supposez que quelqu'un me reconnaisse ? Et après ?

— Le public croit, même si votre rentrée a

échoué, que le vol dans le temps, la première tentative américaine de voyage dans le temps, a réussi. Trois tempnautes américains ont été propulsés à une centaine d'années dans le futur… en gros deux fois plus loin que le lancement soviétique de l'an passé. Ce sera un choc moins grand pour lui d'apprendre que vous n'êtes pas allés plus loin qu'une « semaine » s'il croit que vous avez choisi délibérément tous les trois de vous remanifester dans ce continuum-ci parce que vous souhaitiez ou, plutôt, que vous vous sentiez tenus d'assister…

— Parce que nous voulions être dans le cortège, l'interrompit Addison, doublement.

— Vous avez été attirés par le spectacle grandiose et tragique de votre propre enterrement, et vous y serez reconnus et filmés par les équipes de caméras mobiles de toutes les grandes chaînes de télévision. Mr. Doug, écoutez, un investissement considérable tant en études au plus haut niveau qu'en argent a été fait pour permettre de régler cette terrible situation; faites-nous confiance, croyez-moi. Ce sera plus facile à faire passer vis-à-vis du public, et cela est capital si jamais nous voulons qu'il y ait un nouveau lancement américain dans le temps. Et c'est en fin de compte ce que nous voulons.

Addison Doug le regarda avec de grands yeux.

— Nous voulons quoi?

Mal à l'aise, l'agent de la sécurité répondit :

— Eh bien, effectuer de nouveaux voyages dans le temps. Comme vous. Malheureusement, vous, personnellement, ne pourrez pas en refaire d'autres à cause de cette tragique implosion et de votre mort à tous les trois. Mais d'autres tempnautes…

— Nous voulons quoi ? Est-ce cela que nous voulons ?

Le ton d'Addison montait ; les occupants des tables voisines les regardaient à présent, nerveusement.

— Bien sûr, dit l'agent. Et ne parlez pas si haut.

— Ce n'est pas ce que je veux, moi, dit Addison. Je veux m'arrêter. M'arrêter pour toujours. Reposer dans la terre, dans la poussière, comme tout le monde. Ne plus voir d'autres étés... le *même* été.

— En voir un c'est les avoir tous vus, lança Merry Lou sur un ton hystérique. Je crois qu'il a raison, Addi ; on devrait se tirer d'ici. Tu as trop bu et il est tard, et cette nouvelle au sujet de...

Addison l'interrompit :

— Qu'est-ce qui a été ramené ? Quelle masse supplémentaire ?

— Les examens préliminaires, déclara l'agent de sécurité, ont révélé que des pièces de machine équivalant à environ cinquante kilos ont été chargées dans le champ temporel du module et ramenées avec vous. Une masse grosse comme ça... (L'agent lui montra avec les mains.) Ça a fait exploser l'aire de lancement aussi sec. Celle-ci était loin de pouvoir compenser un tel supplément, par rapport à l'espace vide qui existait au moment du lancement.

— Ouah ! s'exclama Merry Lou, les yeux écarquillés. Peut-être que quelqu'un vous a vendu une chaîne quadriphonique pour un dollar quatre-vingt-dix-huit avec deux baffles à suspension à air et une provision à vie de disques de Neil Diamond en prime. (Elle essaya de rire mais n'y arriva point, et ses yeux s'éteignirent.) Addi, murmura-t-elle, je suis désolée. Mais c'est vraiment... dingue. Enfin, je veux dire, c'est absurde ; on vous avait pourtant bien donné à tous des consignes précises quant à votre poids de retour ? Vous étiez censés ne même pas ramener l'équivalent d'une feuille de papier en plus de ce que vous aviez emporté. J'ai même vu le docteur Fein démontrer pourquoi à la télé. Et l'un de vous a charrié cinquante kilos de pièces de machines dans le champ ? Il fallait que vous ayez envie de vous anéantir pour faire ça !

Des larmes s'échappèrent de ses yeux et l'une d'elles coula le long de son nez et y resta suspendue. Il avança la main machinalement pour l'essuyer comme s'il s'occupait d'une petite fille et non d'une adulte.

— Je vais vous conduire sur le lieu d'examen, dit l'agent de sécurité en se levant.

Addison et lui aidèrent Merry Lou à se lever et elle termina son Bloody Mary en tremblant sur place un moment. Addison fut saisi d'un vif chagrin pour elle, puis, presque instantanément, celui-ci disparu. Il se demanda pourquoi. « On arrive à se lasser de ça aussi, estima-t-il. D'avoir de la compassion pour quelqu'un. Si ça dure trop longtemps... indéfiniment. Pour, en définitive, devoir continuer à souffrir comme nul homme auparavant ni peut-être Dieu Lui-même n'a dû souffrir, puis finalement mourir comme même Lui, malgré tout Son grand cœur, n'a pas dû mourir. »

Tandis qu'ils fendaient la foule du bar pour gagner la sortie, Addison Doug demanda à l'agent de sécurité :

— Lequel d'entre nous... ?

— On sait lequel, répondit l'agent en tenant la porte pour laisser passer Merry Lou.

L'agent se tenait à présent derrière Addison et il fit signe à une voiture fédérale de venir se garer sur le parking rouge. Deux autres agents de la sécurité en uniforme les rejoignirent en se hâtant.

— C'était moi ? demanda Addison Doug.

— Un peu, oui, dit l'agent de la sécurité.

Avec une raideur solennelle, le cortège funèbre descendait Pennsylvania Avenue, trois cercueils recouverts du drapeau national et des dizaines de limousines noires passant au milieu des rangs de la foule endeuillée qui tremblait malgré les épais manteaux. Une brume légère voilait le soleil, et les contours grisâtres des buildings se fondaient dans l'air saturé de fumées et de pluie de Washington en cette journée de mars.

Scrutant la Cadillac de tête à l'aide de ses jumelles binoculaires à prismes, le commentateur vedette de l'actualité et des grands événements Henry Cassidy poursuivit de son débit monotone pour son vaste auditoire invisible : « ... tristes souvenirs de ce train qui, traversant autrefois les champs de blé, ramena le cercueil d'Abraham Lincoln pour qu'il fût inhumé dans la capitale de la nation. Et quelle triste journée que celle-ci et quel temps de circonstance que ce ciel austère et ces averses ! » Sur son écran de contrôle il vit les objectifs des Zoomar prendre en gros plan la quatrième Cadillac qui suivait celles qui transportaient les cercueils des défunts tempnautes.

Son chef de prise de vues lui toucha le bras.

— On dirait que nos caméras se concentrent sur trois personnalités que nous ne reconnaissons pas et que nous n'arrivons pas à identifier pour l'instant, et qui se trouvent dans la même voiture, dit Henry Cassidy dans son micro tout en acquiesçant de la tête. Je n'arrive pas à les distinguer très nettement pour le moment. Êtes-vous mieux placé pour les voir d'où vous êtes, Everett? demanda-t-il à son collègue, et il appuya sur le bouton qui lui signalait de le remplacer à l'antenne.

— Eh bien, Henry, fit Branton d'une voix de plus en plus animée, je crois que nous sommes tout simplement témoins de la remanifestation des trois tempnautes américains au cours de leur voyage historique dans le temps!

— Cela voudrait-il dire, demanda Cassidy, qu'en quelque sorte ils seraient parvenus à résoudre et à éliminer le...?

— Malheureusement je ne le pense pas, Henry, déclara Branton de sa voix traînante et attristée. Ce à quoi nous assistons aujourd'hui à notre plus grande surprise constitue le premier aperçu confirmé pour le monde occidental de ce que les techniciens nomment Activité d'Emergence Temporelle.

— Ah oui, AET, fit savamment Cassidy en le lisant sur le script officiel que les autorités fédérales lui avaient remis avant qu'il prenne l'antenne.

— Exactement, Henry. Car, contrairement à ce qui *pouvait* sembler être le cas à première vue, il ne s'agit pas — je répète : *il ne s'agit pas* de nos trois courageux tempnautes en tant que tels et comme nous les percevrions habituellement...

— Je comprends à présent, Everett, intervint Cassidy avec animation, car son script autorisé disait : CASS INTERVIENT AVEC ANIMATION. Nos trois tempnautes ont momentanément suspendu leur voyage historique dans le futur qui, pensons-nous, devrait les propulser dans un continuum spatio-temporel se situant à environ une centaine d'années de maintenant. Il semblerait que la douleur immense et le spectacle grandiose de cette journée de deuil inattendue les aient décidés à...

— Je m'excuse de vous interrompre, Henry, dit Everett Branton, mais je pense que puisque le cortège vient de s'arrêter un instant dans sa lente progression nous pourrions en profiter pour...

— Non! s'écria Cassidy à qui on venait de tendre une note griffonnée à la hâte et disant : *Ne pas interviewer 'nautes. Urgent. Ne pas tenir compte inst. précéd.* Je ne crois pas que nous allons être en mesure de... reprit-il... de parler brièvement avec les tempnautes Benz, Crayne et Doug comme vous l'espériez, Everett. Et comme nous l'avons tous espéré un bref instant.

Il fit signe énergiquement de ramener le micro de prise de son qui commençait déjà à avancer plein d'espoir vers la Cadillac arrêtée. Cassidy secoua vigoureusement la tête à l'adresse du porteur du micro et du preneur de son.

Apercevant le micro qu'on leur brandissait, Addison Doug se leva à l'arrière de la Cadillac découverte. Cassidy laissa échapper un grognement. « Il veut parler, se dit-il. N'a-t-il donc pas reçu les nouvelles consignes? Pourquoi suis-je le seul à qui elles parviennent? » De nouveaux micros représentant d'autres chaînes de télévision ainsi que des reporters de radio à pied se pressaient à présent pour venir fourrer leurs micros sous le nez des trois tempnautes, et plus particulièrement sous celui d'Addison Doug, qui avait déjà commencé à répondre à une question que venait de lui crier un reporter. Son micro de prise de son étant coupé, Cassidy ne put entendre ni la question ni la réponse de Doug. A contre-cœur, il fit signe de déclencher son propre micro.

— ... avant, disait Doug, tout fort.

— Comment cela, tout ça s'est déjà passé avant ? demandait le reporter de radio, appuyé contre la voiture.

— Ce que je veux dire, déclara le tempnaute américain Addison Doug, c'est que je me suis déjà trouvé à cet endroit précis et que je l'ai dit et redit, et que vous tous vous avez déjà assisté d'innombrables fois à ce cortège et à notre mort au moment de la rentrée, un cycle fermé où le temps est prisonnier et qui doit être rompu.

— Essayez-vous de trouver une solution, baragouina un autre reporter, à la catastrophique implosion de la rentrée qui pourrait être appliquée rétrospectivement, de façon que quand vous retournerez dans le passé vous puissiez corriger cette défaillance technique et éviter ainsi la tragédie qui vous a coûté — ou, pour ce qui vous concerne, vous coûtera — la vie ?

— C'est effectivement ce que nous essayons de faire, déclara le tempnaute Benz.

— Nous essayons de déterminer la cause exacte de la violente implosion et d'en éliminer la cause avant notre retour en arrière, ajouta le tempnaute Crayne en hochant la tête. Nous avons déjà appris que pour des raisons inconnues une masse de près de cinquante kilos de pièces de moteur de Volkswagen, notamment des cylindres, la cul...

« C'est affreux », pensa Cassidy.

— C'est fantastique ! dit-il tout haut dans son micro. Avec une détermination que seuls l'entraînement et la discipline rigoureuse auxquels ils ont été soumis ont pu leur donner — nous nous demandions pourquoi à l'époque mais nous le comprenons clairement à présent —, nos trois tempnautes tragiquement décédés antérieurement ont déjà réussi à déceler l'ennui technique responsable, bien évidemment, de leur propre mort, et ils ont entamé le fastidieux processus d'élimination systématique des causes possibles de cet ennui, de manière à pouvoir retourner à leur base de lancement initiale et rentrer cette fois sans incident.

— On se demande, bredouilla Branton sur l'antenne et dans son casque de contrôle, quelles pourront être les conséquences de cette altération du passé proche. Si à la rentrée ils n'implosent *pas* et ne sont *pas* tués, alors ils ne seront pas... décidément, ceci est trop complexe pour moi, Henry, tous ces paradoxes temporels dont le docteur Fein, du Laboratoire d'Extrusion du Temps de Pasadena, nous a si fréquemment et si brillamment entretenus.

Dans tous les micros à sa portée, de toutes sortes, le tempnaute Addison Doug disait, plus calmement à présent :

— Nous ne devons pas supprimer la cause de l'implosion de la rentrée. Pour nous, la seule manière de sortir de ce piège est de mourir. La mort est la seule solution dans ce cas. Pour nous trois.

La procession des Cadillac se remettant en marche, il fut interrompu. Coupant un instant son micro, Henry Cassidy dit à son chef de prise de vues :

— Il est dingue ou quoi ?

— Seul le temps le dira, répondit le technicien d'une voix à peine audible.

— Un moment extraordinaire dans l'histoire de la participation des États-Unis aux voyages dans le temps, déclara Cassidy, de nouveau en direct dans son micro. Seul le temps dira — veuillez excuser ce jeu de mots involontaire — si les propos énigmatiques du tempnaute Doug, propos tenus à l'improviste en ce moment de douleur suprême pour lui et d'une certaine manière, bien qu'à un moindre degré, pour nous tous, sont les paroles d'un homme dont l'esprit est dérangé par la souffrance, ou bien s'il s'agit d'une description très claire du macabre dilemme auquel un voyageur dans le temps, fût-ce le nôtre ou celui des Russes, risquait de se trouver confronté et peut-être même, car d'après les théories nous l'avons toujours su, de succomber, atteint d'un coup fatal.

Il enchaîna ensuite sur une publicité.

— Tu sais, fit la voix de Branton dans son oreille, hors antenne, seulement pour la régie et pour lui, s'il a raison on ferait mieux de les laisser mourir, les pauvres bougres.

— On devrait les relâcher, approuva Cassidy. Bon Dieu, à voir la tête de Doug et comment il parlait, on aurait dit que ça faisait mille ans au bas mot qu'il subissait ça ! Pour rien au monde je ne voudrais être à sa place.

— Je te parie cinquante dollars, fit Branton, qu'ils ont déjà vécu ça auparavant. Plein de fois.

— Alors, nous aussi, dit Cassidy.

La pluie tombait à présent, faisant briller les files de spectateurs. Leurs visages, leurs yeux et même leurs vêtements, tout était luisant et réfléchissait une lumière mouillée et fragmentée qui se brisait et se pointillait en miroitant tandis que, rassemblant les couches grises et informes au-dessus d'elle, le soir tombait.

— Sommes-nous toujours à l'antenne ? demanda Branton.

« Qui sait ? » songea Cassidy.

Il avait envie que la journée soit finie.

Le chrononaute soviétique N. Gauki leva les deux mains avec exaltation et s'adressa sur un ton d'une extrême gravité aux Américains assis en face de lui à la table.

— Mon opinion, ainsi que celle de mon camarade Plenya qui pour ses exploits en tant que pionnier du voyage dans le temps s'est vu décerner très justement le titre de Héros du Peuple soviétique, opinion basée sur notre propre expérience et sur les travaux théoriques effectués à la fois par vos propres cercles académiques et par l'académie soviétique des sciences d'URSS, est que nous pensons que les craintes du tempnaute Doug ont des raisons d'être justifiées. Le fait d'avoir provoqué son autodestruction ainsi que celle de ses compagnons d'équipage en ramenant d'AET une masse énorme sous forme de pièces d'automobile, contrairement aux ordres reçus, ne devrait être considéré que comme l'acte d'un homme désespéré n'ayant pas d'autre issue. Bien entendu, la décision vous revient. Notre opinion n'a qu'une valeur consultative en la matière.

Addison Doug jouait avec son briquet sur la table et il ne leva même pas la tête. Ses oreilles bourdonnaient et il se demanda ce que cela signifiait. Le bourdonnement avait quelque chose d'électronique. « Peut-être sommes-nous de nouveau dans le module », se dit-il. Mais il ne le reconnaissait pas ; ses sens percevaient la réalité des gens qui l'entouraient, la table, le briquet en plastique bleu qu'il tenait entre ses doigts. « Interdiction de fumer pendant la rentrée », pensa-t-il. Il rangea prudemment le briquet dans sa poche.

— Nous n'avons pu établir absolument aucune preuve concrète qu'une boucle fermée de temps se soit produite, déclara le général Toad. Nous n'avons que les impressions subjectives d'épuisement de Mr. Doug. Uniquement sa conviction d'avoir déjà vécu tout cela exactement et à plusieurs reprises. Comme il le dit lui-même, c'est très probablement d'ordre psychologique. (Il farfouilla tel le cochon avec son groin dans les papiers qu'il avait devant lui.) J'ai là un rapport, qui n'a pas été révélé aux médias, établi par quatre psychiatres de Yale au sujet de son profil psychologique. Bien qu'exceptionnellement stable, il y a chez lui une tendance à la cyclothymie qui à son apogée donne lieu à une phase dépressive aiguë. Il a naturellement été tenu compte de cela bien avant le lancement, mais on a estimé que le tempérament joyeux des deux autres contrebalancerait efficacement cette tendance. Or il se trouve que cette phase dépressive est en ce moment à son point culminant. (Il tendit le papier à la ronde mais personne à la table ne voulut le prendre.) N'est-il pas exact, docteur Fein, demanda-t-il, qu'une personne souffrant de dépression aiguë perçoive le temps d'une façon particulière, c'est-à-dire sous une forme circulaire, se répétant et tournant en rond sans aller nulle part ? La personne devient si névrosée qu'elle refuse de se séparer de son passé et se le repasse dans la tête en permanence.

— Mais voyez-vous, répondit le docteur Fein, cette impression subjective d'être pris au piège pourrait être le seul indice que nous aurions. (C'était lui le physicien expérimental dont les travaux fondamentaux avaient servi à l'élaboration du projet.) Si une boucle fermée venait malencontreusement à se créer.

— Le général, déclara Addison, emploie des mots qu'il ne comprend pas.

— J'ai fait des recherches pour comprendre la signification de ceux qui m'étaient inconnus, répondit le général Toad. Les termes techniques de psychiatrie... je sais ce qu'ils veulent dire.

Benz demanda à Addison Doug :

— Addi, où as-tu trouvé toutes ces pièces de VW ?

— Je ne les ai pas encore, lui répondit Addison Doug.

— Il a sans doute ramassé le premier bout de ferraille qui lui est tombé sous la main, dit Crayne. Tout ce qu'il a pu trouver juste avant qu'on ne revienne.

— Quand nous reviendrons, rectifia Addison Doug.

— Voici mes instructions en ce qui vous concerne tous les trois, annonça le général Toad. Vous ne devez sous aucun prétexte tenter de provoquer un accident, ou une implosion, ou une panne quelconque durant la rentrée, que ce soit en amenant à bord une masse supplémentaire ou par tout autre moyen qui pourrait vous traverser l'esprit. Vous devez effectuer votre retour comme prévu et conformément aux exercices de simulation effectués avant votre départ. Cela s'adresse particulièrement à vous, Mr. Doug.

Le téléphone placé près de son bras droit se mit à sonner. Il fronça les sourcils et souleva le combiné. Un moment s'écoula puis soudain ses traits se crispèrent et il reposa bruyamment l'appareil.

— Vous avez reçu un contrordre, dit le docteur Fein.

— Exactement, répondit le général Toad. Et à présent je peux vous dire que je m'en réjouis, car la décision que j'avais à prendre n'était pas très agréable.

— Donc nous pouvons nous arranger pour provoquer une implosion à la rentrée, fit Benz au bout d'un moment de silence.

— C'est à vous trois de prendre la décision, déclara le général Toad. Puisque c'est de votre vie qu'il s'agit. On vous laisse toute liberté. Vous pouvez faire comme bon vous semble. Si vous êtes convaincus que vous vous trouvez dans une boucle fermée de temps et que vous pensez qu'une implosion massive au moment de la rentrée l'anéantira... (Il s'arrêta de parler car le tempnaute Doug venait de se lever.) Vous allez nous faire un autre discours, Doug? dit-il.

— Je voudrais seulement remercier toutes les personnes impliquées dans cette affaire, déclara Addison Doug. Pour nous avoir laissé le choix. (Le visage hagard et profondément las, il regarda longuement chacun de ceux qui étaient assis autour de la table.) Je vous suis très reconnaissant.

— Tu sais, fit lentement Benz, peut-être que de nous faire sauter à la rentrée n'augmentera pas les chances d'anéantir une boucle fermée. Ça pourrait même être l'inverse, Doug.

— Pas si on est tous tués, dit Crayne.

— Alors tu es d'accord avec Addi? demanda Benz.

— Quand on est mort on est mort, fit Crayne. J'y ai bien réfléchi. Quel autre moyen serait plus susceptible de nous sortir de là, que si nous sommes morts? Quel autre moyen vois-tu?

— Il se peut que vous ne soyez pas dans une boucle, fit remarquer le docteur Fein.

— Mais il se peut aussi que nous y soyons, répliqua Crayne.

Doug, qui était toujours debout, dit à Crayne et à Benz :

— Pourrions-nous faire participer Merry Lou à notre décision ?

— Pourquoi ? demanda Benz.

— Je n'arrive plus à penser très clairement, dit Doug. Merry Lou peut m'aider ; je me fie à elle.

— Bien sûr, répondit Crayne.

Benz aussi acquiesça.

Le général Toad consulta stoïquement sa montre et déclara :

— Messieurs, ceci met un terme à notre discussion.

Le chrononaute soviétique Gauki enleva son casque et son micro, et se précipita la main tendue vers les trois tempnautes américains ; il disait apparemment quelque chose en russe mais aucun d'eux ne le comprenait.

L'air sombre, ils s'éloignèrent.

— A mon avis tu es cinglé, Addi, fit Benz. Mais il semblerait que je sois en minorité, à présent.

— Et admets qu'il *ait* raison, dit Crayne, admets – une chance sur un milliard – que nous retournions en arrière indéfiniment et jusqu'à la fin des temps, ça se justifierait alors.

— Pourrait-on aller voir Merry Lou ? demanda Addison Doug. Pourrait-on prendre la voiture et aller chez elle tout de suite ?

— Elle attend dehors, dit Crayne.

Rejoignant les trois tempnautes à grandes enjambées, le général Toad déclara :

— Vous savez, Doug, ce qui a fait pencher la balance, c'est la manière dont le public a réagi à votre allure et à votre comportement pendant le cortège funèbre. Les conseillers du NSC[1] sont arrivés à la conclusion que le public préférerait, comme vous, être certain que c'en est terminé pour vous tous. Et qu'il serait plus soulagé de vous savoir libérés de votre mission plutôt que de vous voir sauver le projet et effectuer une rentrée parfaite, Je pense que vous leur avez fait une jolie impression. Avec vos jérémiades.

Là-dessus il s'éloigna, les laissant plantés là.

— Laisse-le tomber, dit Crayne à Addison Doug. Laisse-le tomber, lui et tous ceux de son espèce. Faisons ce que nous avons à faire et c'est tout.

— Merry Lou m'expliquera tout.

Elle saurait ce qu'il fallait faire, ce qui était juste.

— Je vais chercher la voiture, dit Crayne, et ensuite on pourrait aller quelque part tous les quatre, peut-être chez elle pour décider de ce qu'on va faire. Okay ?

— Merci, dit Addison Doug en hochant la tête.

Il la chercha des yeux, espérant l'apercevoir, se demandant où elle se trouvait. Dans la pièce à côté, peut-être, quelque part près d'ici.

— Ça me fait bien plaisir, dit-il.

Benz et Crayne échangèrent un regard. Il s'en aperçut, mais il ne comprit pas ce que cela signifiait. Tout ce qu'il comprenait, c'était qu'il avait besoin de quelqu'un et surtout de Merry Lou, pour l'aider à comprendre la situation. Et pour décider finalement ce qu'il fallait faire pour les en sortir.

1. NSC, National Security Council : Conseil national de sécurité. (*N.d.T.*)

Merry Lou les conduisit au nord de Los Angeles, où elle prit la voie ultra-rapide de l'autoroute en direction de Ventura, puis elle bifurqua vers l'intérieur pour rejoindre Ojai. Dans la voiture personne ne disait grand-chose. Merry Lou conduisait bien, comme toujours; appuyé contre elle, Addison Doug se sentit gagné par une sorte de paix provisoire.

— Il n'y a rien de tel que de se laisser conduire par une nana, fit Crayne au bout de nombreux kilomètres passés en silence.

— C'est une sensation très aristocratique, murmura Benz, que d'avoir une femme pour tenir le volant. Comme les nobles qui se font piloter par un chauffeur.

Addison Doug demanda :

— L'autre jour, quand tu m'as vu me traîner jusque chez toi... sur le chemin de rondins de séquoia. Qu'est-ce que tu as pensé? Dis-le-moi honnêtement.

— Tu semblais, répondit la jeune fille, avoir fait cela maintes fois. Tu avais l'air fourbu et exténué et... près de mourir. Près de la fin. (Elle hésita.) Je suis désolée, mais c'est l'impression que tu donnais, Addi. Je me suis dit : il connaît trop bien le chemin.

— Comme si je l'avais fait trop de fois.

— Oui, dit-elle.

— Alors tu votes pour l'implosion, dit Addison Doug.

— Eh bien...

— Sois franche avec moi, dit-il.

Merry Lou répondit :

— Regardez derrière la banquette arrière. La boîte par terre.

Prenant la lampe de poche qui se trouvait dans la boîte à gants, les trois hommes inspectèrent le carton. Avec appréhension, Addison Doug regarda ce qu'il contenait. Des pièces de moteur de VW. Encore pleines d'huile.

— Je les ai trouvées derrière un garage de voitures étrangères près de chez moi, dit Merry Lou. Sur la route de Pasadena. Le premier tas de ferraille qui m'a paru pouvoir être assez lourd. J'ai entendu dire à la télé au moment du lancement que tout ce qui dépassait vingt-cinq kilos pouvait…

— Ça fera l'affaire, dit Addison Doug. Ça a déjà fait l'affaire.

— Alors il n'y a plus de raison d'aller chez vous, dit Crayne. La décision est prise. On ferait aussi bien de retourner vers le sud et de regagner le module. Et d'entamer la procédure de sortie d'AET. Puis de se mettre en route pour la rentrée. (Sa voix était pesante mais égale.) Merci d'avoir voté, Miss Hawkins.

— Vous êtes tous si fatigués, dit-elle.

— Pas moi, fit Benz. Je suis en rogne, oui. En rogne comme un fou.

— A cause de moi ? demanda Addison Doug.

— Je n'en sais rien, répondit Benz. C'est juste que… Bon sang.

Il se plongea alors dans un silence sombre. Recroquevillé sur lui-même ; apathique et perplexe. Le plus possible à l'écart des autres dans la voiture.

Prenant la bretelle d'autoroute suivante, Merry Lou dirigea la voiture vers le sud. Une impression de libération semblait l'habiter, à présent, et Addison sentit lui-même qu'une partie du poids et de la lassitude refluait déjà.

Les récepteurs d'alerte d'urgence que chacun des trois hommes portait au poignet se mirent à émettre leur signal d'alarme ; ils sursautèrent tous ensemble.

— Qu'est-ce que ça veut dire ? demanda Merry Lou en ralentissant.

— Que nous devons prendre contact par téléphone avec le général Toad aussitôt que possible, répondit Crayne. (Il fit signe avec le doigt.) Il y a une station-service Standard là-bas devant ; prenez la prochaine sortie, Miss Hawkins. Nous pourrons y téléphoner.

Quelques instants plus tard, Merry Lou arrêta la voiture devant la cabine téléphonique extérieure.

— J'espère qu'il ne s'agit pas d'une mauvaise nouvelle, dit-elle.

— Je vais lui parler le premier, fit Doug en sortant de la voiture. « Une mauvaise nouvelle, songea-t-il en souriant laborieusement. Comme quoi ? »

Tout courbaturé, il gagna la cabine téléphonique, y pénétra, ferma la porte derrière lui, puis il glissa une pièce dans la fente et composa le numéro gratuit.

— Dites donc, j'ai de sacrées nouvelles ! s'écria le général Toad, une fois que l'opératrice l'eut mis en ligne. Heureusement qu'on a réussi à vous joindre. Un instant... je vais laisser le docteur Fein vous dire ça lui-même. Vous serez plus disposé à le croire, lui, que moi.

Il y eut plusieurs déclics puis enfin la voix de fausset, mesurée et docte, du docteur Fein, rendue cependant plus intense par la gravité de la situation.

— Quelle est la mauvaise nouvelle ? lui demanda-t-il.

— Pas nécessairement mauvaise, dit le docteur Fein. J'ai fait faire des calculs par ordinateur jusqu'à maintenant depuis notre entretien et il semblerait… je veux dire par là qu'il est probable selon les statistiques, mais ce n'est pas une certitude absolue… que vous ayez raison, Addison. Vous vous trouvez bien dans une boucle fermée de temps.

Addison poussa un long soupir. « Espèce de vieille tantouze despotique, pensa-t-il. Tu le savais probablement depuis le début. »

— Cependant, poursuivit le docteur Fein avec excitation, et en bégayant légèrement, j'estime également — et je ne suis pas le seul, notamment grâce au Cal Tech[1] — que le plus grand risque de laisser subsister la boucle serait d'imploser à la rentrée. Est-ce que vous comprenez, Addison ? Si vous ramenez toutes ces pièces rouillées de VW et que vous implosez, alors les risques statistiques de voir la boucle se refermer seront bien plus élevés que si vous vous contentez de rentrer et que tout se passe bien.

Addison Doug ne répondit pas.

— En vérité, Addi… et ceci est le point le plus grave sur lequel il faut que j'insiste… une implosion à la rentrée et particulièrement une implosion massive et préméditée du type de celle qui semble se préparer… vous saisissez ce que je dis, Addi ? Est-ce que vous me recevez ? Pour l'amour du ciel, Addi ? rendrait pratiquement *inévitable* la fermeture d'une boucle absolument indéfaisable, semblable à celle que vous avez dans l'esprit. Ainsi que nous l'avons craint dès le début. (Un temps.) Addi ? Êtes-vous là ?

Addison Doug déclara :

1. Cal Tech, California Institute of Technology.

— Je veux mourir.

— C'est parce que vous êtes exténué à force d'être dans la boucle. Dieu sait combien de fois vous êtes déjà revenus tous les trois...

— Non, dit-il, et il s'apprêta à raccrocher.

— Laissez-moi parler à Benz et à Crayne, dit rapidement le docteur Fein. Surtout Benz ; je voudrais lui parler en particulier. Je vous en prie, Addison, par égard pour eux ; le fait que vous soyez totalement épuisé ou presque fait que...

Il raccrocha. Puis il quitta la cabine pas à pas.

En remontant dans la voiture il entendit leurs récepteurs d'alerte qui sonnaient toujours.

— Le général Toad m'a dit que l'appel automatique de vos deux récepteurs continuerait à faire ça un petit moment, expliqua-t-il. (Puis il ferma la portière derrière lui.) Allons-y.

— Et à nous, il ne veut pas nous parler ? demanda Benz.

Addison Doug répondit :

— Le général Toad voulait nous faire savoir qu'ils ont un petit quelque chose pour nous. On a décidé de nous décerner une citation spéciale à l'ordre du Congrès pour bravoure ou une idiotie comme ça. Une médaille spéciale qu'on n'a encore jamais donnée à personne. Décernée à titre posthume.

— Ben, sapristi... je ne vois pas comment on pourrait nous la décerner autrement, fit Crayne.

Remettant le moteur en roue, Merry Lou se mit à pleurer.

— Ce sera un soulagement, dit Crayne au bout d'un moment tandis qu'ils retournaient en cahotant vers l'autoroute, quand ce sera terminé.

« Ça ne tardera plus maintenant », dirent les pensées d'Addison Doug.

Leurs récepteurs d'alerte d'urgence continuaient de bourdonner à l'unisson à leurs poignets.

– On nous grignote tout doucement, dit Addison Doug. L'incessant travail d'usure des multiples voix de la bureaucratie.

Les autres lui jetèrent un regard interrogateur, à la fois gênés et perplexes.

– Ouais, fit Crayne. Ces signaux d'alarme automatique sont vraiment casse-pieds.

Il y avait de la fatigue dans sa voix. « Aussi fatigué que moi », songea Addison Doug. Et en pensant cela il se sentit mieux. Ça démontrait à quel point il avait raison.

D'énormes gouttes de pluie vinrent s'écraser sur le pare-brise; il commençait à pleuvoir. Cela aussi le réjouit. Cela lui rappela l'expérience la plus exaltante de toute sa brève vie : le cortège funèbre descendant lentement Pennsylvania Avenue, les cercueils recouverts du drapeau. Fermant les yeux, il se laissa aller contre le siège et se sentit bien, enfin. Et il entendit une fois encore tout autour de lui les gens courbés par le chagrin. Et dans sa tête il rêva à la médaille spéciale du Congrès. Pour exténuation, songea-t-il. Une médaille pour cause de fatigue.

Il se vit, dans sa tête, participant à d'autres cortèges, à de nombreuses autres morts. Mais en réalité il s'agissait de la même mort, du même cortège. Le lent défilé des voitures dans les rues de Dallas; avec le docteur King[1] aussi... Dans son cycle fermé de vie il se vit revenir indéfiniment à ses funérailles nationales qu'il ne pouvait pas et qu'ils ne pouvaient pas oublier. Il y serait

1. Docteur King : Martin Luther King, prix Nobel de la paix, assassiné à Memphis, le 4 avril 1964. (*N.d.T.*)

présent, ils y seraient toujours présents ; elles dureraient toujours, et ils y reviendraient tous ensemble indéfiniment et à jamais. A l'endroit, au moment où ils avaient envie de se trouver. A l'événement qui leur était le plus cher.

C'était le cadeau qu'il leur faisait, à tout le monde, à son pays. Il avait offert au monde un merveilleux fardeau. Le miracle terrible et épuisant de la vie éternelle.

Traduit par Bernard Raison
Titre original : *A Little Something for Us Tempunauts.*

SI VOUS TROUVEZ CE MONDE MAUVAIS VOUS DEVRIEZ EN VOIR QUELQUES AUTRES

Par Philip K. DICK

Conférence donnée au Festival de Metz, le 24 septembre 1977

Je dois vous dire combien j'apprécie que vous m'ayez demandé de partager quelques-unes de mes idées avec vous. Un romancier porte sur lui constamment ce que la plupart des femmes tiennent dans leur grand sac : bien des choses inutiles, quelques ustensiles essentiels, et aussi, pour faire bonne mesure, un tas d'objets qui trouvent place au milieu. Mais l'écrivain ne transporte rien physiquement, ses possessions sont mentales. Ici et là il ajoute une idée nouvelle et tout à fait superflue ; de temps à autre il se met de mauvaise grâce à faire le ménage et, avec quelques larmes sentimentales, jette à la poubelle les idées le plus évidemment sans valeur. Mais, quelques rares fois, il tombe par hasard sur une idée tellement époustouflante qu'il espère qu'elle apparaîtra aussi neuve à tous les autres. C'est cette dernière catégorie qui donne à son existence sa dignité. Mais de ces idées sans prix l'écrivain ne fera la rencontre au mieux que de quelques-unes durant son existence. Et cela suffit ; il aura à travers elles justifié sa vie devant lui-même et devant son dieu.

Un aspect étrange de ces idées rares et extraordinaires, un aspect qui m'étonne toujours, est qu'elles revêtent pour apparaître le manteau mystificateur de l'évidence. Je veux dire qu'une fois que les idées ont émergé ou sont apparues ou sont nées — quelle que soit la manière de venir à l'existence d'une idée — l'écrivain se dit à lui-même : « Bien sûr. Comment ai-je fait pour ne pas m'en apercevoir avant ? » Mais notez le mot « apercevoir ». C'est le mot central. Il a rencontré quelque chose de nouveau qui en même temps était déjà là, quelque part, depuis toujours. En vérité, l'idée a simplement refait surface. Car elle avait toujours été là. Il ne l'a pas inventée, il ne l'a même pas trouvée ; en quelque sorte c'est *elle* qui l'a trouvé. En fait, et c'est un peu inquiétant, l'écrivain n'a pas inventé la chose mais au contraire elle l'a inventé *lui*. C'est comme si l'idée l'avait créé pour ses propres desseins. Je crois que c'est pour cela que nous rencontrons ce phénomène bien connu : quelquefois dans l'histoire une nouvelle idée sensationnelle frappe plusieurs chercheurs ou plusieurs penseurs exactement en même temps, les uns à l'insu des autres. Nous disons alors « son temps était venu » et nous nous débarrassons ainsi, comme si nous l'avions expliqué, de quelque chose de très important, de notre prise de conscience que les idées sont vivantes.

Qu'est-ce que ça veut dire d'affirmer à propos d'une idée ou d'une pensée qu'elle est vivante ? Qu'elle saisit les hommes et les utilise afin d'apparaître dans le courant de l'histoire humaine ? Les philosophes présocratiques avaient peut-être raison ; le cosmos est une vaste entité pensante. Et qui ne fait rien d'autre que penser. En ce cas une alternative : ce que nous appelons l'univers est tout simplement une forme ou un déguisement qu'elle prend ; ou encore elle est en quelque sorte l'univers — on peut trouver des variations à ce point de vue panthéiste, celle que je préfère est qu'elle imite soigneusement le monde que nous croyons percevoir tous les jours et que nous en restons abusés. C'est le point de vue de la plus vieille religion des Indes ; jusqu'à un certain point c'est aussi l'idée de Spinoza et d'Alfred North Whitehead, le concept d'un dieu immanent, un dieu à l'intérieur de l'univers, pas celui d'une entité transcendante qui ne fait donc pas partie du monde. Comme dit la maxime soufi : « L'ouvrier est invisible dans son atelier » ; où l'atelier c'est l'univers et l'ouvrier c'est Dieu. Mais cette idée exprime encore la notion théiste d'un univers créé par Dieu ; pour ma part je dis : peut-être est-ce que Dieu n'a rien créé du tout mais existe simplement. Et nous passons nos vies à l'intérieur de lui, ou d'elle, ou de « lui » s'il n'a pas de sexe que nous pourrions définir, à nous demander constamment où nous pourrions le trouver.

J'ai pris plaisir à suivre ces chemins de pensée pendant plusieurs années. Dieu est aussi proche de nous que les saletés qui jonchent la poubelle — pour parler plus précisément, Dieu *est* la saleté dans la poubelle. Mais un jour une pensée malfaisante entra dans mon esprit — elle était malfaisante parce qu'elle minait mon merveilleux monisme panthéiste dont j'étais si fier. Et si — vous allez voir comment cet écrivain de science-fiction particulier trouve ses histoires —, et s'il existait une pluralité d'univers arrangés le long d'une sorte d'axe latéral, à angles droits par rapport au flot linéaire du temps ? Je dois avouer que je m'aperçus bientôt avoir conjuré une énorme absurdité : dix mille corps de Dieu disposés comme autant de vêtements à pendre dans un énorme cagibi, avec Dieu qui les porterait soit tous en même temps, soit dans un ordre quelconque, se murmurant à lui-même : « Je crois qu'aujourd'hui je porterai celui où l'Allemagne et le Japon ont gagné la Seconde Guerre mondiale », ajoutant ensuite : « Demain je porterai celui qui est si beau, dans lequel Napoléon a battu les Anglais ; un de mes meilleurs. »

Cela paraît absurde et l'idée qui lui est sous-jacente semble insensée. Mais supposons maintenant que nous travaillions l'hypothèse et que nous disions : « Et si Dieu essayait un habit et puis, pour une raison personnelle, *change d'avis ?* » Qu'il décide, pour utiliser toujours la métaphore, que l'habit qu'il porte n'est pas celui qu'il veut... Alors le cagibi rempli de vêtements devient une sorte de séquence progressive de mondes pris, utilisés un moment et puis jetés en faveur d'un meilleur ? Arrivés à ce point, nous pouvons demander : « Comment, l'habit soudain rejeté, comment l'univers abandonné se sentirait-il ? Qu'éprouverait-il ? » Et encore, c'est très important pour nous, quel changement, *s'il y en a un*, ressentiraient les formes de vie de cet univers ? Car j'ai le pressentiment secret que c'est exactement ce qui arrive ; et j'ai aussi l'intuition que les milliards de formes de vie impliquées auraient l'impression — fausse — que rien ne s'est passé, que rien n'a changé. Faisant partie maintenant d'un nouveau vêtement, elles imagineraient qu'elles ont toujours été portées — qu'elles ont toujours été semblables, avec leur batterie complète de souvenirs qui prouvent l'exactitude de leurs impressions subjectives.

Nous sommes habitués à penser que tout changement prend place dans l'axe linéaire du temps : du passé au présent au futur. Le présent émerge du passé et lui est différent : le futur coulera du présent et lui non plus ne sera pas le même. Il est difficile d'imaginer qu'il puisse exister un temps orthogonal, un domaine latéral où prend place le changement — des processus qui existeraient à côté de la réalité. Comment pourrions-nous percevoir le changement latéral ? Que ressentirions-nous ? Si nous essayions de tester cette bizarre théorie, quelle sorte de preuve devrions-nous chercher ? En d'autres mots, comment peut-il y avoir changement en dehors du temps linéaire ?

Eh bien, considérons maintenant un des sujets favoris des penseurs chrétiens : l'Eternité. Du point de vue historique, ce concept a été une des grandes idées nouvelles apportées par la chrétienté. Nous sommes à peu près sûrs que l'Eternité existe — que le mot « Eternité » réfère à quelque chose d'actuel, en contraste par exemple avec le mot « ange ». L'Eternité est simplement un état dans lequel vous êtes libres hors du temps et au-dessus de lui. Il n'y a pas de passé, de présent et de futur, il y a juste une pure existence ontologique. L'Eternité n'est pas un mot dénotant simplement un très long temps ; elle est essentiellement atemporelle. Alors je pose la question : le changement existe-t-il dans ce lieu hors du temps ? Car si vous dites : « Oui, l'Eternité n'est pas statique ; des événements s'y déroulent », alors je prends mon sourire assuré et je vous montre que vous avez encore une fois réintroduit le temps. Le concept de « temps » pose simplement une condition, un état ou un lieu dans lequel opère le changement. Pas de temps, pas de changement. L'Eternité est statique. Mais si elle est statique, elle ne l'est pas dans le sens d'une longue durée ; elle l'est plus comme un point géométrique dont une infinité tiendrait sur une droite. Je peux ainsi défendre ma théorie du changement orthogonal ou latéral en disant : « Au moins c'est une idée qui est intellectuellement moins insensée que le concept d'Eternité. » Et tout le monde parle de l'Eternité.

Laissez-moi vous présenter une autre métaphore. Supposons qu'il existe un très riche amateur d'art. Chaque jour sur le mur de la salle de séjour au-dessus de la cheminée, des domestiques accrochent un nouveau tableau — chaque jour un chef-d'œuvre différent, journée après journée, mois après mois —, à chaque fois la peinture « usagée » est enlevée et remplacée par une nouvelle. J'appellerai ce processus « changement le long de l'axe linéaire ». Maintenant, supposons que les domestiques se trouvent dans l'impossibilité temporaire de trouver de nouveaux tableaux. Que feront-ils à ce moment ? Ils ne peuvent se contenter de laisser pendre celui de la veille ; leur employeur a décrété le remplacement perpétuel des tableaux. Alors ils ne laissent pas l'ancien mais ils ne le remplacent pas non plus ; ils vont plutôt faire quelque chose de très intelligent. Pendant que leur employeur est occupé ailleurs, les domestiques altèrent habilement le tableau déjà sur le mur. Ils peignent un arbre d'un côté ; une petite fille là-bas, ils ajoutent ceci, ils suppriment cela ; ils font de cette peinture quelque chose de différent et en quelque sorte de nouveau. Mais, vous vous en rendez compte, elle sera d'une nouveauté différente de celle qui émerge du remplacement. L'employeur entre dans la salle de séjour après déjeuner, s'assoit face à la cheminée et contemple ce qui devrait être un nouveau tableau. Que voit-il? Certainement pas ce qu'il a déjà vu. Mais ça ne semble pas complètement... Ici il nous faut être très compréhensifs envers cet homme stupide, car nous pouvons virtuellement voir les circuits de son cerveau essayer de comprendre. Les circuits disent : « Oui, c'est un nouveau tableau, ce n'est pas le même qu'hier; mais en même temps c'est le même, je le crois, je le sens d'une intuition très profonde... Je sens que j'ai déjà vu cette scène. Mais il me semble qu'il devrait y avoir un arbre là, et il n'y a rien. » Si nous extrapolons maintenant à partir de la confusion perceptuelle et mentale de cet homme pour en arriver à ma proposition théorique sur le changement latéral, vous comprenez alors ce que je veux dire; et peut-être pouvez-vous comprendre dans une certaine mesure que si ce dont je parle n'existe peut-être pas — si mon concept peut être fictif — il *pourrait* au moins exister. Du point de vue intellectuel, il ne se contredit pas lui-même.

En tant qu'auteur de science-fiction, je gravite vers de telles idées; ceux qui travaillent dans le genre connaissent bien sûr cette hypothèse sous le nom d'*univers parallèles*. Quelques-uns d'entre vous savent, j'en suis sûr, que mon roman *le Maître du haut-château* utilise ce thème. Dans ce roman il y a un monde parallèle dans lequel l'Allemagne, le Japon et l'Italie ont gagné la Seconde Guerre mondiale. A un moment, un des protagonistes, M. Tagomi, est transporté dans *notre* monde, celui dans lequel les forces de l'Axe ont perdu. Il reste dans notre univers un très bref laps de temps, puis se trouve projeté à son point de départ, terrorisé, aussitôt qu'il a entr'aperçu ce qui est arrivé — il évitera d'y repenser car cela a été pour lui une expérience profondément déplaisante. En tant que Japonais, cette rencontre a été celle d'un univers *pire* que son monde de tous les jours. Pour un juif, et pour des raisons évidentes, le nouveau monde aurait été infiniment meilleur.

Dans *le Maître du haut-château* je n'explique pas vraiment pourquoi ou comment M. Tagomi a glissé dans notre univers ; il s'est tout simplement assis dans un parc et a étudié attentivement un bijou moderne fait main, d'un dessin abstrait. Il a fortement concentré son attention, et lorsqu'il relève les yeux il est dans un autre univers. Si je n'ai pas donné d'explication à cet événement, c'est parce que je n'ai pas de solution, et je défie quiconque, écrivain, lecteur ou critique, de donner une soi-disant explication. Il ne peut pas y en avoir une, car nous savons bien qu'un tel concept est simplement une prémisse de fiction ; aucune personne saine d'esprit ne prétendra même un instant qu'une telle fantaisie puisse exister dans le réel. Mais prétendons le contraire pour le plaisir du jeu. Alors, si les mondes parallèles existent, comment sont-ils reliés, s'il s'avère qu'ils sont connectés les uns aux autres ? Si l'on dessinait une carte de ces univers, montrant leur localisation, à quoi cette carte ressemblerait-elle ? Par exemple (je pense que c'est une question très importante) : est-ce qu'ils sont absolument disjoints les uns des autres ou est-ce qu'ils se superposent ? Parce que, s'il y avait superposition, alors des problèmes tels que « Où existent-ils ? » et

« Comment passe-t-on de l'un à l'autre ? » admettraient des solutions possibles. Je dis simplement que si ces univers existent, s'ils se superposent vraiment, il est possible que nous vivions réellement, littéralement dans plusieurs mondes à la fois, à des degrés divers, à chaque moment du temps. Et bien que nous nous voyions les uns les autres vivant, marchant, parlant, quelques-uns d'entre nous habitent peut-être des portions relativement plus grandes de ce que l'on pourrait par exemple appeler l'univers n° 1 ; quelques autres d'entre nous habiteraient alors une plus grande portion de l'univers n° 2, la piste n° 2 si vous voulez, ainsi de suite, ce ne serait pas simplement nos impressions subjectives du monde qui différeraient, mais il y aurait un mélange, une superposition de plusieurs mondes aboutissant à des différences objectives et non plus subjectives. Les différences entre nos perceptions seraient la résultante de cet état de fait. J'ajouterai cette proposition fascinante : peut-être quelques-uns de ces mondes superposés sont-ils en train de mourir, de remonter l'axe latéral dont je parlais alors que d'autres se dirigent vers des zones de plus grande réalité. Ces changements auraient lieu simultanément en dehors du temps linéaire. Nous parlons ici d'un processus qui est une transformation, une sorte de métamorphose. Achevée de manière invisible mais très réelle. Et très importante.

Si l'on contemplait cette possibilité d'une disposition latérale des mondes, d'une pluralité de Terres superposées le long d'un axe de jonction où quelqu'un pourrait se déplacer — où quelqu'un pourrait voyager mystérieusement de pire à acceptable, à bon, à excellent —, si on la décrivait en termes théologiques, peut-être pourrait-on dire que nous comprenons soudain les affirmations elliptiques du Christ sur le Royaume de Dieu, en particulier sur sa localisation. Il paraît avoir donné des réponses contradictoires et troublantes. Mais supposons un instant que la cause de notre perplexité ne tient pas dans un quelconque désir de sa part d'étonner ou de masquer, mais dans le caractère inadéquat de la question. « Mon royaume n'est pas de ce monde, mon royaume est en vous » ou « il est parmi vous », ce sont les paroles que l'on rapporte. Je mets devant vous une notion que je trouve personnellement excitante ; n'avait-il pas en tête ce que je présente comme l'axe latéral des royaumes superposés qui contiennent parmi eux la palette des aspects allant de la méchanceté indicible jusqu'au merveilleux ? Ce que le Christ a répété constamment, c'est qu'il y avait plusieurs royaumes objectifs, en quelque sorte reliés entre eux, sur lesquels un pont pourrait être jeté par les vivants – non par les morts ; et encore que le plus merveilleux royaume était cette terre des Justes sur laquelle Lui ou Dieu, ou les deux ensemble régnaient. Il n'a pas seulement parlé de manières différentes de *voir* le monde à travers la subjectivité ; son royaume était et est encore en un autre lieu, à l'extrémité opposée d'un continuum dont le point de départ est l'esclavage et la souffrance absolue. Sa mission était d'enseigner à ses disciples le secret du passage entre les mondes orthogonaux. Il ne s'est pas contenté de rapporter ce qui se trouvait là-bas. Il transmit la méthode qui permettait d'y aller. Le secret fut perdu et c'est une tragédie. L'ennemi, l'autorité romaine le détruisit. C'est ainsi que nous ne le possédons pas. Mais peut-être pouvons-nous le retrouver, car nous savons qu'un tel secret existe.

Tout ceci expliquerait les contradictions apparentes sur la question de savoir si le Royaume des Justes sera un jour établi sur cette terre ou si c'est un lieu, un état, vers lequel nous allons après la mort. Je n'ai pas à vous dire combien cette question a été fondamentale – en tant qu'irrésolue – durant toute l'histoire de la chrétienté. Aussi bien le Christ que saint Paul paraissent dire avec insistance que les légions divines apparaîtront soudain dans notre monde et notre durée. Après quelques péripéties excitantes, mille ans de paradis, un royaume légitime sera ensuite établi – au moins pour ceux qui ont fait leur devoir, qui ont porté leur fardeau et plus généralement ont fait attention aux autres... Ceux qui ne se sont pas endormis comme le précise une parabole. Le Nouveau Testament nous enjoint constamment d'être vigilants, que pour un chrétien *chaque jour est le jour* et qu'il y a toujours la lumière qui lui permettra de voir l'avènement quand il sera temps. *Voir l'avènement*. Est-ce que cela n'implique pas que ceux qui dorment ou sont aveugles ou ne sont pas vigilants ne pourront rien voir même si cela arrive? Comprenez la signification de ces notions. Le Royaume apparaîtra ici soudain (c'est toujours précisé); ceux qui ont la vraie foi le verront, parce que pour eux il fait toujours jour, mais les autres... ce qui semble exprimé ici c'est la pensée paradoxale et captivante (écoutez bien ceci et réfléchissez-y) que, même si le Royaume existait parmi nous, ceux qui n'en font pas partie ne le verraient pas. En termes plus modernes, je propose l'idée que certains d'entre nous entreprendront un voyage orthogonal vers un monde meilleur alors que d'autres resteront fixés sur l'axe latéral, et ainsi pour eux le jour ne sera pas venu sur leur monde parallèle. Et pourtant il sera advenu dans le nôtre. Ainsi il peut être et ne pas être en même temps. C'est très étonnant.

Demandez-vous maintenant quel est l'événement qui signale l'établissement ou le rétablissement du Royaume ? Ce n'est bien entendu rien d'autre que la Parousie, le retour du Roi. Si l'on suit mon raisonnement sur l'existence de mondes empilés sur un axe latéral, on peut raisonner ainsi : « La seconde Résurrection n'a certainement pas encore eu lieu — tout au moins sur cette piste, dans cet univers. » Mais il est alors logique de spéculer : « Peut-être est-ce déjà arrivé sur une autre piste, au milieu de toutes les autres. En fait peut-être est-ce arrivé exactement comme il est stipulé dans le Nouveau Testament : pendant l'existence de ceux qui vivaient à l'âge apostolique. » J'aime ce concept. Quelle idée pour un roman, une Terre parallèle sur laquelle eut lieu la Parousie. Disons vers l'an 70 ; ou plutôt pendant le Moyen Age — pourquoi pas pendant les croisades cathares ? Quel beau sujet pour un roman sur les mondes parallèles ! Le protagoniste est transporté de notre univers dans lequel la seconde Résurrection n'a pas eu lieu, ou n'a pas trouvé de lieu, et se retrouve dans un monde où l'événement est arrivé des siècles auparavant.

Vous avez suivi mes conjectures et vous vous rendez compte aussi bien que moi de la possibilité qu'il existe un nombre indéfini de mondes superposés. Peut-être certains vivent-ils dans l'un, d'autres dans l'autre, d'autres encore dans un différent, et tout événement d'une piste ne pourra pas être perçu par les habitants d'une autre piste. Alors je vais dire ce que j'ai envie de dire et ça sera assez. Je crois avoir perçu un jour une piste dans laquelle le Sauveur était revenu. Mais ce fut une expérience très rapide. Je n'existe plus dans ce monde maintenant. Je ne suis même pas sûr d'y avoir jamais été. En toute certitude je n'y retournerai peut-être plus. Je porte le deuil de cette perte, mais cela reste toujours une perte ; j'ai d'une certaine manière fait un mouvement latéral, et puis je suis retombé, il avait disparu. Une montagne évanouie, un torrent. Le son de cloches. Tout cela est parti pour moi ; complètement.

Dans mes histoires comme dans mes romans, je parle souvent de mondes truqués, d'univers semi-réels, de petits mondes privés et fous qui sont souvent habités par une seule personne, alors que les autres personnages restent dans leur propre domaine jusqu'au bout ou sont aspirés dans un des mondes bizarres. Ce thème est constant dans le corpus de mes vingt-sept années d'écriture. Durant tout ce temps je n'ai jamais eu d'explication théorique consciente sur mon intérêt envers les pseudo-mondes pluriformes. Mais maintenant je crois comprendre. Je pressentais la multitude des réalités partiellement formées qui effleuraient celle que nous appelons réelle. Celle que, par un consensus de la majorité d'entre nous, nous partageons.

Au début je présumais que les différences entre ces mondes provenaient seulement de la subjectivité des divers points de vue, mais il ne me fallut pas longtemps pour me demander s'il n'y avait pas plus que cela — si en fait des réalités plurielles ne se superposaient pas les unes sur les autres comme une série de diapositives. Ce que je ne comprends pas encore, c'est comment une réalité parmi la totalité s'actualise aux dépens des autres. Peut-être ne le fait-elle pas ? Ou peut-être cela dépend-il du partage d'un point de vue par un assez grand nombre de gens ? Mais plus probablement le monde matrice, celui qui contient le noyau véritable de l'existence, doit être déterminé par le Programmateur. Il ou « il » articule — il imprime si l'on peut dire — le choix matriciel et lui donne sa substance. Le cœur ou l'essence de la réalité — ce qui la recevra, ce qui l'atteindra, et jusqu'à quel point —, voilà le projet du Programmateur ; il sélectionne et resélectionne dans le trajet de sa créativité, de la construction des mondes qui semble être sa tâche. Peut-être essaie-t-il de résoudre un problème et faisons-nous partie du processus de résolution.

Je pense que la métaphore de l'échiquier pourrait beaucoup nous servir à comprendre comment peut se faire — en fait doit se faire — la re-programmation des variables le long de l'axe temporel qui mène à la solution du problème. En face du Programmateur/re-programmateur se tient une contre-entité, celle que Joseph Campbell appelle le sombre adversaire. Dieu, le Programmateur, ne joue pas ses coups contre la matière inerte ; il doit tenir compte d'un ennemi rusé. Imaginons que sur l'échiquier — notre univers spatio-temporel — le sombre adversaire a joué son coup ; il met en place ainsi une réalité. Comme il est le joueur maléfique son désir revient à ce que nous appelons le mal : la dégénérescence, le pouvoir du mensonge, la mort et toutes les formes du pourrissement, la prison des forces immuables de la cause et de l'effet. Mais le Programmateur a *déjà* rendu sa réponse ; les mouvements de ses pièces ont déjà eu lieu. Ce que nous percevons comme événements historiques, le processus d'imprimerie passe par des étapes de rapports dialectiques, de thèses et d'antithèses, pendant que les forces des deux joueurs s'affrontent. Une synthèse est ainsi présentée à l'adversaire sombre, mais en même temps ce n'est pas tout à fait vrai, car notre grand avocat a sélectionné à l'avance des variables dont les altérations successives lui donneront la victoire. A chaque séquence qu'il gagne il emporte avec lui ceux d'entre nous qui participaient à la bataille. C'est pourquoi les gens prient d'une manière instinctive, « libera me Domine », ce qui peut se décoder ainsi : « Extirpe-moi, Programmateur, inclus-moi dans le triomphe de tes victoires successives. Emporte-moi le long de l'axe latéral afin que je ne sois pas abandonné. » Ce que veut dire « être abandonné », c'est rester sous la juridiction du pouvoir malin, ou tomber sous ses griffes. Mais cette force démoniaque, malgré toute sa ruse, a déjà perdu la guerre, même lorsqu'elle gagne une bataille, car d'une certaine manière l'adversaire est aveugle et le Programmateur possède ainsi un avantage.

Le grand philosophe arabe médiéval, Avicenne, écrivait que Dieu ne voit pas le temps comme nous ; c'est-à-dire qu'il n'existe pas pour lui de passé, de présent ou de futur. Supposons maintenant qu'Avicenne a raison, imaginons une situation dans laquelle Dieu, de son point de surplomb, décide d'intervenir dans notre monde spatio-temporel ; c'est-à-dire sort de son Royaume en dehors du temps pour faire une percée dans l'histoire humaine. Si pour lui il n'existe qu'une réalité omniprésente, il peut donc pénétrer aussi bien ce qui pour nous est le passé que ce qui nous apparaît être le présent ou le futur. C'est exactement similaire à la position d'un joueur d'échecs qui observe l'échiquier ; il peut bouger n'importe laquelle des pièces qu'il désire. Si l'on suit le raisonnement d'Avicenne, on peut dire que Dieu, dans son désir de déclencher la Parousie, n'a pas besoin de limiter cet événement à notre présent ou à notre futur ; il peut changer le passé de notre histoire ; il peut faire en sorte que tout soit déjà arrivé. Et ce serait vrai de n'importe quel changement qu'il désirerait faire, les grands comme les petits. Supposons par exemple qu'une péripétie de l'année 1970 ne coïncide pas avec ce que Dieu a prévu. Il peut la supprimer ou la transformer, l'améliorer, il peut faire ce qu'il veut, même en partant d'un point précédent du temps linéaire. Voilà son avantage.

Je propose que de telles altérations, la création ou la sélection de soi-disant « présents parallèles », arrivent constamment ; et le simple fait que nous puissions comprendre conceptuellement cette notion (la considérer comme une idée) constitue la première étape qui mène à la découverte du processus lui-même. Mais je doute d'être jamais capable de démontrer réellement, de prouver scientifiquement l'existence de tels changements latéraux. Tout ce que nous aurions probablement comme preuve, ce serait des vestiges de souvenirs, des impressions fugaces, des rêves, des intuitions nébuleuses qui nous révéleraient que quelque chose était différent — pas avant mais *maintenant*. Nous chercherions de la main l'interrupteur de la salle de bains pour découvrir qu'il est — qu'il a toujours été — en un tout autre endroit. Nous voudrions trouver l'arrivée d'air de notre voiture là où elle n'est pas — un réflexe laissé par un présent antérieur, encore actif au niveau sous-cortical. Nous rêverions de gens et de lieux que nous n'aurions jamais vus, et cela de manière aussi claire que si nous les avions connus vraiment. Mais nous ne saurions que faire de ces sensations, si même nous prenions le temps d'y réfléchir. Une impression très nette nous lancinerait probablement sans cesse, sans jamais nous laisser d'explication : la sensation acérée, absolue que nous avons un jour fait ce que nous sommes en train de réaliser, que nous avons pour ainsi dire déjà vécu une situation ou un moment particulier — mais comment cela pourrait-il être appelé « déjà vécu », alors que nous ne parlons que du présent, et pas du passé ? Nous aurions l'impression accablante de revivre le présent, peut-être dans les plus petits détails, d'écouter les mêmes mots, de prononcer les mêmes paroles... Je propose que ces impressions sont valides et significatives, et j'irai même jusqu'à dire que de tels sentiments sont l'indice qu'à un certain point du passé une variable a été changée, re-programmée, et qu'ainsi un monde parallèle a émergé, a trouvé réalité en remplacement d'un précédent, et qu'en fait nous vivons encore une fois exactement cette portion particulière du temps linéaire. Une brèche, un changement a eu lieu mais pas dans notre présent — il a concerné notre passé. Une telle transformation aurait bien sûr un effet étrange sur les personnes concernées ; elles seraient pour ainsi dire rétrogradées d'une case ou de plusieurs sur l'échiquier qui constitue leur réalité. Cela pourrait arriver un nombre indéfini de fois, affecter un nombre indéfini de gens dans le temps où de nouvelles variables seraient programmées. Il nous faudrait revivre chaque programmation sur la ligne conséquente de l'axe temporel ; mais pour le Programmateur que nous appelons Dieu — pour lui les résultats de la re-programmation seraient immédiatement apparents. Car nous sommes à l'intérieur du temps et lui non. C'est quelque chose qui pourrait aussi rendre compte de l'impression qu'ont certaines personnes d'avoir eu des vies antérieures. Elles les ont peut-être connues, mais pas dans le passé, pas dans des vies précédentes, plutôt dans le présent. Dans ce qui est peut-être une suite infiniment répétée de présents, nous sommes comme les aiguilles d'une grande horloge à balayer le même cercle à jamais, emportés tous sans le savoir, et pourtant porteurs d'une connaissance sourde.

Puisque à la fin de chaque affrontement de la thèse et de l'antithèse entre l'adversaire sombre et le Programmateur divin une nouvelle synthèse émerge, puisque à chaque fois un monde parallèle peut être procréé, et puisque je conçois qu'à chaque synthèse le Programmateur remporte une victoire, chaque nouveau monde, à chaque fois, ne peut qu'être non seulement une amélioration sur le monde précédent, mais encore un progrès sur tous ceux qui restent latents. La nouvelle création est meilleure mais certainement pas parfaite — c'est-à-dire finale. Elle est tout simplement un stade amélioré à l'intérieur d'un processus. Je vois clairement que le Programmateur utilise perpétuellement les univers précédents comme une gigantesque réserve pour les prochaines synthèses ; l'univers antérieur possède alors des aspects de chaos, d'anomie par rapport au cosmos qui émerge. Ainsi d'une certaine manière que nous ne pouvons percevoir, le processus sans fin de la séquence des mondes parallèles qui émergent et deviennent réels, ce processus est négentropique.

Dans mon roman *Ubik*, je propose la notion d'un mouvement sur un axe entropique rétrograde, en termes de forme platonicienne plus que dans les aspects habituels de dégradation et de régression. Il est possible que le mouvement en avant normal le long de l'axe en s'éloignant de l'entropie, l'accumulation à la place de la perte, soit identique avec l'axe que je caractérise comme latéral, que j'appelle le temps orthogonal par opposition au linéaire. Si cela est juste, *Ubik* contient par inadvertance ce que l'on pourrait appeler une idée plus scientifique que philosophique. Je me permets ici des suppositions. Mais l'auteur de fiction a peut-être bien écrit plus qu'il croyait connaître.

Ce qui nous empêche de voir la hiérarchie des formes qui évoluent à chaque nouvelle synthèse, c'est notre aveuglement aux mondes inférieurs, non actualisés. Et ce processus d'interaction, qui voit se former continuellement du nouveau, oblitère à chaque étape ce qui existait précédemment. A chaque instant présent nous possédons le passé de deux manières aussi peu assurées l'une que l'autre : nous retenons les traces externes et objectives du passé figées dans le présent; nous retenons aussi nos souvenirs internes. Mais tous deux sont sujets aux lois de l'imperfection, car ils sont simplement des fragments de réalité qui rappellent la forme intacte. Ce que nous en gardons dehors comme dedans n'est donc que des signes inadéquats à nous guider. Cela est impliqué dans la simple émergence du vraiment nouveau ; s'il est réellement neuf, il doit tuer l'ancien, la forme-qui-était. Et tout spécialement ce qui n'était pas encore tout à fait prêt.

Nous avons besoin maintenant de localiser, d'amener à la barre des témoins quelqu'un qui est arrivé — de quelque manière que ce soit — à retenir des souvenirs d'un présent dissemblable, les sensations latentes d'un monde parallèle, d'un lieu significativement différent du nôtre, celui qui en ce moment est réel. D'après mes hypothèses théoriques, ces souvenirs fluides seraient très certainement ceux d'un univers pire que celui-ci. Car il n'est pas raisonnable de penser que Dieu le Programmateur/re-programmateur substituerait une réalité *pire*, que ce soit en termes de liberté, de beauté, d'amour, d'ordre ou de santé — quelle que soit la référence que nous prendrions pour la juger. Quand un mécanicien répare votre auto en panne, il ne la détruit pas plus encore ; quand un écrivain compose la seconde mouture d'un livre, il essaie de l'améliorer, pas de le dégrader. D'une manière tout à fait théorique, je suppose que l'on pourrait argumenter que Dieu est peut-être mauvais ou fou et qu'il substituerait à chaque fois un monde pire que le précédent, mais franchement je ne peux pas prendre cette idée au sérieux. Passons dessus sans plus en parler. Demandons-nous alors : quelqu'un se rappelle-t-il, même d'une manière imprécise, d'une terre de l'année 1977 qui serait plus terrible que celle-ci ? Nos jeunes gens ont-ils vu, nos vieillards ont-ils rêvé d'une telle réalité ? Ont-ils rêvé ce cauchemar très précis d'un monde d'esclavage et de méchanceté, de prisons et de geôliers, de police ubiquitaire ? Je l'ai fait. J'ai parlé de ces rêves roman après roman, histoire après histoire ; pour citer deux ouvrages dans lesquels le présent antérieur est particulièrement laid : *le Maître du haut-château* et mon livre de 1974 sur l'Etat policier américain, *le Prisme du néant*.

Je vais maintenant exposer ma naïveté devant vous : j'ai écrit ces deux romans en me fondant sur des souvenirs résiduels fragmentaires d'un tel monde réduit à un esclavage horrible — peut-être le terme de « monde » est-il mal choisi, et devrais-je dire « les Etats-Unis », car dans ces deux livres j'écrivais à propos de mon propre pays.

Dans *le Maître du haut-château* il y a un romancier, Hawthorne Abendson, qui a décrit un monde parallèle dans un roman où l'Allemagne, l'Italie et le Japon ont *perdu* la Seconde Guerre mondiale. A la conclusion du *Maître du haut-château*, une femme apparaît sur le porche et dit à Abendson ce qu'il ne savait pas : que son roman est vrai ; que l'Axe a vraiment perdu la guerre. L'ironie de cette fin — Abendson qui découvre que ce qu'il croyait être de la fiction sortie de son imaginaire était en fait réel —, l'ironie est la suivante : que mon propre travail supposé fictif, *le Maître du haut-château*, n'est pas de la fiction — ou plutôt que c'est de la fiction seulement *maintenant*, et Dieu soit loué. Mais il a existé un monde parallèle, un présent antérieur, dans lequel cette piste temporelle particulière a trouvé à s'actualiser — puis a été supprimée par une intervention dans son passé. Je suis sûr que pendant que vous m'entendez dire ceci, vous ne me croyez pas vraiment ; vous ne croyez même pas que j'y crois *moi*. Mais c'est quand même vrai ; j'ai gardé le souvenir de cet autre monde. Et c'est pourquoi vous le trouverez encore une fois décrit dans le livre plus récent, *le Prisme du néant*. Le monde du *Prisme du néant* est actuel (ou plutôt fut actuel), et je m'en souviens en détail. Je ne sais pas qui d'autre partage cette connaissance. Peut-être personne. Peut-être vous tous qui êtes ici avez toujours été dans cet univers. Mais pas moi. En mars 1974, j'ai commencé à me rappeler consciemment, et non plus avec mon subconscient, ce monde de métal sombre, cet Etat policier parsemé de prisons. Lorsque la mémoire me revint, je n'éprouvai pas le besoin de la communiquer car elle concernait un univers que j'avais toujours décrit. Mon étonnement fut pourtant terrible, vous pouvez l'imaginer, me rappeler consciemment et soudain qu'il fut ainsi. Mettez-vous à ma place. Roman après roman, récit après récit, pendant vingt-cinq ans j'avais décrit constamment cet autre environnement, ce paysage terrible. En mars 1974, je compris pourquoi mon écriture revenait toujours à la prise de conscience de ce monde particulier. J'avais de bonnes raisons de le faire. Mes romans et mes histoires courtes étaient autobiographiques sans que je m'en aperçoive consciemment. Le retour de ma mémoire fut l'expérience la plus extraordinaire de ma vie. Je devrais plutôt dire de *mes* vies, car j'en ai vécu au moins deux, une là-bas et ensuite une ici, où nous sommes en ce moment.

Je peux même vous dire ce qui a réveillé mes souvenirs. A la fin de février 1974, on m'a donné du penthotal de sodium avant l'extraction d'une dent de sagesse cariée. Plus tard le même jour, rentré chez moi mais encore profondément sous l'influence du médicament, les souvenirs me revinrent en un éclair aussi court que précis. En un instant j'avais embrassé toute la vision mais aussi vite je l'avais rejetée — rejetée toutefois non sans réaliser que ce que j'avais déterré de mes souvenirs enfouis était authentique. Alors, à la mi-mars, le corpus entier, intact, de ma mémoire commença à revenir. Vous êtes libres de me croire ou non, mais je vous donne ma parole que je ne plaisante pas ; c'est sérieux, très important. Je suis sûr que vous accepterez au moins qu'il est même étonnant que je puisse vous proclamer une telle expérience. Les gens prétendent souvent se rappeler de vies antérieures ; je pense me rappeler d'un présent très, très différent. Je ne connais personne qui ait fait une telle déclaration avant moi, mais j'ai le soupçon que mon expérience n'est pas unique ; ce qui peut-être est unique c'est le fait que je veuille en parler.

Si vous m'avez suivi jusque-là, peut-être accepterez-vous d'avancer un peu plus loin avec moi. Je voudrais partager avec vous quelque chose que j'ai retrouvé parmi mes souvenirs revenus. En mars 1974 les variables re-programmées s'enclenchèrent et apparut le résultat d'une altération d'une ou plusieurs variables dans le passé — probablement à la fin des années 40. Ce qui arriva entre mars et août 1974 fut le résultat du changement d'au moins une variable une trentaine d'années auparavant qui déclencha une vague de fond pour culminer en ce qui est un événement historique unique, d'une importance spectaculaire : l'expulsion de son poste d'un président des Etats-Unis, Richard Nixon, et de tous ses associés. Dans le monde parallèle dont je me souviens, le Mouvement pour les droits civils, la Faction pour la paix des années 60 avaient échoué. Et, bien entendu, Nixon garda son pouvoir. La force qui s'opposait à lui (si vraiment quelque chose existait qui pouvait ou aurait pu le faire) n'était pas assez puissante. Il fallait donc qu'un ou plusieurs facteurs tendant à la destruction des forces tyranniques qui s'étaient enkystées soient pour nous rétroactivement introduits. Trente ans plus tard, en 1977, la balance pencha de l'autre côté. Examinez le texte du *Prisme du néant* en gardant à l'esprit qu'il a été écrit en 1970 et publié aux USA en février 1974 ; faites l'effort de reconstruire la série des événements antérieurs qui auraient pu déboucher sur le monde décrit dans le livre, tel qu'il se déroule dans notre futur proche. Pensez aussi à ce qui n'aurait *pas* dû arriver. Un thème mineur mais critique est effleuré deux fois (je crois) dans *le Prisme du néant*. Il a à voir avec Nixon. Dans le monde futur du *Prisme du néant*, dans le terrible état d'esclavage qui existe et a de toute évidence existé depuis des décennies, les gens se rappellent de Richard Nixon comme d'un leader flamboyant et héroïque — en fait, on parle de lui comme le « second fils de Dieu ». Cet indice et bien d'autres montrent que *le Prisme du néant* ne concerne pas *notre* futur mais celui d'un monde parallèle. Au moment où commence *le Prisme du néant*, les Noirs sont devenus une rareté écologique, protégés « comme le sont les oies sauvages ». Dans le roman on voit rarement de Noirs dans les rues des USA et pourtant, l'année où il se déroule n'est située qu'à onze ans d'ici : en octobre 1988. De toute évidence le génocide fasciste contre les Noirs a commencé dans les Etats-

Unis de mon roman bien avant 1977; plusieurs lecteurs me l'ont fait remarquer. Un d'entre eux m'a même démontré qu'une lecture attentive du *Prisme du néant* montre non seulement que la société décrite ne pouvait appartenir qu'à un monde parallèle, mais encore que mystérieusement, à la toute fin du roman, le protagoniste Felix Buckman semble avoir glissé dans un autre monde, où les Noirs n'ont *pas* été exterminés. Au début du livre il est précisé qu'un couple de couleur n'est autorisé par la loi qu'à avoir un seul enfant ; pourtant, à la fin, le nègre qui travaille à la station d'essence ouverte toute la nuit sort avec fierté son portefeuille et montre au chef de la police Buckman les photos de ses *trois* enfants. La façon dégagée dont le Noir montre ses photos à un parfait étranger indique que pour une raison étrange autant qu'inexpliquée il n'est plus illégal d'avoir plusieurs enfants pour un couple de sa race. D'une certaine manière, exactement comme M. Tagomi est tombé un instant dans notre présent parallèle, le général Buckman du *Prisme du néant* a fait de même. Il est même évident dans le texte quand et où cela arrive. Cela se passe juste avant qu'il pose son véhicule volant à la station d'essence nocturne et qu'il rencontre — en fait qu'il congratule — le Noir ; le moment de la bascule, celui où le monde absolument répressif de la plus grande partie du livre disparaît, se situe pendant l'intervalle où le général Buckman fait un étrange rêve sur un vieil homme à l'air royal portant une barbe blanche laineuse, habillée d'un manteau somptueux et d'un casque, qui devance une procession de chevaliers aux parures semblables — ce roi et ses chevaliers se promenaient dans le monde rural de fermes et de pâturages où le général Buckman avait vécu étant enfant. Je crois que ce rêve était la retranscription graphique dans l'esprit de Buckman de la transformation qui se déroulait dans le monde objectif ; c'était une sorte d'analogon interne à ce qui arrivait hors de lui au monde entier.

Ceci rend compte du changement survenu en Buckman, le chef de la police transformé qui se pose à la station d'essence, dessine un cœur percé d'une flèche et le donne à l'homme de couleur en gage d'amour. Le Buckman du poste à essence n'est pas celui qui apparaît dans les chapitres précédents du roman : la transformation est complète. Mais il ne s'en rend pas compte. Seul Jason Taverner, celui qui fut un jour un présentateur de télévision célèbre, pour se réveiller un matin dans un monde qui n'avait jamais entendu parler de lui — seul Taverner, quand sa popularité mystérieusement disparue lui revient, comprend qu'il existe plusieurs réalités parallèles — deux pour une lecture rapide, au moins trois si l'on étudie la conclusion soigneusement — seul Jason Taverner se *rappelle*. C'est le sujet du livre : un matin Jason Taverner, acteur de télévision et chanteur populaire, se réveille dans un hôtel miteux plein de puces et s'aperçoit que ses papiers d'identité ont disparu ; plus grave encore, il découvre que personne ne le connaît — pour quelque raison mystérieuse la population tout entière des Etats-Unis a en un instant du temps linéaire complètement et collectivement oublié un homme dont le visage s'étalait sur la couverture du *Times* et aurait dû être instantanément reconnu par tous les lecteurs. Je dis dans ce livre : « La population tout entière d'un grand pays, large comme un continent, peut s'éveiller un matin et avoir entièrement oublié quelque chose qu'ils connaissaient tous auparavant; personne n'en tire de leçon. » Dans le roman c'est un artiste connu qu'ils ont oublié; ce qui n'a d'importance en vérité que pour cette vedette ou ancienne vedette particulière. Mais mon hypothèse présentée ici sous une forme masquée, c'est que, si un pays tout entier peut en une seule nuit oublier quelque chose qu'il connaît, il peut aussi en oublier d'*autres*, plus importantes; des choses terriblement importantes. Je parle d'une crise d'amnésie qui toucherait des millions de gens; de souvenirs truqués qui seraient implantés. Le thème des souvenirs artificiels est un fil constant qui lie mon écriture à travers les années. C'est vrai aussi pour Van Vogt. Et pourtant, peut-on considérer ceci comme une possibilité digne d'attention, quelque chose qui pourrait vraiment arriver ? Qui d'entre nous s'est demandé cela ? Je ne l'ai jamais fait avant mars 1974; je m'inclus dans cette question.

Vous vous rappelez que lorsque le général Buckman a glissé dans un meilleur monde, il a changé intérieurement, d'une manière qui correspondait aux qualités du nouveau lieu, plus juste, plus chaud dans lequel la tyrannie de la police a déjà commencé à s'évanouir comme un cauchemar au lever du rêveur. En mars 1974 quand je retrouvais mes souvenirs enfouis (un processus appelé en grec l'anamnèse, ce qui veut dire littéralement la perte de l'oubli plus que le simple acte de se souvenir) — lorsque ces souvenirs pénétrèrent à nouveau ma conscience, comme le général Buckman, ma personnalité se transforma. D'une manière fondamentale et subtile.

C'était moi et pourtant ce n'était plus moi. Je m'en aperçus surtout à des détails infimes : des éléments dont j'aurais dû me souvenir mais qui m'échappaient ; d'autres que je me rappelais (et quels éléments !) mais dont je n'aurais pas dû. De toute évidence c'était les relents de ma personnalité de ce que j'appellerai piste A. Vous serez peut-être intéressés par un des aspects les plus étonnants de mes souvenirs retrouvés. Dans le présent antérieur, sur la piste A le christianisme était illégal, comme deux mille ans auparavant lors de sa naissance. On le considérait subversif et révolutionnaire — laissez-moi ajouter que cette appréciation des autorités policières était correcte. Après le retour de mes souvenirs, je mis presque deux semaines à me débarrasser de l'impression écrasante que je devais voiler en un secret absolu toute référence au Christ, tout acte sacerdotal. Historiquement cela coïncide avec la structure d'une prise de pouvoir fasciste, particulièrement celle de type nazi. Ils l'ont déjà fait pour le christianisme. Et s'ils avaient gagné la guerre, telle aurait été sûrement leur politique dans la partie des USA qu'ils auraient contrôlée. Les témoins de Jéhovah, par exemple, furent passés dans les chambres à gaz par les nazis en même temps que les juifs et les gitans ; on les avait mis au sommet de la liste. Et dans cet autre Etat moderne totalitaire, je veux dire bien sûr l'URSS, le christianisme est banni pour la même raison et ses membres sont persécutés. Les trois grands Etats tyranniques de l'histoire, ceux qui ont décimé leur population chrétienne — Rome, le IIIe Reich et l'URSS —, sont, d'un point de vue objectif, trois manifestations d'une matrice unique. Vos propres croyances personnelles à propos de la religion n'importent pas ici; je parle d'un fait historique, et je vous demande donc de réfléchir objectivement à ce que signifie ma terrible peur devant les protestations de foi et les rites chrétiens. Elle nous donne un indice décisif sur la société de la piste A. Elle nous dit combien celle-ci était radicalement différente. Si vous m'avez suivi, j'aimerais que vous acceptiez encore d'autres révélations venues de ma mémoire ouverte par le penthotal de sodium : c'était une prison; c'était horrible; nous l'avons balayée, tout comme nous avons balayé la tyrannie de Nixon, mais elle était bien plus cruelle, d'une manière indicible; il y eut une grande bataille et bien des pertes en vies humaines. Laissez-moi encore ajouter un autre fait qui n'est peut-être pas très important mais qui m'intéresse tout de même. C'est en février 1974 que mes souvenirs bloqués de la piste A revinrent, et c'est en février 1974 que *le Prisme du néant* fut enfin publié aux USA après deux ans d'attente. Tout se passait comme si la publication du livre, si longtemps retardée, signifiait en un certain sens que j'avais le droit de me rappeler. Et que jusqu'alors il valait mieux pour moi rester dans l'oubli. Pourquoi devait-il en être ainsi, je n'en sais rien, mais j'ai l'impression que les souvenirs devaient rester enfouis pour préserver la croyance de l'auteur dans le caractère fictif de son ouvrage jusqu'à ce que celui-ci ait été publié. J'aurais peut-être été sinon trop effrayé pour écrire le roman. Ou je me serais peut-être tu et aurais ainsi interféré avec l'efficacité de ces livres — quelque effet qu'ils pourraient ou auraient pu avoir. Je ne prétends même pas avoir prémédité cette efficacité; ils n'en avaient d'ailleurs peut-être pas du tout. Mais au cas où ils auraient eu un effet — je précise encore « au cas » — cela aurait certainement été de réveiller les souvenirs subliminaux des lecteurs pour les faire remonter à une vie crépusculaire — pas de les rappeler consciemment, pas comme pour moi de les faire éclater à la conscience, mais d'aider au rappel sourd et profond, dans les abysses de leur inconscient, de ce qu'est une tyrannie policière et de la nécessité vitale de s'en débarrasser maintenant ou demain, en n'importe quel lieu et à jamais. En août, cinq mois plus tard, les interventions dans le présent connurent le succès, bien qu'elles aient peut-être été plus destinées à affecter un futur continuum que le nôtre. Comme je l'ai dit au début, les idées semblent avoir une vie autonome; on dirait qu'elles saisissent les gens et les utilisent. L'idée qui m'a saisi il y a vingt-sept ans, et qui ne m'a jamais relâché, est celle-ci : toute société où les gens interfèrent avec la vie privée des autres n'est pas une bonne société; tout Etat dans lequel le gouvernement « en sait plus sur vous que vous-même », comme celui du *Prisme du néant*, est un Etat qui doit être renversé. Que ce soient une théocratie, un Etat corporatif fasciste, ou un capitalisme monopoliste réactionnaire, ou encore un socialisme centralisant — ça n'a pas d'importance. Et je ne dis pas simplement « cela peut arriver ici » (en voulant dire les USA), mais plutôt « *c'est* arrivé ici. Je m'en souviens. J'ai été un des chrétiens rebelles qui se sont battus et ont aidé dans une certaine mesure à briser la tyrannie ». Et je suis très fier : fier de ce moi-même de la piste temporelle A. Mais voilà, malheureusement, il y a une sombre tache qui jette son ombre sur mon orgueil devant le travail mené là-bas. Je pense que dans ce monde antérieur je n'ai pas vécu au-delà de mars 1974. Je suis tombé, victime d'un piège de la police, d'une embuscade, d'un coup de filet. Heureusement dans ce monde que j'appellerai la piste B, qui est celui où nous vivons, j'ai eu plus de chance. Mais nous nous sommes battus ici dans cette ligne de vie contre une tyrannie bien plus bénigne, bien plus stupide. Ou peut-être avons-nous eu de l'aide : le changement des variables historiques dans notre passé est venu à notre secours. Je pense quelquefois (et c'est bien sûr pure spéculation, fantasme heureux de mon âme) que parce que nous nous sommes battus là-bas — parce que nous avons essayé, bravement — nous, qui avons été directement impliqués, on nous a laissés continuer à vivre ici, passé le point terminal qui avait vu notre chute dans cet autre monde plus dur. Ce fut l'effet d'une sorte de bonté miraculeuse.

Ce cadeau gratuit me sert à cerner quelques aspects du Programmateur. Il me permet de le comprendre d'après son comportement. Je crois que nous ne pourrons pas savoir ce qu'il est, mais nous pouvons ressentir les effets de sa présence et nous pouvons nous demander : « A quoi ressemble-t-il? » Pas : « Qui est-il? » mais plutôt : « Comment est-il? »

D'abord et surtout il contrôle les objets, les processus et les événements de notre espace/temps. Pour nous c'est l'aspect principal, bien qu'il doive posséder intrinsèquement des caractères d'une grandeur plus vaste qui nous concernent moins. J'ai parlé de moi en tant que variable re-programmée, et je l'ai décrit comme le Programmateur/re-programmateur. Pendant une courte période en mars 1974, au moment où je fus resynthétisé, je compris à travers mes sens — c'est-à-dire de manière externe — qu'il était là. A ce moment je ne savais pas ce que je voyais. Cela ressemblait à de l'énergie de plasma. Cela avait des couleurs. Cela bougeait rapidement, occupé à rassembler et à disperser. Mais ce que c'était, ce qu'il était — je n'en suis même pas sûr maintenant, je peux seulement vous dire qu'il avait simulé les objets habituels et leur processus afin de les copier d'une manière tellement parfaite qu'il était invisible au milieu d'eux. Ceux qui suivent le culte véda diraient qu'il était le feu à l'intérieur du silex, la lame dans l'étui du rasoir. Des recherches ultérieures me montrèrent qu'en termes d'expériences culturelles groupales, le nom de Brahmà a été donné à cette entité omniprésente et immanente. Je cite un fragment d'un poème américain d'Emerson qui rend bien compte de mon expérience :

Ceux qui m'excluent se trompent;
Car lorsqu'ils volent je suis les ailes.
Je suis le douteur et le doute,
Et l'hymne que chante le brahmane.

Je veux dire par ceci que pendant un temps très bref — qui a duré quelques heures ou peut-être un jour — je n'ai rien vu d'autre que le Programmateur. Tous les objets qui constituent notre monde pluriforme étaient des segments ou des portions de segment de son être. Certains étaient immobiles mais beaucoup bougeaient comme des portions d'un organisme en train de respirer, d'inhaler, de grandir, de changer, d'évoluer vers un état final qu'il s'était choisi pour lui-même dans sa sagesse absolue. Je l'ai ressenti comme autocréateur ne dépendant de rien en dehors de lui parce que tout simplement il n'y avait rien en dehors de lui.

Pendant que je voyais tout cela, je ressentais profondément que toutes les années de ma vie m'avaient laissé aveugle ; je me rappelle avoir dit à ma femme, encore et encore : « J'ai retrouvé la vue ! Je peux voir à nouveau. » Il me semblait que je n'avais fait jusque-là qu'essayer de deviner la véritable nature du réel. Je comprenais que je ne venais pas d'acquérir une nouvelle faculté de perception, mais plutôt que j'en avais retrouvé une ancienne. Pour un jour il me fut donné de voir comme nous le pouvions tous il y a des milliers d'années. Comment avions-nous bien pu perdre cette vision, cet œil supérieur ? Les traces morphologiques devaient encore être là en nous ; latentes ; je n'aurais pas pu sinon le retrouver même si peu de temps. Cela m'intrigue encore. Comment se fait-il que pendant quarante-six ans j'aie pu passer mon temps à deviner obscurément la nature du monde, et que soudain la vue me soit rendue pour m'être aussitôt retirée et que je me retrouve dans mon quasi-aveuglement ? L'intervalle de ma vision coïncide évidemment avec l'intervention du Programmateur. Il s'était avancé et m'était apparu palpable, vivant, attentif, matière terrestre ; il était sorti de sa cachette. Il est dit ainsi que les religions chrétienne, judaïque et islamique sont des cultes révélés. Notre Dieu est le *Deus absconditus :* le Dieu caché. Mais pourquoi ? Pourquoi est-il nécessaire que nous soyons trompés sur la nature de la réalité ? Pourquoi s'est-il camouflé en une pluralité d'objets hétéroclites et a-t-il déguisé ses mouvements en une série de processus dus au hasard ? Tous les changements, toutes les permutations de la réalité que nous voyons sont des expressions du développement décidé de cette simple, cette unique entéléchie ; c'est une plante, une fleur, une rose en train de s'ouvrir. C'est la ruche bourdonnante. C'est la musique, un chant. De toute évidence j'ai vu le Programmateur sous son véritable aspect, comme il se comporte vraiment, *seulement* parce qu'il avait saisi mon être pour le reconstruire, c'est pourquoi j'affirme « je sais pourquoi je l'ai vu », mais je ne peux pas dire, « je sais pourquoi je ne le vois plus maintenant, ni pourquoi les autres n'ont pas cette vision ». Nous errons collectivement dans une sorte d'hologramme de laser, créatures réelles dans un monde manufacturé, une scène sur laquelle sont posés artifices et créatures au milieu desquels se glisse un esprit déterminé à rester inconnu.

Un article de quotidien sur ce discours pourrait s'intituler ainsi : UN AUTEUR PRÉTEND AVOIR VU DIEU MAIS NE PEUT EXPLIQUER CE QU'IL A VU.

Si je considère le terme dont je me sers pour le désigner : le Programmateur et le re-programmateur — peut-être puis-je y trouver un début de réponse. Je l'appelle ainsi parce que c'est ce que je l'ai vu faire : il avait déjà programmé auparavant les vies de ce monde, mais était en train de changer un ou plusieurs facteurs capitaux — ceci afin de compléter une structure ou un projet. Je raisonne en ces termes : un savant qui fait marcher un cerveau électronique ne déforme pas, ne tare pas, ne porte pas préjudice à l'aboutissement de ses calculs en se laissant mettre en facteur dans ses computations. Un ethnologue ne se laisse pas contaminer ses découvertes par une participation à la culture qu'il étudie. Cela veut dire que quelquefois, dans certains projets, il est essentiel que l'observateur s'exclue de ce qu'il observe. Il n'y a rien de malfaisant là-dedans, il n'y a pas de tromperie sinistre. C'est simplement nécessaire. Si vraiment nous avons été transportés collectivement le long d'un chemin tracé vers un dénouement souhaité, l'entité responsable de notre mouvement sur ces lignes — cette entité qui non seulement désire cet aboutissement mais le veut — ne doit pas pénétrer dans son projet de manière palpable sous peine de le voir avorter. Nous devons donc tourner notre attention non pas vers le Programmateur, mais vers les événements programmés. Même si celui-là reste caché, ceux-ci nous apparaîtront ; nous en faisons partie — nous sommes en fait les instruments qui permettent l'aboutissement du projet.

Il n'y a aucun doute dans mon esprit au sujet du dessein plus vaste et historique de la transformation qui paya des dividendes si spectaculaires et glorieux en 1974. J'écris en ce moment un roman à ce propos ; il s'intitule *VALIS*, ces lettres sont les abréviations anglaises de « Système Intelligent Vaste Actif et Vivant ». Dans le roman un chercheur du gouvernement, très doué mais un peu fou, formule une hypothèse qui déclare qu'il existe quelque part dans notre monde un organisme imitateur d'une grande intelligence ; il reproduit si bien les objets naturels et leur processus que les humains ne s'aperçoivent jamais de son existence. Lorsque par hasard ou après des circonstances exceptionnelles un humain le perçoit, il l'appelle simplement « Dieu » et n'essaie pas d'aller plus loin. Dans mon livre toutefois le chercheur est déterminé à traiter la gigantesque entité imitatrice à la manière dont un savant traiterait *n'importe quoi* d'autre qu'il aurait à observer. Il y a bien sûr un problème ; selon sa propre hypothèse il lui est impossible de détecter l'être — une expérience bien frustrante pour lui.

Mais j'introduis aussi dans mon ouvrage une autre personne, inconnue de la première ; elle a connu des expériences étranges sur lesquelles elle n'a aucune théorie. En fait, elle a rencontré Valis, qui est en train de la re-programmer. C'est cette dernière personne, celle qui n'est pas un savant, à laquelle je m'identifie parce que, comme moi, elle commence à retrouver les souvenirs oubliés d'un autre monde, ce qu'elle ne peut pas expliquer. Mais elle n'a pas de théorie. Aucune.

Dans le roman, j'apparais moi-même en tant que personnage, sous mon propre nom. Je suis un écrivain de science-fiction qui a accepté une grosse avance pour un prochain livre et qui doit maintenant terminer le roman avant une date convenue. Dans le livre je connais les deux hommes, Houston Paige, le chercheur du gouvernement avec sa théorie, et Nicholas Brady, qui subit les expériences indescriptibles. Je commence à me servir du matériel apporté par les deux personnages. Mon but est simplement d'arriver à boucler mon ouvrage dans les temps contractuels. Mais, pendant que je continue à écrire sur la théorie d'Houston Paige et sur les expériences de Nicholas Brady, je me rends compte peu à peu que toutes les pièces s'emboîtent les unes dans les autres. Ainsi je tiens dans mes mains, dans le roman, aussi bien la clef que la serrure, et je suis le seul à pouvoir le faire.

Vous vous rendez certainement compte qu'il est inévitable qu'à un moment ou à un autre Houston Paige et Nicholas Brady se rencontrent. Mais cette entrevue a un effet étrange sur Houston Paige, le théoricien. Lorsqu'il obtient confirmation de sa théorie, Paige subit les effets d'une crise psychotique complète. Il pouvait *imaginer* mais il ne pouvait pas *croire*. La théorie ingénieuse est dissociée dans sa tête du réel. Et c'est une intuition à laquelle je tiens : beaucoup d'entre nous croient en Valis ou en Dieu ou en Brahmà ou dans le Programmateur, mais si jamais nous le rencontrions vraiment, nous ne pourrions pas le supporter. Ce serait comme un enfant rendu fou par Noël. Il avait pu soutenir l'attente et l'espoir, il avait pu prier, il avait pu désirer, il avait pu supposer, imaginer et même croire ; mais la manifestation actuelle — voilà qui est trop pour nos circuits minuscules. Et pourtant l'enfant grandit et voici l'homme. Et les circuits grandissent aussi. Mais peut-on se rappeler un monde différent et rejeté ? Peut-on percevoir le grand esprit plein de projets qui parvient à cette abolition, qui arrive à démêler les fils du mal ?

Une chose que j'aimerais bien que vous sachiez, c'est que je me rends compte de ce que j'affirme. Je prétends avoir déterré les souvenirs enfouis d'un présent antérieur et avoir perçu l'agent responsable de cette altération — ces affirmations ne peuvent pas être prouvées ni même présentées de manière à apparaître rationnelles. J'ai mis plus de trois ans à atteindre le point où je peux parler à quiconque n'est pas un ami très proche des expériences qui ont commencé à l'équinoxe vernal de 1974. Une des raisons qui me motivent à en parler enfin en public, à faire mes déclarations à découvert, est une rencontre récente avec une femme, qui ressemble à l'expérience de Hawthorne Abendson dans *le Maître du haut-château* avec Juliana Frink. Juliana a lu le livre d'Abendson sur le monde où les forces de l'Axe ont perdu la guerre et elle se sent obligée de lui révéler ce qu'elle comprend sur le livre. Cette scène finale du *Maître du haut-château* a été je crois la source d'une rencontre similaire dans mon histoire plus récente, *la Foi de nos pères*, où la fille Tania arrive et dévoile aux protagonistes la situation réelle — c'est-à-dire que la plus grande partie de son monde est illusoire, et que cette illusion est voulue. Pendant plusieurs années j'ai eu le sentiment, qui poussait en moi comme une plante, qu'un jour une femme qui me serait complètement inconnue me contacterait, me dirait qu'elle a des informations à me fournir, apparaîtrait ensuite à ma porte, tout comme Juliana est apparue à celle d'Abendson, et me dirait de la manière le plus grave possible exactement ce que Juliana a dit à Abendson — que mes livres comme les siens étaient d'une certaine manière réelle, littérale ou physique, non pas de la fiction mais la vérité. C'est ce qui m'est arrivé récemment. Je parle d'une femme qui a lu soigneusement tous mes romans, de même que beaucoup de mes histoires. Elle est venue; elle m'était totalement étrangère; et elle m'a informé. Au départ elle était curieuse de savoir si j'avais la connaissance ou si au moins je soupçonnais la vérité. Le jeu de cache-cache entre nous, la période des questions hésitantes dura trois semaines. Elle ne m'informa pas directement et immédiatement, mais tout doucement, surveillant bien chaque pas sur le chemin de la communication et de la compréhension, de manière à contrôler mes réactions. C'était une tâche solennelle pour elle de conduire sa voiture pendant six cents kilomètres pour aller rendre visite à un auteur dont elle avait lu les nombreux livres : ouvrages de fiction, sortis de l'imaginaire de l'écrivain, pour aller lui dire qu'il existe des mondes superposés dans lesquels nous vivons et pas seulement un seul. Qu'elle était certaine que d'une certaine manière l'auteur était impliqué dans au moins un de ces mondes, un de ceux qui avaient été supprimés à un moment du passé, construit à nouveau puis replacé. Plus encore elle se demandait si l'auteur avait conscience de la vérité. Ce fut un moment dense et joyeux, celui où elle put enfin parler franchement; elle ne se décida que lorsqu'elle fut certaine que je pouvais supporter la réalité. Mais j'avais déjà trois années auparavant adopté la position théorique que, si mes souvenirs étaient authentiques, c'était seulement une question de temps, avant qu'un contact se produise, lent et précautionneux. Une personne qui aurait lu mes livres, et pour une raison ou pour une autre en aurait déduit la vérité, prendrait l'initiative. Elle aurait compris quelles étaient les informations significatives portées par mon œuvre. Elle savait, car elle avait lu mes romans, quel était le monde que j'avais connu, entre tous les mondes possibles; ce qu'elle ne pouvait pas déterminer jusqu'à ce que je le lui dise, c'était qu'en février 1975 j'étais passé dans un troisième présent parallèle que nous appellerons la piste C. Et ce dernier était un jardin de paix et de beauté, un monde supérieur au nôtre en train de naître à l'existence. Je pus ainsi lui parler de trois univers, pas de deux : le monde prison qui avait été ; notre monde intermédiaire dans lequel la guerre et l'oppression existaient mais avaient été en grande partie vaincues, et un troisième monde parallèle qui, un jour, lorsque les variables correctes de notre passé auront été re-programmées, se matérialisera pour se superposer sur notre présent. C'est celui-ci dans lequel je m'étais réveillé ; lorsque nous le ferons tous, ce sera comme si nous y avions toujours vécu ; le souvenir du monde intermédiaire, comme celui de l'univers prison, aura été supprimé de notre mémoire par une main généreuse.

Il doit y avoir d'autres personnes comme cette femme qui ont déduit d'évidences internes dans mon écriture, tout autant que de leurs propres souvenirs vestiges, que le paysage que je décris comme fictif est ou a été littéralement vrai, et que si une réalité plus sombre a pu occuper une fois l'espace où nous habitons, il est raisonnable de penser que le processus de reprise du tissu ne s'arrêtera pas là ; ce n'est *pas* le meilleur des mondes possibles, comme ce n'est pas le pire. Cette femme ne m'a rien dit que je ne savais déjà, mais en arrivant par une route indépendante à des conclusions identiques, elle m'a donné le courage de parler, de révéler tout ceci tout en sachant ne pas connaître de manières de vérifier mes dires. Le mieux que je puisse faire, en attendant, c'est de jouer le rôle du prophète, des vieux prophètes et des oracles comme la sibylle de Delphes, et de parler d'un jardin merveilleux qui ressemble beaucoup à celui que nos ancêtres ont paraît-il habité — en fait, j'imagine quelquefois que ce monde est exactement le même qui a été restauré. Comme si une fausse trajectoire pouvait un jour être complètement corrigée et que nous nous retrouvions une fois de plus là où nous étions il y a des milliers d'années, pour vivre et être heureux. Pendant les courts instants où j'ai foulé le sol de ce jardin, j'ai eu l'impression très nette que c'était le foyer légitime que nous avions un jour perdu. Je n'y restai pas longtemps — à peu près six heures de temps réel. Mais je m'en souviens très bien. Dans le roman que j'ai écrit avec Roger Zelazny, *Deus Irae*, je le décris vers la fin, au moment où la malédiction jetée sur le monde est levée par la mort et la transfiguration du Dieu de colère. Ce qui m'a le plus étonné dans ce monde jardin, dans cette piste C, c'est les éléments païens qui le constituaient ; ce n'était pas ce que mon éducation chrétienne m'avait préparé à attendre. Même lorsqu'il commença à disparaître, je continuai à voir le ciel. Je vis la terre et une vaste étendue d'eau calme et sombre, tout près se tenait une très belle femme nue que je reconnus comme Aphrodite. A ce moment-là, cet autre monde meilleur avait diminué jusqu'à n'être plus qu'un paysage aperçu à travers une porte au rectangle doré ; les contours de l'entrée pulsaient d'une lumière de laser, et ils diminuèrent et ils disparurent enfin malheureusement de ma vue ; la porte s'était dévorée elle-même jusqu'à n'être plus rien, scellant ce qui se tenait au-delà. Je ne l'ai plus revue depuis, mais j'ai la ferme impression que c'était le prochain monde — pas celui des chrétiens mais l'Arcadie des Gréco-Romains, quelque chose de plus vieux et de plus beau que ce que ma propre religion peut conjurer comme l'heure pour nous garder en un état de foi et de morale scrupuleuse. Ce que j'ai vu était très vieux et très beau. Le ciel, la mer, la terre, cette femme merveilleuse, et puis plus rien, car la porte s'était refermée et j'étais resté prisonnier ici. Ce fut avec un sens profond d'une perte que je le vis s'éloigner — que je *la* vis partir puisque toutes choses tournaient autour d'elle. Lorsque je regardai dans mon encyclopédie Britannica pour voir ce que je pouvais apprendre sur Aphrodite, je découvris qu'elle n'était pas seulement la déesse de l'amour érotique et de la parfaite beauté esthétique, mais aussi l'incarnation des forces génératives de la vie elle-même; son origine n'était d'ailleurs pas grecque : au commencement elle avait été une divinité sémite, reprise plus tard par les Grecs qui savaient emprunter les bonnes choses lorsqu'ils les voyaient passer. Pendant ces heures merveilleuses, ce que je vis en elle, ce fut une beauté dont notre propre religion chrétienne manque en comparaison : une incroyable symétrie, l'harmonie palintone dont parle Héraclite : la parfaite tension des forces qui se contrebalancent dans la lyre tendue qui est recourbée par les cordes bandées mais semble parfaitement immobile, parfaitement au repos. Et pourtant la lyre tendue est un balancement dynamique, qui ne reste immobile que parce que ses tensions internes s'annulent absolument. C'est la qualité de la beauté selon les Grecs : une perfection dont la dynamique est intérieure et qui pourtant semble immobile du dehors. Contre cette harmonie palintone, l'univers joue sur l'autre principe esthétique intégré dans la lyre grecque : l'harmonie palintrope qui caractérise l'oscillation d'avant en arrière des cordes en train d'être pincées. Je ne vis pas Aphrodite comme cela et peut-être ce principe d'oscillation continuelle est-il le rythme le plus profond et le plus vaste de l'univers, celui des choses qui viennent à l'existence pour disparaître bientôt; celui du changement par opposition à la stase. Mais pendant un moment, j'avais vu la paix parfaite, le repos total, un passé que nous avions perdu qui nous revenait par l'effet d'une oscillation lente, pour se présenter à nous comme notre futur, celui où toutes les choses seraient restaurées.

Dans l'Ancien Testament il existe un passage fascinant dans lequel Dieu dit : « Car je façonne un nouveau paradis et une nouvelle terre, où le souvenir des choses disparues n'entrera pas l'esprit et ne troublera pas le cœur. » Lorsque je relis ce passage, je me dis : je crois connaître un grand secret. Lorsque le travail de restauration sera terminé, nous ne nous souviendrons même pas des tyrannies, de la cruelle barbarie de la terre que nous habitions; car le texte nous dit qu'il nous sera donné d'oublier. Et si « notre cœur ne doit pas être troublé », c'est que l'immense réservoir de la souffrance, du chagrin et de la perte sera effacé à l'intérieur de nous comme s'il n'avait jamais été. Je crois que ce processus est actif en ce moment, qu'il a *toujours* été actif en ce moment. Et, Dieu merci, nous avons déjà été autorisés à oublier ce qui était. Alors peut-être ai-je eu tort, dans mes romans comme dans mes nouvelles, de vous pousser au souvenir.

Santa Ana, Californie, USA, 1977.

Traduit de l'américain par Marcel Thaon.
Titre original : *If You Find This World Bad, You Should See Some of the Others.*

RENCONTRE AVEC PHILIP K. DICK

Introduction

Utiliser conformément à la notice

Publications de plusieurs romans inédits, rééditions de nombreux autres devenus introuvables, somptueuse intégrale de ses nouvelles, sans oublier l'édition posthume numérotée et signée d'un de ses livres : Philip K. Dick semble ne jamais avoir été aussi prolifique que depuis qu'il est mort.

Les Américains le découvrent ou le redécouvrent, sous le regard ironique mais un peu triste de ses vieux admirateurs européens. Tandis que se crée la Philip K. Dick Society et que son nom est donné à un prix littéraire, que l'on s'inspire de Siva *pour un opéra et que* Radio Free Albemuth *figure un temps sur les listes de best-sellers US, on organise un colloque consacré à son œuvre, et études, hommages et biographies se succèdent à un rythme accéléré.*

Ce n'est probablement qu'un début, et il y a fort à parier que, des deux côtés de l'Atlantique comme au Japon, thèses universitaires, analyses critiques et témoignages inédits vont se multiplier dans les années à venir. Non seulement son œuvre est l'une des plus riches que nous ait offertes la science-fiction, mais encore, pour ceux qui l'ont bien connu ou même simplement ren-

contré, l'homme lui-même avait quelque chose de fascinant, une part de mystère propre à exciter la curiosité des exégètes.

Dire d'un auteur qu'il ressemble à ses livres relève du cliché. Il serait sans doute plus juste de dire que les grands créateurs donnent l'impression de modifier la réalité qui les entoure pour la faire ressembler à leur œuvre. Tout se passe comme s'ils émettaient, bien malgré eux, une sorte de champ où les événements s'organisent selon une logique qui paraît familière à leurs lecteurs. Comme Ballard ou Lafferty, Dick était de ces auteurs-là. Et, quand on connaît son œuvre, on imagine que l'expérience consistant à se retrouver, ne serait-ce que fugitivement, dans son univers est pour le moins marquante.

Qui était vraiment Philip K. ? Peut-être le saurons-nous mieux un jour, lorsque paraîtra quelque monumentale biographie... Peut-être aussi, c'est plus probable, devenu personnage de fiction dans les romans d'autres écrivains, nous livrera-t-il quelque clef. A moins qu'il ne faille chercher ses messages dans les graffitis, au dos des pochettes d'allumettes ou à la télévision, entre deux spots publicitaires.

En attendant vous trouverez dans les pages suivantes le texte, quasiment brut, d'un entretien réalisé à Marin County en 1971. Mais avant, juste une dernière précision en forme de mise en garde.

Lorsque Dick est venu au Festival de Metz, un speech mémorable dans la poche, une imposante croix autour du cou et affirmant à qui voulait l'entendre qu'il tuait les puces par imposition des mains – méthode qui quand on y réfléchit ne fait nullement appel à des pouvoirs supranormaux –, j'ai eu la chance, en tant qu'ami ou interprète bénévole, d'assister à quelques-unes de ses interviews ainsi qu'à ses discussions avec des écrivains ou critiques français. Et, moi qui croyais innocemment le connaître un peu pour avoir passé plusieurs fois quelques jours chez lui, j'ai compris que je n'avais rien compris. A seulement quelques heures d'écart, j'ai découvert un Dick marxiste bon teint, un autre qui ne jurait que par la psychanalyse, un troisième qui cherchait à atteindre la vérité par le zen. Et le plus étonnant est qu'à chaque fois cet autoportrait spontané correspondait très exactement aux attentes secrètes de ses interlocuteurs. Tous sont repartis ravis, satisfaits de voir qu'ils ne s'étaient pas trompés sur son compte et que leur vision était la bonne.

Mécanisme de défense et de séduction? Dick caméléon? Dick Zelig? A chaque fois il m'a paru totalement sincère, et somme toute rien n'était vraiment contradictoire dans ses déclarations, mais quand même. Je ne sais pas si le plus frappant était cette incroyable faculté de mimétisme ou ce sens quasi télépathique qui lui permettait si bien de deviner ses interlocuteurs.

Quoi qu'il en soit, cela m'a incité à me poser quelques questions sur les interviews qu'il m'avait accordées. Versons néanmoins au dossier cette discussion du maître avec un jeune fan français et would-be writer *qui découvrait les Etats-Unis au moment où les sixties finissaient de s'effilocher.*

*J'ai quitté l'auteur d'*Ubik *ravi, illuminé, et aujourd'hui encore je reste convaincu que c'est le vrai Dick qui s'exprime dans ces quelques pages. D'ailleurs, n'était-il pas exactement tel que nous l'imaginions à la lecture de ses livres? Or un livre est un livre. Certes les interprétations peuvent différer, mais il ne peut tout même pas se transformer en fonction de chacun de ses lecteurs! Cela ressemblerait trop à du Dick...*

Patrice DUVIC.

PKD : Il y a pas mal d'années, quand j'avais dix-huit, dix-neuf, vingt ans, j'étais politiquement très actif, d'une manière très théorique, très marxiste, et je voyais les choses en termes de lutte des classes. Je faisais partie de cette famille de pensée et je ne l'ai quittée que pour m'apercevoir que j'avais une grande maison et que j'étais devenu très conservateur. Je me suis simplement éloigné de toutes considérations théoriques pour aller vers les domaines psychologiques et littéraires, les domaines esthétiques, les problèmes pratiques, même les religions. Et toutes sortes de choses se sont produites. J'en suis venu à un point où j'étais presque anti-intellectuel dans la mesure où j'avais cessé de penser théoriquement, et par conséquent intellectuellement, et où je prenais les choses au jour le jour, utilisant une sorte de vocabulaire réaliste. Cela me convient mieux que quelque chose de théorique parce que c'est plus réel et plus adapté à la vie individuelle. Parfois, on entend les gens dire : « Je ne veux pas penser aux Noirs ou aux Blancs ou à l'égalité raciale. J'ai des amis qui sont noirs et je les aime. » C'est presque une sorte d'idéologie en soi quand les gens disent cela.

J'ai des amis noirs et je suis simplement trop paresseux intellectuellement pour y penser de manière théorique. Je vis avec des gens, c'est tout.

Après que je fus sorti de l'hôpital et même avant, et cela est vrai jusqu'à aujourd'hui, je suis devenu de plus en plus concerné par une sorte de culture de rue, par des jeunes de l'âge du lycée. Je vis dans un endroit, dans le Marin County en Californie, qui est une sorte de banlieue résidentielle appelée San Michele. C'est un endroit très sauvage, très dur. Non pas dans le sens où l'on dit que les taudis sont durs, mais plutôt à la façon de que l'on appelait les villes ouvertes, comme dans le Wyoming quand, le samedi soir, il y avait des rixes et que l'on faisait le coup de feu. C'est un endroit où tout le monde vole les possessions de tout le monde, où tout le monde a l'air de vendre de la drogue, d'acheter de la drogue, de fumer, de prendre, d'avaler de la drogue ou de se faire arrêter pour le faire, à tort ou à raison. La nuit, en entend des coups de feu, des échos de bagarres au couteau. Les policiers tirent constamment. Les voisins vont et viennent du poste de police à leur domicile pour se plaindre ou dénoncer quelqu'un. Je sors pour prendre le courrier et je vois une voiture de police devant la maison. Ici, c'est une manière de vivre. Nous en plaisantons. On va jusqu'à la station-service pour passer un coup de fil, et il y a là cinq voitures de police, huit ou neuf policiers qui dégainent et embarquent un groupe de types. On va au libre-service et il y a un policier qui observe les gens qui franchissent la porte. D'une certaine manière, c'est amusant. Nous en sommes arrivés à un point où nous y prenons plaisir. C'est un mode de vie. Ce n'est pas vraiment la merde, mais je suppose que pour les gens qui se font arrêter ou tirer dessus c'est la merde. J'ai perdu pour près de dix mille dollars de choses qui m'appartenaient et qui m'ont été volées, tout ce qui avait un peu de valeur, chaîne stéréo, collection de timbres, rasoirs. Tout est volé. Et cela ne me tourmente pas. Je ne sais pas pourquoi. Peut-être que cela devrait. J'aime même plutôt ça. Tous les gens que je connais plaisantent à ce sujet. Je suis très profondément attaché à un tas de gosses du coin pour toutes sortes de raisons. Je suis allé dans une des high schools la semaine dernière pour parler de la science-fiction devant l'une des classes. C'était une expérience très enrichissante. J'y ai pris un grand plaisir, une grande satisfaction, et, il y a quelques mois, je n'ai même pas répondu à une invitation de l'université de Stanford pour aller y faire une conférence. Mais ça, oui, j'y suis allé. Un machin très anti-intellectuel. La vie de ces gosses consiste en coups de feu la nuit, en bagarres avec la police et toutes sortes de flirts avec la violence.

Ceux qui vivent dans d'autres parties de Marin County et qui appartiennent à d'autres couches de la population ne comprennent pas comment on peut avoir ce genre de vie et en dépendre sur une base théorique et morale. Pourquoi s'obstiner à vouloir vivre en un lieu où tout ce que l'on possède est volé si l'on va au cinéma ? Où il faut toujours laisser quelqu'un dans la maison ? Comment peut-on vivre avec des gens qui volent et dont tout ce qu'ils possèdent n'a pas été acheté, mais volé ? Comment peut-on vivre avec des gosses qui se droguent ? Un jour, je me suis réveillé et j'ai compris que mes parents ne me parleraient plus à cause de ce qu'ils considèrent comme une vie immorale, que mes vieux amis ne viendront plus me voir parce que je ne discute plus avec eux de choses profondes et théoriques.

Je pense que pour mes amis ma vie est trop immorale, trop sauvage, trop anti-intellectuelle. Je ne sais pas exactement, je n'ai jamais pu comprendre, et les gens avec qui je vis ne s'interrogent pas là-dessus. Mais ils sont un peu dans la même situation. Les gosses que je connais sont rejetés par leurs parents. Beaucoup d'entre eux ont passé six mois ou un an en détention, d'autres sont en liberté surveillée, d'autres même travaillent avec les flics. Tous les jeunes que je connais ont été démolis par la police ou presque démolis. C'est une sorte de préjugé de la part des gens des autres parties du comté. Ils n'arrivent pas à envisager comment on peut vivre ce genre de vie. Je suis très cultivé et très respecté en temps qu'écrivain. « Comment peux-tu vivre dans une maison comme celle-là ? » Ils pensent que je me détériore intellectuellement, moralement, de toutes les manières. Ils disent que je finirai en prison. J'ai eu la visite d'un intellectuel marxiste norvégien, qui est aussi une autorité sur le rock américain, une autorité sur Ibsen, très cultivé, très intelligent, mais également très « hip », très « cool », et il voulait discuter avec moi de mes livres, et nous n'avons pas pu le faire parce que la maison était constamment remplie de ce que mes vieux appelleraient des délinquants juvéniles qui venaient avec leurs divers problèmes plus ou moins ridicules. Il est resté ici quatre ou cinq jours et nous n'avons jamais pu réaliser une interview. Nous n'avons jamais eu le temps. Il y avait toujours un gosse de quatorze ans qui venait de se faire arrêter pour avoir volé une moto. Finalement, ce Norvégien a dû partir sans que nous ayons fait quoi que ce soit. J'étais terriblement désolé. Je lui ai dit : « Cela doit être une grosse déception pour vous. Nous n'avons pas pu discuter de problèmes théoriques... » Et il m'a répondu que pas du tout. Et qu'il pensait que je vivais vraiment dans la réalité, que ma vie avec ces gens était la réalité. C'est ce que je pensais. Et il a ajouté à cela un cadre théorique, le cadre théorique qui était le mien quand j'avais dix-huit, vingt ans, quand j'étais politiquement très actif. Il a pris la vie que j'ai vécue, les gens avec qui je vis et le cadre théorique qui était le mien, et il a mis tout cela ensemble. Et cela formait une réalité complète. Il y avait une expérience vécue et une explication intellectuelle, théorique, abstraite, verbale, une cohérence pour en rendre compte, pour la justifier. Quand j'avais dix-huit, vingt ans, j'avais la part théorique, mais seulement elle, pas la réalité. Maintenant, j'ai la réalité mais pas le cadre théorique. Et tout à coup, il a relié les deux. J'ai très bien vu ce qu'il voulait dire. Et il pensait que c'était une très bonne chose pour moi et que je reviendrais à des œuvres plus politiques, maintenant que j'ai résolu le problème qui était si difficile à résoudre, celui dont nous discutions tout à l'heure : la relation entre les mots et la réalité, entre les idées et l'expérience, entre la réalité verbale et la réalité physique. Ce n'est que pendant les dernières heures où il était là que j'ai commencé pour la première fois de ma vie à synthétiser et à unifier ces deux réalités. Il a sans doute raison : je vais probablement écrire des choses plus allégoriques, plus politiques. Mais elles seront aussi psychologiques, on y retrouvera aussi ma préoccupation de psychisme, une présentation plus complète des gens et des idées. Tout cela fusionnera dans ce que j'écrirai, comme ce sera le cas dans ma vie.

PD : Mais comment rattachez-vous cette situation spécifique à Marin County au reste du monde ? Je suppose que cela doit faire également partie de ce cadre théorique…

PKD : C'est l'une des lacunes de mon expérience. En fait je ne voyage pas beaucoup. J'ai voyagé aux Etats-Unis, j'ai voyagé au Mexique, mais je n'ai jamais été plus loin, et je vis dans un microcosme parce que je ne sais pas comment cela est lié au reste du monde et même à ce qui se passe dans le reste du pays. J'étais conscient de cela quand Harald Lund, le Norvégien, était ici. Je ne vais nulle part. C'est un peu l'opposition entre le cosmopolite et le rustique.

Quelle validité a mon expérience personnelle projetée de manière universelle ? Je pense que c'est une question que personne n'aime se poser. Même les gens les plus cosmopolites.

Si par exemple je base ce que j'écris sur ma propre expérience et qu'elle n'est qu'une anomalie, sans aucune valeur pour le reste du monde, alors c'est que je manque de chance. C'est la même chose que pour la pertinence historique : quelque chose peut être très valable à un moment donné de l'Histoire, mais absolument dénué d'à-propos le reste du temps. Je pense néanmoins qu'il doit y avoir des éléments communs à toutes les expériences, à tous les gens, à toutes les civilisations, à toutes les réalités, que tous les microcosmes sont d'une certaine façon reliés, comme pour la science : si les gaz se refroidissent quand ils se contractent à un endroit, ils le font probablement aussi ailleurs. Nous devons partir du postulat qu'il existe une universalité pour la vie humaine, comme il en existe une dans les sciences physiques. Mais personne ne peut l'extrapoler à partir de sa propre expérience, personne ne peut assurer que la façon dont fonctionne son esprit est la façon dont fonctionne l'esprit des autres. C'est l'un des grands thèmes de ce que j'écris. Mon monde est différent du vôtre, le vôtre est différent de celui de tous les autres hommes. Univers individuel universel et univers collectif... Qui sait? Qui peut apporter une preuve? On ne peut faire que des suppositions.

Quand j'ai commencé à écrire, j'étais préoccupé par des problèmes qui étaient vraiment MES problèmes, mes obsessions, mon cosmos. Et j'ai eu la chance qu'il y ait eu beaucoup de gens dont la vision du monde et les problèmes étaient plus ou moins similaires, suffisamment similaires pour qu'ils puissent sentir ce que je faisais et le trouver pertinent. Ce n'est pas toujours le cas. Parfois il m'arrive de tomber à côté, de me parler à moi-même et à personne d'autre, d'être très obscur. Et c'est quelque chose que je ne peux pas contrôler. On ne peut pas dire : « Maintenant je vais être universel! Je vais cesser d'être obscur! Je vais être pertinent... »

PD : Et en ce qui concerne la complémentarité de ces différents endroits, de ces différentes réalités? Le lien qu'elles ont en raison même de leurs différences...

PKD : Il y a beaucoup de liens, mais c'est précisément ce que je ne sais pas. Et c'est pourquoi j'ai répondu comme je l'ai fait.

PD : Cela ne risque-t-il pas de remettre en question le cadre théorique dont nous parlions?

PKD : Tout ce que je peux dire, c'est que je suis en train de trouver une réponse à cette question. D'une certaine manière, c'est le vrai problème auquel je m'attaque dans ce que j'écris.

Je n'aime pas répondre à une question par : « Je ne sais pas. » Cela n'aide personne, mais je commence simplement maintenant à concevoir à quoi ressemblera ce que j'écrirai dans le futur. Et je peux voir que ce que vous venez de dire constituera un problème pour moi. C'est précisément ce que je ne sais pas et qu'il faut que je sache, c'est ce à quoi je vais m'attaquer. C'est une grande question fondamentale. Actuellement, je ne peux encore qu'entrevoir les lignes les plus obscures du problème. Nous disions il y a un moment qu'un roman de science-fiction contient un monde imaginaire purement arbitraire qui est vrai en soi, mais qui n'est pas nécessairement vrai pour quoi que ce soit en dehors du livre. Et vous avez noté qu'il existait néanmoins une relation. Nous en avons discuté un moment et nous n'avons pas épuisé le sujet, parce qu'il ne peut pas être réellement épuisé ni sur le plan de la question, ni sur celui de la réponse. Le problème est compliqué et la réponse est compliquée. Disons que j'ai commencé un roman, un roman de science-fiction. Maintenant, disons que tous les romans de science-fiction contiennent en eux un monde imaginaire. Ce monde imaginaire, arbitraire, aura une forme de relation avec la réalité dans la mesure où il s'est d'une certaine manière développé à partir de la réalité, de l'observation de la réalité, de certaines tendances de la réalité. Il contiendra des éléments qui sont observés sous une autre forme dans la réalité. Par la suite c'est par rapport à un autre type de relation avec la réalité qu'on juge de leur pertinence. Non pas combien ils sont ressemblants, mais comment ils apportent une solution relative à la compréhension de la réalité extérieure. Non pas une solution qui serait une réponse, mais un analogue. Et quand quelqu'un lira le livre et saisira l'image de ce monde, cela lui donnera une vision plus pénétrante de son propre monde, de lui-même, et de la relation entre les deux. D'une certaine façon, cela ajoutera quelque chose à sa capacité d'affronter sa réalité, non pas en offrant des réponses toutes faites mais en augmentant ses possibilités de compréhension, ne serait-ce qu'en lui donnant une flexibilité d'esprit qui lui permettra de faire changer les choses.

Maintenant, quand j'écrirai ce prochain roman, cela sera vrai.

PD : Cela me semble déjà vrai de la plupart de vos romans. Bien sûr je ne sais pas ce que sera le prochain...

PKD : Il se rattachera moins à ma tendance psychologique, symbolique, relative à la réalité intérieure. Je reviendrai plutôt à quelque chose comme *Loterie solaire*, sociologique, scientifique, théorique et qui devra être considéré, comme on l'a fait pour *Loterie solaire*, en rapport avec certaines tendances réelles de la société, comme des possibilités, certaines horribles, certaines désirables, certaines non. Mais je vise à quelque chose d'autre, parce que dans *Loterie solaire*, par exemple, on ne trouve aucun personnage comme j'en ai introduit dans certains de mes livres plus récents tels que *En attendant l'année dernière*.

Maintenant, ce que je vais faire, j'espère, c'est conserver quelques personnages pleinement articulés, en me basant sur l'importance que ces gens ont prise dans ma vie, sur ma vie avec eux, en même temps que le contenu social. J'espère pouvoir réunir les deux, que les deux choses seront là. Et je pense que la pertinence du livre en dépend. Il ne sera pas pertinent parce qu'il sera sociologiquement possible, analogique. Il ne sera pas pertinent en raison de la valeur universelle de certains états psychologiques, de certains archétypes qui sont communs à tous. Il sera pertinent sur une troisième base qui sera en rapport avec l'activité de l'esprit humain, de l'être humain selon d'autres êtres humains. Est-ce que je peux arrêter maintenant? Est-ce que nous pouvons abandonner ce sujet, parce que c'est vraiment ce qui pose un problème pour moi en ce moment?

Mais je voudrais expliquer pourquoi. J'en suis à un point où je me sens très bien. Je parlais tout à l'heure de cette année que je viens de passer et où j'ai eu des problèmes très difficiles, qui à un moment sont devenus trop importants pour moi. Ce que je voulais dire est ceci : la plus profonde tentative de résolution du problème que j'affronte peut être inadéquate, ce qui n'est pas nécessairement me stigmatiser : les problèmes peuvent tout simplement être au-delà de toute possibilité de contrôle humain et il y a quelques minutes je me disais : « Bien sûr, cette période de ma vie est maintenant terminée. Je ne suis pas en train de dériver, de me briser, de m'en aller en morceaux, d'aller à l'hôpital, d'abandonner, de mourir. Rien de tout cela. » Mais mes problèmes extérieurs sont pires qu'ils ne l'ont jamais été sur le plan économique, financier, le genre de choses qui semblaient avoir eu raison de moi à l'époque. Maintenant ce n'est plus le cas. Et je me disais : « Comment se fait-il que maintenant je n'aie plus le sentiment que je vais me désintégrer, comment se fait-il que je ne sois pas épuisé, incapable de discuter? Quelle est la différence? Pourquoi cela ne m'atteint-il plus? » Et j'ai compris que les approches qui étaient les miennes à l'époque ont échoué parce que, bien qu'elles soient profondes, elles étaient déséquilibrées, déséquilibrées parce qu'elles étaient unilatérales. J'étais trop concerné. C'est une réponse rationnelle au stress que de s'inquiéter, de chercher à résoudre le problème. Mais par sa nature même, ce genre d'activité bouche les perspectives. Si l'on se trouve face à un problème difficile, il est naturel d'essayer de le résoudre, mais, en essayant de le faire, on est tellement pris par le processus de résolution que tous les aspects de la vie qui ne sont pas résolutions sont oubliés.

Ce que je pense maintenant, c'est que, par exemple, on peut dire que le plus grand bretteur était quelqu'un qui ne s'est jamais servi de son épée, qui ne s'est jamais battu en duel. Et pour cette raison il était un grand bretteur. Et c'est d'une certaine manière ce que je dis que j'ai appris : le moyen le plus effectif de résoudre les problèmes est de ne pas être trop accaparé par leur résolution. Faire de la vie une constante tentative de résolution rend impossible cette résolution. J'ai appris à maintenir une certaine dualité et à préserver une partie de moi-même.

PD : Est-ce que cette difficulté ne vient pas du fait que dans la résolution la première chose que l'on fait est d'essayer de formuler le problème, de le poser et que, par suite, on s'attache non à résoudre le problème lui-même mais le problème tel qu'il est formulé ?

PKD : Oui. On essaie de le formuler verbalement. Et même si l'on parvient à formuler quelque chose d'un tant soit peu cohérent, on a toutes chances de tomber à côté. On fait face à des problèmes si profonds, si embrouillés, que l'on ne peut pas les voir intellectuellement, verbalement. On ne peut pas bâtir un analogue intellectuel au problème. Et donc si l'on arrive à en trouver un qui paraisse cohérent, ou d'une certaine manière valable, c'est mauvais. Tout ce que l'on a à faire est de lire *le Château* ou *le Procès* pour réaliser que les problèmes peuvent être tellement obscurs, tellement mystérieux que l'on ne peut même pas comprendre leur nature. On se sent en insécurité, on est effrayé. Comment peut-on les résoudre? On ne peut même pas voir ce qui est en train de se passer, on ne peut pas le comprendre.

Dans un sens je pense que vous avez tout à fait raison : on se condamne presque soi-même en essayant de répondre à ce besoin d'être capable de formuler le problème. Et pourtant il semble que c'est LA chose à faire, que c'est un premier pas vers la résolution. Je saisis très bien. C'est très juste. Je n'essaie même plus de comprendre quelles sont les forces que je présume être contre moi. Un exemple parfait : ce qui caractérise la paranoïa est la tentative de trouver une structure compréhensible pour expliquer ce qui se passe. En d'autres termes, les choses vont mal et l'on en vient finalement à s'imaginer que tout le monde essaie délibérément de vous coincer. Le moment où l'on commence à penser de manière paranoïaque est l'exemple parfait. Tous les paranoïaques ont échoué dans leur tentative d'affronter la réalité et lui ont substitué un système de pensée.

Je n'essaie pas d'envisager ce qui est en train de se passer à la manière d'un paranoïaque : il essaie de faire partir sa voiture et elle ne démarre pas. La première chose qu'il dira est que quelqu'un l'a fait de propos délibéré. Et s'il l'a fait, pourquoi? Et qui est-il? Qui d'autre est impliqué dans ce sabotage? Et quel est leur but?

Si ma voiture ne démarre pas, je ne me

poserai pas de questions comme celles-là. Je constaterai simplement qu'elle ne démarre pas, c'est la seule chose dont je sois sûr.

PD : Mais cela ne risque-t-il pas d'être la même chose pour ce cadre politique théorique dont nous parlions ? Cela aussi est résolution de problèmes…

PKD : C'est ce que Harald Lund a dit qu'il trouvait valable et non valable qui m'a impressionné, et ce à quoi j'ai fait allusion quand j'ai dit que j'allais revenir à quelque chose de plus politique, de plus théorique. Nous avons parlé de la police, c'est un sujet qui est revenu plusieurs fois dans la conversation. J'ai dit que le coin était tellement envahi de crimes et de flics que l'on est journellement confronté à la police. Et j'ai mentionné le fait que je me sentais très mal à l'aise chaque fois que la police est autour de moi, parce que je pense qu'ils vont peut-être me tomber dessus, et j'ai dit cela à l'un de mes amis respectables d'une autre partie du comté. Et il m'a dit : « Eh bien, si tu deviens nerveux chaque fois que tu passes à proximité du poste de police, c'est que tu dois avoir fait quelque chose de terrible, quelque chose que tu ne veux pas que les gens sachent… » Et je lui ai répondu que non, que je devenais simplement nerveux quand je voyais une voiture de police venir vers moi. Est-ce que cela voulait dire que j'avais fait quoi que ce soit ?

PD : Peut-être est-ce au contraire la police qui est en train de faire quelque chose…

PKD : Oui. C'est le genre de choses que je suis maintenant prêt à supposer.

PD : La police a un rôle politique…

PKD : C'est le genre de choses que l'on ne peut pas dire à un jury. On n'est pas censé avoir peur des flics, à moins que l'on ait quelque chose à cacher. Et je sais que l'une des choses qui me lient à tous ces jeunes est le fait que nous avons tous peur de la police. Bon nombre d'entre nous ont fait des choses qui sont illégales. Le fait que quelque chose soit illégal ne veut pas dire que c'est mal. Mais, quoi qu'il en soit, nous n'avons pas tous fait quelque chose, et pourtant ceux d'entre nous qui n'ont rien fait sentent la même chose. Ce doit donc être une sorte de phénomène culturel, un sentiment de classe. Et Harald Lund m'a dit ceci : « Il ne faut pas vous laisser obséder par cet aspect négatif. Ce qu'il faut comprendre, en d'autres termes, c'est ce que vous défendez, ce en quoi vous croyez et qui se cache derrière cette peur. » Quand on voit un gros flic stupide au supermarché, on sait que n'importe qui franchissant la porte ayant l'air de ce que l'on peut appeler un hippy, un drogué, ou quelque chose de ce genre, sera aussitôt alpagué et peut-être emmené en prison. Maintenant, qu'est-ce qu'il y a de positif, qu'est-ce qu'il y a de bon qui soit menacé par cela ? Il doit y avoir quelque chose. Et j'ai vu que ce n'était que le sommet d'un iceberg. Tout à coup, comme dans un flash, j'ai brusquement pris conscience de l'énorme réalité des choses que j'essayais de défendre et de protéger, et qui étaient si valables et si fragiles et si vulnérables et auxquelles ce type pouvait porter atteinte.

PD : Mais je suppose que pour en arriver à ce point, pour que les flics soient partout, ils doivent avoir terriblement peur de la partie invisible de l'iceberg...

PKD : Nous avons peur de l'autorité, peur de l'attention qu'elle nous porte sans être véritablement conscients de ce que nous avons fait pour mériter cette attention, et l'on sent que cette attention est dangereuse, que l'autorité voudrait bien trouver quelque chose que nous avons fait, par exemple que nous avons de la drogue sur nous. Elle souhaite que nous en ayons. C'est là la grande différence, parce que si elle le souhaite c'est qu'elle n'est pas contre la drogue. C'est qu'elle est contre les gens. La drogue n'est qu'un moyen de coincer les gens. Je ne fume pas de drogue, je n'en porte pas sur moi, mais je me sens comme les gens qui le font. Je ressens la même peur qu'eux. Sauf que ma peur n'a pas de base rationnelle comme la leur. Ce doit donc être quelque chose de plus profond. Parce que effectivement ils ont peur de nous, nous les effrayons d'une certaine manière. Nous les considérons comme dangereux, mais il y a en nous quelque chose non pas qu'ils n'aiment pas, mais...

PD : ... qui constitue un danger pour eux?

PKD : Oui. C'est cela. Je ne pense pas que nous soyons haïssables dans un sens strict. Ce n'est pas aussi simple que cela. Je m'explique : j'entends mes amis respectables du comté dire qu'ici les gens se droguent, qu'ils volent, qu'ils mentent, qu'ils sont indépendants. Quand les impôts ont augmenté, j'ai entendu une de mes amies crier d'horreur le jour où elle a reçu sa feuille d'impôts. Elle ne pourrait pas conserver l'un des quatre ou cinq immeubles qu'elle possède. C'est une femme qui m'a dit une fois qu'elle pouvait réunir deux cent mille dollars cash s'il le fallait. Et elle pleurait sur sa feuille d'impôts. Elle disait que le procès d'Angela Davis ferait monter ses impôts, que l'un de nous deux finirait par avoir ce qu'elle possède, moi ou Angela Davis, et que c'était un monde terrible. Et je lui ai dit que moi aussi j'avais une feuille d'impôts. Je possède une maison. Et mes impôts sont censés aller aux écoles, à la recherche médicale, au contrôle des semailles, à la lutte contre les moustiques. C'est ce que dit ma feuille d'impôts. Je n'y vois pas Angela Davis. Et je ne vois pas non plus mon nom sur sa feuille d'impôts.

Et cette femme a peur. Elle a peur des Noirs, elle a peur des jeunes, elle a peur des gens qui se droguent, elle a peur des gens dont elle pense qu'ils se droguent. Elle a peur de toutes sortes de choses, et quand il lui arrive de dire des choses très cruelles comme : « Je ne veux pas lui parler : c'est un Noir... », ce n'est pas parce qu'elle le hait, mais parce que d'une certaine manière elle a peur de lui. Je le sens vraiment. C'est la terrible vérité. Et je regarde ces gens, tout particulièrement ces gosses que je connais, en essayant de me figurer pourquoi ils peuvent être effrayants, menaçants pour l'establishment. Que sont-ils en train de défendre et de protéger et d'aider à grandir ? C'est cela qui est menaçant, parce qu'ils savent que c'est quelque chose qui grandit, ils le sentent. Et ils savent mieux que nous ce que c'est, mieux que moi. Ils ont probablement une idée très claire de ce que nous défendons. Je n'en avais aucune idée avant qu'Harald ne me le dise. Et plus j'y pense, plus j'ai centré mon attention sur quelques filles que je connais, parce que l'une d'elles a gravement offensé cette riche amie dont nous parlions. Comment une gosse de dix-huit ans peut-elle être aussi effrayante pour une femme qui peut réunir deux cent mille dollars, qui possède quatre immeubles et pour plusieurs milliers de dollars de plages, des choses comme cela ? Qui a tant d'argent, tant de propriétés ? Comment une gosse peut-elle lui paraître aussi menaçante ? Si effrayante qu'elle m'a juré : « Je ne veux plus jamais revoir cette fille chez moi ! Elle est trop dangereuse, elle finira par te détruire, elle finira par détruire tout le monde ! » C'est irrationnel : aucune gosse de dix-huit ans ne devrait faire peur à quelqu'un qui possède deux cent mille dollars, qui a tant de prestige, tant d'influence, qui connaît des personnes haut placées. Et j'ai pensé aux choses en lesquelles croit cette fille et qu'elle présuppose comme faisant partie de son univers. Certains de ces gosses de seize, quatorze ans, surtout les filles, pensent déjà à des familles, à former des familles, mais pas des familles dans le sens où l'on parlait autrefois de bonnes familles, où il y avait un mariage contre un homme et une femme, puis de bons enfants, et où tous les efforts tendaient à protéger ces enfants, à les protéger par des mensonges qui perpétueront non pas les valeurs traditionnelles, mais un héritage, des possessions concrètes, matérielles, qu'ils leur transmettront, de la terre mais aussi de la vaisselle, un plat en argent de vingt mille dollars, un millier de dollars pour un antique caractère chinois peint à la main. Ce genre de famille où la parenté est une affaire de sang et où les choses que l'on possède sont transmises de père en fils, où les objets sont inséparables d'une bonne généalogie. Ils ne les transmettront qu'à leurs descendants, et ne soutiendront que leurs propres enfants. Ceux-ci recevront la meilleure éducation et seront envoyés dans les meilleures écoles. On leur redressera les dents pour qu'ils aient l'air parfaits, racés. Et cela s'arrêtera là et le reste du monde peut bien crever. Et tout ce qu'ils ont et tout ce qu'ils savent n'est qu'autant d'armes, pour transmettre, perpétuer et protéger cette personnification d'eux-mêmes et de leurs propres valeurs et de leurs biens — génération après génération. Et cette jeune fille et d'autres comme elle sont déjà en train d'envisager et de former un tout autre genre de famille, le genre de famille que l'establishment et les gens aisés appelleraient une communauté hippie. Il n'y a pas de rapport avec ce qu'ils appellent eux une famille, parce que pour eux, en un sens, ce n'en est pas une. Il n'y pas de liens de sang, il n'y a pas un nombre donné de personnes, et dans un certain nombre de cas ce ne sont pas les mêmes gens qui en font partie sur une période de plus de deux ou trois mois. Il peut y avoir sept ou huit personnes, mais elles changent. Il y a des gens qui arrivent et des gens qui s'en vont, parfois ils ne connaissent même pas leurs noms, ils savent leurs prénoms mais ne se sont pas présentés de façon plus précise. La contribution des membres varie ; pour certains c'est de l'argent, pour d'autres c'est du travail, ou rien, ou tout. Les valeurs des gens peuvent différer. Il n'y a pas d'homogénéité dans les valeurs de base, comme il y en a une dans les quartiers aisés où tout le monde est d'accord, où tout le monde veut les mêmes choses, être protégé par la police, que les lois soient respectées, que leurs filles soient protégées contre la drogue, le viol, le sexe. Ce n'est pas du tout ce genre de famille qui est en train de se créer. Une possession n'est même pas considérée comme quelque chose que l'on possède. Les choses passent de main en main, on ne sait pas qui les a apportées et quand elles disparaissent on ne sait pas qui les a emportées. Les choses y sont utilisées sans considération pour leur valeur marchande, et même en un sens sans considération pour ce qu'elles sont ; je veux dire qu'elles sont regardées mais pas consommées, ou encore consommées mais pas regardées. Toutes les bases de ce qu'est la propriété, toutes les bases de ce qu'est la morale sont en train de changer. Il est même difficile de formuler ce que c'est : quelque chose qui est en train de grandir, qui devient. En tout cas je vois ce que ce n'est pas. Il n'y a pas le sens aigu d'un groupe intérieur qui fait bloc contre un groupe extérieur. Différentes familles s'interpénètrent et se fondent, se séparent et se reforment. La distinction entre les gens qui font partie de la famille, les gens que l'on connaît, et les gens qui sont des étrangers, les gens que l'on ne connaît pas a, d'une certaine manière, disparu. Ce n'est pas une idéologie, il n'y a pas de formule du genre : un étranger est simplement un ami que je n'ai pas encore rencontré. Rien, rien de tel. C'est simplement que l'on voit et que l'on parle à quelqu'un que l'on n'a jamais vu, pour une raison quelconque, et que l'on discute avec lui sans même être conscient du fait qu'on ne l'a jamais vu. Et s'ils l'avaient vu, ils le sauraient, ils diraient : « Oui, c'est vrai, c'est quelqu'un que je connais... » Ils n'ont aucun sens de ce que l'on peut appeler la xénophobie. Il n'y a pas de peur de l'étranger, il n'y a même pas le sentiment que quelqu'un est étranger, différent, autre. Et cela est vrai entre les différentes races. On voit ensemble des Noirs et des Blancs sans qu'ils en soient conscients, si ce n'est au sens littéral, physique. On sait que quelqu'un est noir, mais ils n'y pensent pas comme à une caractéristique. En dix ou onze mois, je n'ai jamais entendu les mots « droits civiques », je n'ai jamais entendu le mot « égalité », je n'ai jamais rien entendu de tout cela. Les gens vont et viennent. Un ami à moi, que l'on pourrait, je pense, appeler un hippy, dans la mesure où il préfère ne pas avoir un travail régulier et ne pas vivre à un endroit particulier, un jour où il avait un problème avec sa moto, a arrêté la première personne qu'il a rencontrée et s'est mis à discuter avec elle, un jeune Noir qui montait dans sa voiture : ils ont parlé à peu près trois quarts d'heure et se sont séparés. Ils ne se reverront jamais, mais ils n'avaient pas le sentiment de se rencontrer comme des étrangers, ni de se quitter amis. Ils étaient les mêmes quand ils se sont rencontrés et quand ils se sont quittés. Ils étaient toujours amis et ils étaient toujours des étrangers. Il n'y avait aucune distinction réelle de faite, et il n'en existe pas plus entre ma famille et ceux qui n'en font pas partie, et donc il n'y a pas de distinction entre un « nous » et un « ils », entre nous qui protégeons ce que nous avons et eux qui le menacent, et il ne peut même pas y avoir de différence entre possédants et non-possédants. Personne ne peut se figurer qui a quoi. Des choses apparaîtront, et personne ne pourra dire à qui cela appartient. Personne ne pourra s'en souvenir. Quelqu'un d'autre les volera et personne ne pourra s'imaginer où elles sont parties.

Je ne formule pas du tout cela clairement.

Mais le phénomène en soi a cette qualité fluide de quelque chose qui n'est pas formulé. C'est un peu comme une toxine métabolique qui détruit dans l'esprit un complexe rigide qui fait que quelqu'un ressasse encore et encore la même idée fixe quel que soit son point de départ. Cela ressemble à ce genre de toxine, en ce moment, dans la mesure où cela menace des idées, des valeurs rigides, clairement formulées, où cela menace les frontières, les actions cotées en Bourse, la propriété, où cela menace toutes sortes de choses nettement définies, qui sont mauvaises, qui sont bonnes, qui sont les miennes ou qui ne sont pas les miennes, qui sont valables ou qui ne le sont pas. Et finalement je pense que ces gens, ces jeunes, cette fille, sont menaçants pour les gens plus vieux, plus en place, plus influents.

En dernière analyse, je pense que cette jeune fille met spécifiquement en danger cette amie, non pas par la manière dont elle vit, ou par ce en quoi elle croit ou ne croit pas, ou par ce qu'elle protège ou ne cherche pas à protéger, mais parce que toutes ces choses ne sont que des prolongements de ce qu'elle est.

Je la vois comme un individu qui se heurte, qui fait face aux gens classifiés, en place. Elle les regarde d'une façon qu'ils n'aiment pas. Je n'aime pas aller au libre-service vers minuit et que le flic me regarde comme il me regarde, parce que je sais ce que son regard veut dire. Il veut dire : « J'espère que tu vas faire quelque chose de mal, je veux que tu le fasses, pour que je puisse te tomber dessus. Et si tu le fais je te démolirai et je te dirai que je te démolis parce que tu as fait quelque chose, mais je sais et tu sais que le fait que tu fasses quelque chose de mal n'est qu'un prétexte. »

Maintenant, ce n'est pas cela que dit le regard de cette fille. Il ne dit pas qu'il cherche un prétexte. Je pense que ce regard veut dire : « Je ne te crois pas… Je ne crois pas ce que tu dis… Je ne te crois pas quand tu dis que tu hais quelqu'un… Et quand tu hais quelqu'un ce n'est pas pour les raisons que tu donnes… Je ne te crois pas quand tu dis que quelque chose est bien… Je ne te crois pas à un point tel que je ne suis sûr de rien sur ton compte… Et c'est à peu près tout ce que je peux dire… »

C'est quelque chose d'effrayant pour ces gens respectables que leur monde ne puisse pas admettre de tels enfants, ne puisse pas supporter un soulèvement de cet ordre, un soulèvement qui affirme qu'il ne peut pas être convaincu par leur raison, convaincu par leurs slogans, convaincu par leurs idéaux qui ne servent qu'eux-mêmes, convaincu par quoi que ce soit qui fasse partie de leur monde, je ne sais pas. Parce que je ne comprends pas vraiment si bien leur monde. Et je ne crois pas que cette gosse le comprenne très bien non plus. C'est simplement qu'il n'arrive pas à la convaincre, qu'il ne l'attire pas et qu'il ne lui donne pas l'impression d'être ni très bon, ni très réel. Et c'est quelque chose de terrible quand quelqu'un vous regarde et pense que vous n'êtes pas bon, je le sais parce que beaucoup de gens respectables me regardent de cette façon, mais cela doit l'être bien davantage quand quelqu'un vous regarde et que son regard dit : « Je ne sais même pas si tu es réel. » Cela doit être bien plus effrayant. C'est terriblement dévastateur. Et cela rejoint la question que nous posions tout à l'heure : Qu'est-ce qui est réel ? Qu'est-ce qui n'est pas réel ? Qu'est-ce qui est illusion ? Qu'est-ce qui est réalité ?

Ce n'est pas exactement comme si elle disait : « Vos valeurs sont des illusions, vos slogans ne sont qu'illusion, vos paroles ne sont qu'illusion. » Mais dans un sens elle dit que ces gens en place eux aussi sont une illusion, qu'ils ressemblent à une hallucination, qui peut être effrayante quand elle se manifeste sous la forme de la police, ou sous la forme d'un professeur très dur, ou de parents très sévères. A leurs yeux les parents ont une qualité extrêmement archétypique, avec toute la cruauté que cela suppose. Et pour un temps j'ai pensé quelque chose de très traditionnel, très conservateur. Je me disais qu'il arrive toujours un moment où l'on voit ses parents de cette manière ; l'adolescent commence à se rebeller et les parents paraissent être ainsi. Je me rappelle que cela a été le cas pour les miens. Et j'en ai discuté avec des gens de mon âge, quarante-trois ans, et ils m'ont dit : « Oui, les parents semblent toujours comme cela à leurs enfants, ils ont toujours semblé comme cela. Les parents veulent ce qu'il y a de mieux pour leurs enfants, ils les aiment, mais il faut que l'enfant se rebelle et pour qu'il se rebelle il faut qu'il voie ses parents de cette manière. »

Mais j'ai senti qu'il n'y avait pas que ce choc, que cette étape normale de la rébellion de l'adolescent. Et certaines de ces filles m'avaient dit des choses très précises, des choses que leurs parents leur avaient dites, concrètes et détaillées. La plupart de ces gosses entraient de plain-pied dans leur souvenir, sans le falsifier. Et ce que leurs parents leur avaient dit était tout simplement destructeur et haineux, le genre de choses qu'aucun parent ne devrait jamais dire, qui ne peut apporter aucun soutien. Il ne s'agissait pas d'amour, ni d'essayer de fortifier un enfant ou de l'aider. Cela n'avait rien à voir avec le fait de transmettre des valeurs traditionnelles. Cela n'avait rien à voir avec le fait de transmettre la moindre valeur. Cela n'avait rien à voir avec le fait d'aider un enfant à devenir adulte et à prendre des responsabilités. L'une des choses que cette gosse m'a dites, que son père lui avait répétée et répétée avec ce que je suppose être une sorte de manque morbide de confiance dont les parents font toujours montre... Il lui disait qu'elle finirait dans le ruisseau, qu'elle commencerait par coucher avec n'importe quel hippy, qu'elle se ferait mettre enceinte, qu'elle se ferait avorter et qu'elle finirait dans le ruisseau, physiquement une ruine. Sans parler du nom de la famille... Bien sûr. C'est une façon très pessimiste de voir son enfant et qui n'est réellement pas très défendable. Mais à ce moment-là il a dit quelque chose qui est vraiment bien pire et elle me l'a rapporté sur le même ton. Il a dit : « Et s'il y a un type qui va te démolir, bon Dieu, je te démolirai le premier ! » Et c'est quelque chose d'autre et je l'ai questionnée là-dessus, je lui ai demandé ce qu'il entendait par là, de le répéter. Et elle m'a dit ce que son père lui avait dit, parce que cela lui faisait peur, et il lui avait parlé de choses qui étaient vraiment la ruiner physiquement, de choses violentes qui pourraient lui arriver. C'étaient vraiment des sortes de phantasmes de la part de son père, on peut même dire une sorte de manière négative d'exaucer ses souhaits. Que ce type la battrait. Pourquoi pas ? Après tout elle le mérite ! Et son père lui a dit qu'il la battrait lui-même avant qu'elle ne quitte la maison, que si elle essayait de s'enfuir il la battrait avant que quelqu'un d'autre puisse le faire, et, quand il disait avant que quelqu'un d'autre puisse la ruiner, il voulait bien dire la ruiner physiquement, d'une manière tangible, littérale. Et ce n'est pas du tout la même chose.

PD : Ce que je crois c'est que le père sait que ce qu'il prédit n'est pas réel, que cela n'arrivera très probablement pas, et il veut que cela soit réel, il veut avoir raison…

PKD : Oui, il voudrait le rendre réel. Il voudrait transformer un souhait, un phantasme en un exemple vivant, littéral, et quand elle m'a dit cela, je savais que son père le ferait, je savais qu'il ne plaisantait pas et elle le savait aussi, elle savait qu'il le ferait. Je la crois. Et il n'y a aucune justification possible pour ce genre de parents, il n'y en a jamais eu et il n'y en aura jamais. On peut considérer cela, je suppose, sous l'angle psychologique et faire des conjectures sur l'idéologie d'un homme tel que celui-là, l'isoler et disserter sur un homme ou un père qui aurait des phantasmes agressifs à l'égard de n'importe qui. Dans ce cas précis c'est envers sa propre fille, une petite fille vraiment très fragile, qu'il pourrait envoyer promener d'un coup de pied s'il le voulait. Comment quelqu'un peut-il en venir à avoir ce genre de phantasmes et essayer de manœuvrer tout le monde alentour pour qu'il devienne vrai, pour que ce qui n'était qu'un phantasme devienne la réalité, et que par conséquent ce qui était la réalité pour sa fille devienne automatiquement un phantasme ? Elle ne pourrait plus continuer à exister, elle serait éparpillée dans la nature. Et les psychologues peuvent toujours parler de désirs incestueux refoulés, de ces tendances de la formation d'une névrose et toute cette merde. Et cela peut être une explication, parce que cela peut n'être qu'une anomalie, on aura un certain pourcentage de gens qui sont malades à n'importe quelle époque. On peut l'expliquer comme cela. Mais il y a plus. Tout d'abord cette fille et sa famille habitent dans cette partie chic du comté, ils appartiennent à une classe aisée. C'est dans ce cadre qu'a grandi cette fille, elle en reçut la culture raffinée, on lui en a inculqué les valeurs, elle a vécu ce genre de vie, et elle est maintenant sur le point de devenir la victime de ce monde, à l'intérieur de ce monde. Ce type n'est pas sorti de son monde aisé avec un couteau à la main pour aller s'attaquer à quelqu'un dans les bidonvilles, il n'est pas allé s'en prendre à un nègre, il s'attaquera à sa propre fille, et c'est à l'intérieur de ce monde qu'elle se heurte à lui. Elle ne vient pas des taudis, elle vient de cette société aisée.

PD : Ce ne serait donc pas un conflit de classes, mais plutôt un conflit entre deux réalités ?

PKD : Oui, merci... Oui, c'est ça. Vous savez, s'il était allé s'en prendre à un gosse du ghetto noir, on pourrait parler d'un conflit de classes. La bourgeoisie contre le prolétariat ou quelque chose comme cela, entre exploiteur et exploité. Mais cette fille fait partie de la classe possédante, elle a sa propre voiture, elle va sur leur plage privée. Ce qui se passe c'est un conflit entre deux réalités, pas entre deux classes, c'est une lutte entre deux mondes, deux visions du monde, qui n'est pas basée sur l'économie, qui n'est pas basée sur des valeurs traditionnelles différentes. C'est le genre de coupure que l'on trouve chez un individu schizophrénique donné, qui pense sa vie par rapport à un type donné de valeurs et qui la vit en fonction d'un autre. Je connais par exemple une femme qui fait aussi partie de cette société aisée et dont la pensée est réactionnaire, haineuse, pleine de slogans et de préjugés et dont cependant les actes sont chaleureux et humains, pleins d'amour et de générosité.

Il n'y a aucun lien entre ce qu'elle pense et ce qu'elle sent. Ce qu'elle sent elle le fait. Et il n'y a aucun lien entre ce qu'elle fait et ce en quoi elle croit. C'est un peu comme si elle disait : « Tu es quelqu'un de tellement abominable que je souhaite que tu crèves, tiens voilà un panier pour toi, plein de billets de cinquante dollars, j'espère que tu y arriveras… » Je me demande comment elle peut vivre de cette manière. Dieu merci, elle agit en fonction de ses sentiments et pas en fonction de ses opinions. Ici la coupure existe au sein d'une seule personne. Là c'est une coupure entre un père et sa fille. Parfois cela existe entre différentes classes. Peut-être, je ne sais pas. D'une certaine façon c'est une coupure entre la réalité et l'illusion, quelque chose qui à un moment a été réel est maintenant en train de devenir une illusion. Une autre chose qui est encore une illusion est lentement en train de devenir la réalité. Nous sommes dans une période transitoire, il est très difficile de dire ce qui est réel et ce qui ne l'est pas, parce que certaines des choses qui sont réelles sont en train de devenir moins réelles, et certaines des choses qui ne sont pas encore fortes, tangibles, qui paraissent comme des rêves, deviennent à chaque instant plus tangibles, plus réelles.

Encore une fois, ce qui me frappe, comme je le disais, c'est que nous sommes dans une période transitoire. Cela ne ressemble pas à Alice passant à travers le miroir : quand tout à coup la réalité disparaît et qu'une autre réalité apparaît. A un moment elle parle à une dame et la seconde suivante elle se trouve face à un vieux mouton. La réalité ne va pas s'évanouir comme la lumière d'une lampe que l'on éteint. Actuellement tout semble encore sans forme. Et je ne peux pas définir très clairement ce qui me semble réel et ce qui me semble ne pas l'être. Et il vaut peut-être mieux ne pas essayer de le formuler, ne pas essayer de l'exprimer avec des mots, ne pas essayer de le capturer avec des formules verbales, abstraites, intellectuelles. Et peut-être même est-ce là une des choses qui ont mis en danger, qui ont freiné, bloqué certaines possibilités viables. C'est l'une des choses qui font partie de ce monde qui est en train de mourir, ce désir, cette tendance, cette obstination à transformer les choses en problèmes clairs avec des réponses claires.

J'espère que cette fille s'en tirera, qu'elle s'échappera, qu'elle parviendra à vivre le genre de vie qu'elle souhaite. C'est tout ce que je peux dire. Je pense que c'est quelque chose qui en vaut la peine.

J'aimerais encore clarifier ce que j'entends par « période transitoire ». Je ne veux pas dire, je crois, une espèce de chaos, ou une sorte de marécage dans lequel les choses n'ont pas encore pris forme. Comme si le vieux monde avait fondu pour n'être plus qu'une flaque et que le nouveau n'ait pas encore de forme. Je veux dire que d'une certaine manière je ne le ressens pas comme si en sortant de chez moi je voyais un grand nombre de nuages gris entourant les immeubles et que je suppose que ces nuages vont se rassembler et qu'au lieu de ces immeubles d'appartements que quelqu'un possède et loue, il y aura de larges espaces qui appartiendront à tous. Ce qui me frappe c'est que les choses, les valeurs actuelles, toutes sortes de catégories, tangibles, abstraites, métaphysiques, empiriques, me paraissent simultanément bonnes et mauvaises, valables et sans valeur, répugnantes et désirables. En d'autres termes, c'est une sorte de schizophrénie automatique pour tout le monde, si l'on assume ce que tout le monde ressent et ce que je ressens. Par exemple je me trouve en train de faire quelque chose, sans trop y penser, naturellement, quelque chose qui n'est pas calculé, qui me paraît spontané, qui me paraît la chose à faire et brusquement je découvre que je peux la considérer, si quelqu'un m'y pousse, comme mal, comme quelque chose que je ne devrais pas faire. Je le vois, je le sens. C'est mal. Je ne peux même pas le défendre si l'on me montre que c'est mal. Je ne peux pas le justifier. Je ne peux trouver aucun argument rationnel, à moins de recourir hypocritement à un jargon idéologique, pour en minimiser la noirceur. C'est mal et je sais que c'est mal. Et pourtant, peut-être une seconde plus tard, quelqu'un d'autre m'assurera que ce que j'ai fait est bien et je sentirai qu'effectivement c'est bien, c'est spontané, c'était ce qu'il y avait de mieux à faire. Je ne peux plus rien y voir de mal, je me souviens que l'on m'a montré que c'était mal mais cela ressemble à une hallucination. Je me souviens que cela avait l'air mal, que l'on a dit que c'était mal, mais je ne peux pas expliquer pourquoi cela pouvait bien être mal, je ne peux pas me le rappeler suffisamment clairement, d'une façon cohérente, pour pouvoir le formuler, pour pouvoir stigmatiser le sentiment que j'ai d'avoir bien fait. Et la pire des possibilités est que les deux choses peuvent arriver en même temps…

BIBLIOGRAPHIE

1. « Précieuse Relique/ *Precious Artifact* » : *Galaxy*, octobre 1964 (tr. fr. *Galaxie* n° 23, mars 1966, puis dans l'anthologie d'Alain Dorémieux *Les Délires divergents de P.K. Dick*, Casterman).
2. « Syndrome de retrait/*The Retreat Syndrome* » : *Worlds of To Morrow*, janvier 1965 (tr. fr. *Galaxie* n° 30, octobre 1966, puis dans l'anthologie *Les Délires divergents de P.K. Dick, op. cit.).*
3. « De mémoire d'homme/ *We Can Remember it for You Wholesale a.k.a. Total Recall* » : *The Magazine of Fantasy and S.F.*, avril 1966 (tr. fr. *Fiction* n° 153, août 1966, puis dans l'anthologie *Histoires de mirages*, Livre de Poche).
4. « La Foi de nos pères/ *Faith of Our Fathers* » : dans l'anthologie d'Harlem Ellison *Dangerous Visions* (tr. fr. *id.*, J'ai lu, 1975, et *Fiction* n° 183).
5. « Match retour/ *Return Match* » : *Galaxy*, février 1967 (tr. fr. *Galaxie*, octobre 1967, puis dans l'anthologie *Les Délires divergents de P.K. Dick, op. cit.).*
6. La Fourmi électronique/ *The Electric Ant* » : *The Magazine of Fantasy and S.F.*, octobre 1969 (tr. fr. *Fiction* n° 198).
7. « Les Préhumains/ *The Pre-persons* » : *The Magazine of Fantasy and S.F.*, octobre 1974 (tr. fr. *Nou-*

velles Frontières n° 1, 1975, puis dans l'anthologie *Les Délires divergents de P.K. Dick, op. cit.)*.

8. « Pitié pour les tempnautes/ *A Little Something for Us Tempunauts* » : dans l'anthologie *Final Stage*, Charter House, N. Y., 1974 (tr. fr. dans l'anthologie *Histoires paradoxales*, Livre de Poche, 1984).
9. « Si vous trouvez ce monde mauvais vous devriez en voir quelques autres/ *If You Find This World Bad You Should See Some of the Others* » : la première publication a été la traduction française publiée dans *L'Année 1977-1978 de la S.F. et du fantastique* (édition Julliard, 1978).
10. Rencontre avec P.K. Dick : la première publication de l'interview a paru dans *Galaxie* n° 100 en septembre 1972, la présentation est inédite.

Je tiens à remercier à nouveau, au terme de cette anthologie en 3 volumes, les éditeurs et l'agent de l'auteur qui ont permis la réalisation de ce « Best of P.K. Dick ».

Jean-Claude ZYLBERSTEIN.

TABLE

ACHEVÉ D'IMPRIMER SUR LES PRESSES
DE COX & WYMAN LTD. (ANGLETERRE)

N° d'éditeur : 2120
Dépôt légal : octobre 1991
Imprimé en Angleterre